本书是教育部人文社会科学研究专项（中国特色社会主义理论体系研究）"唯物史观视阈中的信息文明研究"（17JD710049）、江西省哲学社会科学规划一般项目"信息文明的唯物史观向度研究"（17KS04）项目成果

唯物史观视阈中的信息文明研究

王水兴 ◎ 著

中国社会科学出版社

图书在版编目(CIP)数据

唯物史观视阈中的信息文明研究 / 王水兴著. —北京:中国社会科学出版社,
2019.5

ISBN 978-7-5203-4236-0

Ⅰ.①唯… Ⅱ.①王… Ⅲ.①信息化社会–唯物主义–研究 Ⅳ.①G201-02

中国版本图书馆 CIP 数据核字(2019)第 058658 号

出 版 人　赵剑英
责任编辑　梁剑琴
责任校对　张依婧
责任印制　郝美娜

出　　　版　中国社会科学出版社
社　　　址　北京鼓楼西大街甲 158 号
邮　　　编　100720
网　　　址　http://www.csspw.cn
发 行 部　010-84083685
门 市 部　010-84029450
经　　　销　新华书店及其他书店

印刷装订　北京君升印刷有限公司
版　　　次　2019 年 5 月第 1 版
印　　　次　2019 年 5 月第 1 次印刷

开　　　本　710×1000　1/16
印　　　张　16
插　　　页　2
字　　　数　269 千字
定　　　价　68.00 元

内容提要

信息活动普遍存在于自然界、人类社会和人的思维领域。随着人们生产、生活和科学实践活动的发展，人们对信息的认识和处理能力也在不断提高。第二次世界大战以后，以计算机和互联网技术为代表的信息革命的发展，使信息活动逐渐成为一种影响人类生产方式、生活方式和思维方式的活动。信息资源已成为当今时代重要的战略资源和社会财富。随着全球信息化的发展及其对人类社会的全方位塑造，信息化从一种技术形态的社会活动上升为社会整体文明的新样态，有必要以统摄性的"信息文明"概念来描摹和刻画信息时代发展的全貌。以唯物史观审度信息文明，准确辨识信息活动对人类社会的形塑机理，建构信息文明理论体系，既是科学应对信息文明浪潮挑战的需要，又是科学推进信息文明建设的需要，也是马克思主义理论在信息时代不断发展的需要。

信息文明是人们通过信息化生产方式改造客观世界和主观世界过程中实现的进步状态。信息文明的实质是社会主体协同互利发展而形成的共享文明。其基础是现代信息科学技术，核心是信息化生产方式，外在体现是人们在信息生产、传播和使用（消费）中形成的规范化和理论化的信息社会治理体系。信息文明的发展，表现出对传统工业文明的扬弃、社会全面发展的"倍增器"和人的本质的复归三大基本社会功能。

信息技术对传统生产力形态塑造进而造就信息生产力是信息文明的重要实践形态。信息生产力核心含义是社会主体之间的协作力和共享能力。随着信息技术对整个社会物质生产、政治生产和精神生产的渗透，人类社会整体上正由工业社会迈向信息社会。信息社会是建构在信息逻辑上的技术社会形态。信息社会不是甫一出场就能实现普惠发展的社会。劳动方式的信息化、智能化，只是延展了人的劳动机能，不能从根本上消灭私有制条件下的雇佣劳动关系。真正没有人和物质生产资料的"无人工厂"和"自由劳动者"是不存在的。信息化、智能化生产越发展，越凸显了人的活劳动在生产中的基础地位，越凸显了建立生产资料公有制的必要性。先进的信息生产力与落后的生产关系的矛盾、工业时代的上层建筑与后工业时代的经济基础的矛盾是信息社会的两大基本矛盾。在相当长的时期内，国家仍然是国际行为的主体，信息社会的阶级和阶级斗争仍然存在，通常情况下其仅以"信息方式"表现出来。

信息文明实践的主体是人民群众。网络空间成为人类经济社会发展的新空间。基于信息技术建构的信息文明，不仅塑造了信息化生存的"信息人"，还引起了人类历史上蔚为壮观的经济、政治和文化活动向网络空间迁徙的现象。信息文明条件下，人民群众创造物质财富、精神财富和实现社会变革的广泛性、参与性和真实性空前提高了，人民群众历史主体地位获得了更加丰富而充实的内涵。

信息文明生发机理体现在信息资源对劳动过程的全面渗透以及由此涌现的共享经济活动和信息文明思维方式中。互联网作为全球最广泛应用的信息资源聚合、生产、使用平台，实际上已成为最具代表性的社会公共劳动资料。作为劳动工具，不能笼统确定互联网是属于私人所有还是属于社会所有。随着整个社会劳动方式的不断信息化、智能化，"造信息"比"造物品"更具有权重意义。数据将成为社会生产的核心资源。数据价值的交互性存在特性决定了数据资源成为社会公共资源的历史发展趋势。信息劳动者成为信息社会主要劳动者。基于信息技术的共享经济不断涌现，"使用而不占有"观念的不断生长趋势，蕴含了超越传统工业文明的、建构在协同共享基础上的新文明基因。信息文明思维方式兴起及其不断被人们贯彻应用到社会生产生活过程是信息文明不断向纵深发展的重要原因。信息思维、互联网思维和大数据思维是信息文明发展至今的三种思维方式。

信息技术的资本主义应用实现了工业资本主义向信息资本主义的嬗变，进而在工业帝国主义基础上形成信息帝国主义。信息帝国主义是当代垄断资本主义发展的新阶段，它不仅在全球范围企图垄断物质资源，还企图垄断一切人类社会的信息、知识等非物质资源。信息帝国主义的发展，一方面显露出其仍具有容纳新的生产力空间；另一方面正逐步显现出颓废的征兆。信息帝国主义为世界社会主义复兴创造了现实的基础。

信息技术的不断发展应用代表着不断涌现的新的生产力。信息技术的社会主义应用契合了社会化大生产发展需要，形成了先进社会制度与先进生产力之间的相互建构关系。在全球信息社会治理话语权、主导权激烈博弈现实情况下，科学辨别当前信息技术异化问题产生的根源和社会属性，解放和发展信息生产力的同时，自觉坚持网信事业以人民为中心的发展思想，加强对信息资本的治理，既是信息时代社会主义建设事业面临的一项长期任务，又是增进社会主义本质利益，不断彰显社会主义制度优越性的重要途径。总体而言，全球信息社会的发展不断为社会主义复兴提供了更加充实的主客观条件。

信息文明高度发展，一般性劳动被人工智能取代，使得对意义的追求成为未来人的存在方式。人的社会性和"类"本质决定了人工智能不会超越人的社会和历史主体地位。人是在"信息共享"中使自己成为人，而且也将在"信息共享"中不断增强社会存在方式的"协同共享"。大数据、云计算、区块链、人工智能等信息技术的迅猛发展和广泛应用，共享经济、创客、众筹等基于信息技术的新的社会物质生产方式和新的社会关系正悄然形成。

在唯物史观视阈下，信息活动是人类社会实践合规律性与和合目的性相统一的社会活动。保持对信息技术的批判精神、科学把握科技活动与社会文明进步之间的互动关系，有助于实现信息文明的内蕴，促进人自由全面发展的价值向度。以协同、开放、共享为核心理念的信息文明，其主体向度和价值向度与共产主义文明高度契合。发达的信息生产力只有被全社会和广大劳动人民占有，先进的技术文明和先进的社会制度相结合，科学才能展现出文明的真正曙光。以信息技术等为代表的科技革命和产业革命创造的极致生产力，不断增强着资本主义存在的历史不合理性和共产主义存在的历史必然性。深刻认识信息文明的实质及其发展趋势，有助于增强人们实现共产主义的理论自信和道路自信。大力加强信息文明建设，从根本上讲，有助于增进社会主义本质利益。

目　录

导　　论

　　本书运用马克思主义唯物史观的基本立场、观点和方法分析人类信息活动及其建构的信息文明形态。在导论中，第一节探讨下列问题：信息活动、信息化浪潮何以能够兴起信息文明？中国的文明兴衰历史对我们主动认识信息文明有何借鉴意义？当代中国信息文明发展处在何种特殊的历史方位和时代境遇中？以唯物史观分析信息文明有何理论和实践意义？第二节叙述本书的总体思路和各章思路。

第一节　问题的提出

　　"一切社会变迁和政治变革的终极原因，不应当到人们的头脑中，到人们对永恒的真理和正义的日益增进的认识中去寻找，而应当到生产方式和交换方式的变革中去寻找；不应当到有关时代的哲学中去寻找，而应当到有关时代的经济中寻找。"[①] 信息技术的发展、信息活动全面塑造了人类社会发展面貌。信息革命将人类带入信息时代。随着信息经济成为21世纪人类社会的主要经济形态，人类的信息活动成为建构新质态文明的主要活动。信息社会的来临，迫切需要人们从马克思主义唯物史观高度科学认识信息、信息活动及其对人类社会的影响。唯物史观是马克思主义科学的世界观、历史观和未来观的集中概括。运用马克思主义唯物史观分析信息文明，不仅是人们认识新文明的需要，也是马克思主义理论与时俱进的需要。

[①] 《马克思恩格斯文集》第3卷，人民出版社2009年版，第547页。

一 信息化浪潮与信息文明兴起

信息科学认为，物质、能量与信息是现实世界的三大相互影响、相互作用的存在方式。信息活动是与人的劳动、人类社会发展同一的活动。人们对信息的认识、处理能力与社会生产力发展水平是一个相互影响的关系。从信息载体演变的历史角度看，人类先后共经历了语言、文字、纸和印刷术、电报电话广播、计算机和互联网五次信息技术的重大发展历程。每一次信息技术的变革都对人类社会的发展产生了巨大的推动力。现代信息革命是以电子计算机和通信卫星的出现为特征的。电子计算机的广泛使用，通信卫星发射升空以及计算机网络系统遍布全球，使信息的收集、处理、存储、传递、应用等方面都达到了空前发达的程度。现在，全球正成为一个信息共享的"网络村"。20世纪90年代以来，互联网，特别是移动互联网技术的迅猛发展，重构了社会物质生活方式、政治生活方式和精神生活方式，全球信息社会加速形成。随着互联网、大数据、云计算、3D打印以及在信息互联网基础上发展起来的物联网技术的兴起，全球信息化发展进入到一个新的阶段。智慧社区、智慧城市、智慧社会兴起，互联网+人类社会的所有领域，智能化生活、智能化生产成为势不可挡的发展趋势。可以确定的和可以预见的是，一个更加人性化、更加智能化、更加生态化、更加美好的新文明时代已经到来。这个新文明就是在传统工业文明基础上发展起来的信息文明。面对信息化浪潮，整个社会缺乏的不是足够的、成熟的技术条件，而是为迎接信息文明必须准备的思想、观念以及因物质资料生产方式变化而引起的整个社会生产关系、上层建筑变革准备。

2008年爆发国际金融危机以来，西方发达国家相继实施以智能化和信息化为核心的工业4.0战略、再工业化战略。大规模的智能机器人应用正在改变着生产劳动形式。社会的就业结构、阶级结构、国家政治生态、经济资源形态、社会生产力系统甚至社会财富形态都在发生着惊人的变革。2013年八国集团发布《G8开放数据宪章》，全球信息化发展正步入大数据时代。以数据的开发、利用和保护为主要内容的大数据产业正成为国家间新的竞争焦点。美、德、英、日、韩等发达资本主义国家相继启动新一轮科技创新计划和互联网、大数据发展战略，都企图在互联网和大数据技术革新中保持强劲发展势头。中国能否抓住信息文明发展的机遇，成功应对信息革命带来的时代挑战，决定了我们在新一轮发展中能否取得成功。如果说工业文明浪潮中，中国是一个跟随西方亦步亦趋的学习者，那么，信息文明浪潮中，中国至少是和西方信息社会处在同一时代水平上。开展信息文明研究成为理论和实践发展的现实需要。

二　历史的镜鉴需要我们高位认识信息文明

在世界文明进程中，古代中国曾经创造了其他国家望尘莫及的农业文明。经过两千多年的封建王朝更替历史，中国的封建社会最终走向衰落。当西方蒸汽机轰鸣声带来的工业文明轰开古老中国大门的时候，中国人才发现，中国已经被西方工业文明远远抛在了后面。

回望历史，人们发现，我们曾有机会更早地、更主动地加入工业文明的步伐。1793 年英国政府乔治·马戛尔尼使团曾送给乾隆皇帝榴弹炮、步枪等武器，钟表和一艘英国最先进的 110 门炮舰模型、望远镜、地球仪等天文学仪器。这些工业文明的物件被"天朝上国"的统治者封存在圆明园地下库房里面，直到第二次鸦片战争英法联军火烧圆明园后才被人发现。[①] 以蒸汽机技术为代表的工业文明在西方勃兴之时，长期奉行闭关锁国政策的清政府对世界文明浪潮的误判以及对工业文明的集体无意识，使封建社会的中国始终没能够超越农业文明的羁绊。中国的农业文明也注定随着中国封建社会不断走向没落。由于西方列强的船坚炮利、清王朝统治阶级的极端腐败和无知、中国封建制度的极端腐朽和落后，被迫进入工业文明时代的中国始终是一个落后、追赶的角色。但是，就在 20 世纪下半叶后期中国奋力推进工业文明进程的时候，世界文明的浪潮已经进入到信息化时代。一种新的、更高层次的文明迅猛向全球蔓延。以计算机和互联网技术为代表的信息革命拉开了信息文明的大幕。信息化正以颠覆一切的磅礴之力塑造着人类社会的所有领域。

作为马克思主义理论的研究者，需要自觉运用马克思主义基本立场、观点和方法观察人类社会文明的变迁，关注人类社会发展的物质动因。全球信息化浪潮开启的信息文明对于还处在工业文明进程中的中国而言，其所呈现的整体面貌还不完全为人们科学认识。信息文明的要素是如何衍化的？信息文明的具体内涵是什么？信息文明对人类生活方式具有哪些影

---

① 林廷清：《对马戛尔尼使团"贡品"的思考》，《历史教学》1998 年第 1 期。

响？信息文明在物质生产方式、社会生产方式、精神生产方式层面带给整个社会何种影响？推动信息文明发展的内在机制是什么？信息文明的未来如何？这些问题亟待人们运用唯物主义历史观加以科学地认识和把握。

三　中国信息化发展的独特历史方位和时代境遇

此刻，环顾全球，以智能机器人、3D 打印、大数据、云计算和物联网技术应用为代表的新一轮信息科技革命和产业革命正在迅猛发展。互联网经济在全球范围内正不断变革着社会生产、生活方式，创造着新的产业形态和商业形态。得益于信息文明，全球范围的"居家办公"人数，正快速递增。大规模的智能机器人应用正在改变着生产劳动形式。社会的就业结构、阶级结构正在发生前所未有的变化。国家政治生态、经济资源形态、社会生产力系统甚至社会财富形态都在发生着惊人的变革。

正在建设工业文明的中国已经创造了 220 多种工农业产品产量的世界第一的生产力，还有许多产品的产量在世界上名列前茅。2010 年中国已成为世界第二大经济体。在可以预见的不久的将来，中国将创造出世界第一的 GDP，成为全球最大的经济体。历史何其惊人的相似，中国在不久的将来又将站立在世界舞台的中央，中国将为人类做出新的更大贡献。但是，我们取得非凡成就的同时，中国经济社会发展面临的问题似乎也令人印象深刻：环境危机频发，消费主义、物质主义、历史虚无主义大行其道，科技与人文的失衡日趋常态。西方工业文明进程中遭遇的苦难和危机同样也在中国上演。通过工业化，实现工业文明是我们无法逾越的历史阶段。但是，我们需要的是新型的工业化，是坚持社会主义方向的工业化，是具有新文明内涵的工业化。显然，现代化的内涵也需要不断发展和更新，选择走信息文明道路，是我们转换新动能、实现科学发展的必由之路。

可以预见，在相当长的时期内，信息时代是资本主义和社会主义共存的时代，也是信息科学技术对两种社会制度形塑的时代。中国的发展整体上还处在工业化中后期阶段，我们还没有走完工业化路程。中国社会主义现代化不仅要完成工业化，还要实现信息化、城镇化、生态化、国家治理体系和治理能力现代化。社会主义现代化建设在工业文明还没有完全实现的情况下，即面临着信息文明的时代潮流挑战。社会主义信息化道路如果还是按照工业文明的理论来走的话，在全球信息化竞争浪潮中，就无法既超越资本主义工业文明的历史局限，又超越资本主义信息文明的历史局限。站在人类文明发展新潮头，运用唯物史观基本原理，对信息文明进行科学的分析和认识，是正确应对中国特色社会主义现代化建设面临着的可预见和不可预见的风险的需要。

四　唯物史观视阈下信息文明研究的意义

全球信息社会的发展，"互联网+"、3D 打印、大数据产业、工业互联网、能源互联网、信息互联网等新的生产力形态的出现，预示着信息化生产方式正逐步成为我们这个时代占统治地位的生产方式。信息化生产方式所依赖的核心资源是信息。信息的存在价值从根本上取决于信息的社会共享范围和深度。信息化生产方式天然就是社会化大生产方式。"手推磨产生封建主的社会，蒸汽磨产生工业资本家的社会。"① 那么，信息时代，"信息磨""虚拟磨"将产生什么样的社会？唯物史观认为，社会主义是克服社会化大生产与资本主义生产资料私有制矛盾的历史和逻辑的必然选择。因此，社会主义社会就理应更符合信息文明发展的条件。唯物史观是人类思想宝库中科学的世界观和方法论体系，以唯物史观视阈研究信息文明，具有重要的政治意义、理论意义和实践意义。

第一，政治意义。今天的人类社会毫无疑问已经迈入信息时代。研究信息文明，是对信息时代社会主义发展可能需要面对的问题的前瞻性理论探索的需要。尽管理论逻辑是社会主义应该在发达资本主义基础上建立起来，但是，现实逻辑是社会主义都是在经济文化落后或比较落后地区获得实践形态。以新信息技术革命为标志，一般人们都认为 20 世纪 60 年代末开始人类就进入信息化历史时期。信息革命，特别是互联网、大数据、人工智能技术的迅猛发展，使得全球范围的社会深度信息化来临，信息文明浪潮扑面而来。在享受这一新文明带来的红利的同时，社会各界对信息技术、信息社会的发展前景也不乏悲观论者。尽管科学技术是一把双刃剑，但科学的"最高意义"的革命性力量已经展现。信息文明对人的存在方式和社会发展方式的塑造，确证了唯物史观的科学性。探索信息文明基本内涵、特征及其发展规律对深化信息时代共产党执政规律、社会主义建设规律、人类社会发展规律的认识，丰富

---

① 《马克思恩格斯文集》第 1 卷，人民出版社 2009 年版，第 602 页。

中国特色社会主义理论体系，坚定中国特色社会主义道路自信，理论自信、制度自信和文化自信，坚定中国特色社会主义共同理想和共产主义远大理想具有重要意义。

第二，理论意义。理论创新既是推动社会实践发展的需要，又是既有理论不断创新与时俱进的需要。信息技术的发展，信息化、智能化生产方式不断成为现实，唯物史观关于劳动方式、劳动价值、人的本质、生产力、生产关系、经济基础、上层建筑、社会基本矛盾以及关于阶级、阶级斗争、人的自由全面发展、国家、人类共同体等范畴、概念和基本原理在内涵上都呈现出一些新的内容。从学理上对这些基本范畴、概念和基本原理进行新的阐释和研究，对坚持和发展马克思主义唯物史观具有重要理论意义。

"要善于提炼标示性概念，打造易于为国际社会所理解和接受的新概念、新范畴、新表述。"① "信息文明"作为一个随着全球信息社会发展而兴起的哲学社会科学"标示性"概念，具有丰富的学术价值和理论意涵。1991 年，中国政府就意识到："实现四个现代化，哪一化也离不开信息化。"② 2000 年，中国实施"以信息化带动工业化"发展战略。2017 年党的十九大提出，"推动互联网、大数据、人工智能和实体经济深度融合"，"为建设网络强国……数字中国、智慧社会提供有力支撑"。③ 改革开放以来，中国在没有完成工业化的基础上，充分发挥了信息化对经济社会发展的"倍增"效应。在全球信息经济中，中国正逐步取得领跑地位。中国丰富的社会信息化实践向我们提出了建构属于中国的关于信息时代的话语的任务。站在唯物史观高度分析、研判、探究信息文明的基本内涵、基本特征及其发展机理和发展前景，构建具有学理性的"信息文明"理论，有助于进一步丰富和拓展人类文明的理论内涵和理论视野。

第三，实践意义。从微观层面讲，移动互联网、大数据、云计算、物联网等新的信息技术不断发展，正推动人工智能、共享经济、数字经济④、智慧

---

① 习近平：《在哲学社会科学工作座谈会上的讲话》，人民出版社 2016 年版，第 24 页。

② 《十五大以来重要文献选编》（下），中央文献出版社 2003 年版，第 2095 页。

③ 《党的十九大报告辅导读本》，人民出版社 2017 年版，第 30、31 页。

④ 《中国数字经济发展白皮书（2017 年）》认为：数字经济是以数字化的知识和信息为生产要素，以数字技术创新为核心驱动力，以现代信息网络为重要载体，通过数字技术与实体经济深度融合，不断提高传统产业的数字化、智能化水平，加速重构经济发展与政府治理模式的新型经济形态。

社区、智慧城市、智慧社会等信息技术社会应用不断发展。信息社会正以不可阻挡的历史浪潮迅速来临。运用马克思主义唯物史观基本理论对信息文明的理论内涵及其发展机制和发展前景进行学理性深度分析和研究，对进一步处理好发展的质量与发展的效用、技术的发展与社会的发展、科技文明的发展与社会文明的发展等关系，提高我们驾驭信息技术文明的能力和水平，不断提高对信息文明的认识能力、建设能力具有重要实践意义。

全球迈向信息社会，选择协同互利合作共享发展，既是时代发展的内在要求，也是经济社会不断向更高质量、更高水平发展的客观需要。运用马克思主义唯物史观科学认识信息文明，对避免文明发展过程中的盲目性和随意性，提高建设新文明的历史自觉性和主动性，主动树立创新、协调、绿色、开放、共享新发展理念，增强信息文明自觉，从而更好地迎接信息文明浪潮挑战，建设和谐、普惠的信息文明社会，具有重要的现实意义。

从宏观上讲，随着信息技术对人类社会的深度影响，人类社会正全方位地由农业文明、工业文明向信息文明迈进。作为一种新形态的生产方式，信息文明既包含了生产力建设要求，又包含了生产关系变革的内在需要；既在经济基础层面需要回应信息时代的变化要求，又在上层建筑层面提出了变革要求。保持高度的理论自信和政治定力、在波谲云诡的局势中，始终坚持和发展马克思主义是中国共产党成功的根本原因。运用马克思主义唯物史观理论，分析和研究信息文明，自觉加快解放和发展信息生产力，自觉以社会主义方向引领社会信息化发展，对推进全球信息社会民主治理，增进社会主义社会本质利益，促进信息时代世界和平与发展具有重要的实践意义。

第二节　研究思路

一　总体思路

全书贯穿一个主题和线索：信息及信息科学技术创构了新的生产力。总体上，信息科学技术的发展及其对人类社会全部生产、生活领域的嵌入和渗透，整体上在不断强化人的存在方式的交互性和社会存在方式的互组织性。信息的价值需要通过社会主体协同共享得以实现的逻辑决定了，信息文明实质是基于信息科学技术的社会主体协同互利发展的共享文明。信息文明是熔铸在物质文明、精神文明、社会文明、政治文明和生态文明中的全面性文明。信息文明是增进社会主义本质利益的新文明。随着科技革命和产业革命的不断发展，各种文明要素的不断积累，信息文明蕴含的新的生产力将推动人类社会不断变革，进而不断推动资本主义灭亡和社会主义胜利。

本书以当代中国社会主义现代化建设面临着文明形态转型的挑战、传统工业文明面临着发展危机为问题意识；以人类文明由"工业文明"向"信息文明"变迁为研究视角；以信息文明的理论内涵、实践形态、生发机理和发展趋势为研究对象；以探究信息文明发展规律、厘清信息技术革命与社会制度、思维方式、意识形态变革之间的有机关系为叙述线索，阐释信息文明的主体向度和价值向度与唯物史观的契合点。

本书把"信息文明"提炼为一个哲学社会科学"标示性"概念，力图突出研究的学理性、突出唯物史观方法论。导论、理论形态、实践形态、逻辑形态和制度形态五大部分，均力图紧扣唯物史观基本原理，层层递进，贯彻史论结合、宏观与微观结合、历时态与共时态结合、理论思辨与实践印证结合的叙述方法。

二　各章思路

第一章：关于信息文明的理论形态。在分析和借鉴既有的关于信息的本质、文明的本质和信息文明本质研究成果基础上，本章力图紧扣马克思主义唯物史观的基本立场、观点和方法，以统摄和整体的方式分析人类社会的信息活动、信息本质、信息的基本特性，从学理层面揭示信息文明的内涵、基本结构及其社会功能。

第二章：关于信息文明的实践形态。本章力图紧扣唯物史观关于生产力理论、关于社会形态理论、关于人类社会发展基本矛盾和基本规律理论、关于群众史观基本理论，分析社会生产力内涵嬗变、技术社会衍进和人的生存方式的演化过程。通过分析社会生产力内涵的历史变迁，工业社会向信息社会的变迁，人民群众向信息化生存方式的变迁，从宏观层次、动态分析信息活动对人类社会生产力系统、社会关系和人的生存方式的塑造过程及其重要影响，揭示信息文明中生产力、生产关系、人民群众三大核心要素的存在方式衍化过程及其基本特征和本质。

第三章：关于信息文明逻辑形态。在前章以动态、演进方式宏观分析信息文明实践形态的基础上，紧扣唯物史观关于劳动方式和劳动过程理论、关于物质生产方式理论、关于思维和存在关系的原理，进入信息文明内部，以静态、微观方式分析作为整体的信息文明生发机理，进一步揭示信息文明的基本特征、内在本质及其发展的基本规律。分析信息资源渗透到人的劳动过程。研究基于信息技术的现代共享经济蕴含的不同的价值范式和文明范式。归纳信息思维、互联网思维和大数据思维的具体内涵及其实践效用。

第四章：关于信息文明的制度形态。本章运用马克思主义唯物史观关于资本主义必然灭亡、社会主义必然胜利的人类社会发展趋势理论、关于人类社会共同体理论、列宁的帝国主义理论、关于人的主观能动性原理、关于人的实践活动是合规律性与合目的性相统一的历史过程原理，研究分析信息技术的资本主义运用及其发展趋势、信息技术的社会主义应用及其发展趋势。信息文明发展蕴含的主体向度和价值向度决定了信息文明高度发展将与未来共产主义文明实现融通。

第一章

理论形态：信息文明的基本含义

随着互联网、大数据、人工智能、物联网等信息技术的发展和广泛应用于人类社会的生产、生活领域，物质、能量和信息构成的现实世界经过漫长的演化发展，最终使信息成为一种足以影响社会文明形态的要素。研究信息文明首先要遇到的疑问就是要弄清楚信息的本质、信息的特性是什么。其次，作为整体范畴的信息文明，它的基本内涵是什么？它的内部结构如何？它具有哪些整体性社会功能？信息文明与我们通常说的物质文明、精神文明、社会文明、政治文明、生态文明存在何种关系？这是研究信息文明绕不开的问题。

第一节　信息文明关联概念及其内涵的厘定

信息革命迅猛发展，全球加速迈向信息社会。信息、信息资源、信息活动在经济社会发展中的重要作用和影响日益凸显。信息的本质究竟是什么？信息具有哪些基本特性？信息与信息资源有何区别？信息活动具体含义是什么？信息活动在社会发展中究竟具有何种作用？这些问题亟须从理论上做出科学回答。

一　信息的本质

关于信息本质，国内外学术界一直存在多种研究视角，至今仍未能形成广泛共识。通常人们按照具体科学的信息和哲学的信息两类来探讨信息的本质。具体科学的信息定义主要有差异论和负熵论两种；哲学的信息定义主要有属性论、关系论和独立元论三种。① 根据既有的研究基础，本书拟从马克思主义本体论和认识论两个视角对信息的本质进一步研究。

（一）本体论意义上的信息

依据马克思主义物质观，本书认为，那种从哲学的本体、本源意义上认为，信息是独立于物质世界之外的非物质存在的"信息观"是不可接受的。就信息本身而言，世界上只存在具体的信息，不存在抽象的信息。具体的信息，就其哲学本质来讲，都可以归结为某种客观存在的物质。例如，基因信息、电子信息、经济信息，等等。其本质和本源归根到底仍然是某种基因物质、某种电子物质、某项经济活动。无论是自然信息还是社会信息，其哲学本质和本源都离不开客观的物质。不存在完全没有物质基础的所谓"纯信息"。马克思主义强调客观实在性是物质世界万事万物的共同特征，"物、物质无非是各种物的总和，而这个概念就是从这一总和中抽象出来的"②。自然科学的发展已经证明并将继续证明，世界是物质的，除了客观的物质以外，世界没有其他什么非物质东西存在。物质的客观实在性决定了世界的客观实在性。因此，把信息视作一种独立于物质世界之外的客观存在，在理论上不仅有"二元论"世界观之虞，还会在实践中带来错误认识。譬如，过分夸大信息经济在国民经济中的作用，过分强调信息技术对社会发展的影响；在具体的社会治理过程中，对技术和信息的高度依赖，忽视人的主观能动性等倾向。

信息哲学视野，有学者认为信息世界是与物质世界平行存在的，甚至认为信息就是世界的本源，万物源于比特。从马克思主义立场出发，这种观点从世界本源上将信息独立在物质世界之外，强调信息的独立地位，认为信息是"元物质"、信息哲学是"元哲学"，显然是存在偏颇的或值得商榷的。③"本体论信息实际上最后取消了'信息'作为一种可以区别于物质存在的权利。所以，只要还想保持信息与物质的区别性和特殊性而不将信息最后归结、彻底还原为物质，就必须拒斥所谓的'本体论信息'，

---

① 邬焜、［法］布伦纳、王哲等：《中国的信息哲学研究》，中国社会科学出版社 2012 年版，第 130 页。

② 《马克思恩格斯文集》第 9 卷，人民出版社 2009 年版，第 500 页。

③ 邬焜、成素梅主编：《信息时代的哲学精神——邬焜信息哲学思想研究与讨论》，中国社会科学出版社 2016 年版，第 196 页。

而只承认有'认识论信息'。"① 事实上，信息论、控制论、统计学、经济学、信息社会、信息管理、通信科学等各具体学科以及信息哲学视野的信息是一个表征不确定性减少意涵的范畴，即认识的主体获得认识对象（认识客体）的信息，就意味着主体对客体的认识更确定了。这种表征事物的确定性范畴，就是负熵，即信息。②

　　信息作为标志事物的确定性（有序性）范畴，揭示了一种确定性世界观。马克思主义哲学强调世界的客观实在性；信息哲学则强调世界的确定性（有序性）。就是说，客观实在的物质世界一定具有某种确定性。随着人和人类社会实践的发展，物质世界不断人化，人类所获得的信息量也不断增加，也就是人类对物质世界确定性认识的增加。从信息角度而言，人的实践过程就是把不确定性世界变成确定性世界的过程，其实质就是把人不确定的、自在世界不断转化为确定的、人化世界，从而实现人对物质世界的认识、改造和运用，最终实现人与社会的全面自由和解放。

　　显然，各具体学科以及信息哲学意涵的信息本体论与马克思主义哲学意涵的本体论不是指向同一个范畴。前者表征了物质世界的确定性，后者表征了世界的实在性。问题的关键是，人们用信息来表征事物的确定性时，信息本身已经蕴含了人们认识活动前提了。就是说没有人的认识活动，人们对所要认识的事物的不确定性就不会减少。信息表征的事物的确定性是物质的存在方式或表现形式的确定性。显示物质的存在方式和表现形式必须依赖一定的手段、通过人的主观能动性实践才能获得。因此，各具体学科和信息哲学表达的本体论信息从根本上讲并不是马克思主义哲学立场的本体论信息，只能是马克思主义认识论意义上信息。各具体学科和信息哲学的信息本体论本质上为人们提供了一个认识世界新的方法。

　　从世界本源上追问信息的本质意义在于，让我们认清信息究竟是一种"客观的存在"还是"人的思维的结果"？在客观世界中究竟存不存在一种与物质世界平行的，甚至比物质更有权重意义的"信息世界"？回答这些问题唯一科学方法是运用马克思主义的实践观。马克思主义强调从能动的实践出发去把握客观世界。信息交换现象和信息活动本质是人的实践活动。从信息角度分析，人与自然发生相互改造关系离不开开发、利用和处

---

① 肖峰：《信息主义及其哲学探析》，中国社会科学出版社 2011 年版，第 241 页。

② ［美］N. 维纳：《人有人的用处》，陈步译，商务印书馆 1978 年版，第 13 页。

理信息的过程。在特定的事件和情境中，信息有时固然能够改变事物发展全局。譬如，一个重要情报、决策或策略会改变战争的走向或结局乃至社会发展方向。但是，不能仅仅看到单个信息在事物发展的全局作用，而忽视事物发展背后的"物质动因"。恩格斯的"历史合力论"是对这个问题的最好诠释。试想，如果没有强大的物质硬实力做后盾，仅凭情报、信息处理的"软实力"，能够改变战争的最终结局吗？信息对事物所起作用的大小取决于信息的内容以及人们对信息内容的处理方式和处理能力。离开物质文明（物质力）发展，仅仅有精神文明（信息力）的社会不可能是可持续的社会。

综上，物质与信息的关系，正确的理解应该是：物质是信息的基础，信息是物质存在方式的表征。一切所谓本体论意义上的信息，最终都将信息还原为某种物质本身。在马克思主义立场，本体论信息是不存在的。过分强调信息的重要地位，容易导致"技术至上主义"和"信息主义决定论"倾向。实践中过分强调虚拟经济的作用，不能看到实体经济是虚拟经济的基础，不能正确看待工业化与信息化的关系，实质就是对信息和信息资源的盲目崇拜、过度炒作信息资源的结果。

（二）认识论意义上的信息

认识论意义上的信息是一种有意义的符码或符码系统，通过这些符码或符码系统人们可以获得对其所表征的事物更加确定性的认识。这个视角的信息是认识主体对认识客体的反映。归根到底，信息是一个人们在认识事物过程中获得的千千万万个具体信息的抽象概念。信息被认为是人们"看出来、听出来和想出来的东西"[1]。信息说到底是一种属人的现象。离开人赋意的符码或符码系统就没有信息的功能和意义。据《说文解字》解释，"信"和"息"都是会意字。从"信"和"息"的结构看，"信"由"人""言"组合而成，"息"由"自""心"组合而成。"信"和"息"的构造内蕴的意涵可以理解为，信息就是人对对象世界的认识，可以表征为知识、消息、讯息等，属于意识、精神范畴。我们在日常生活、科学研究以及网络空间中所使用的符码或符码系统本质上都离不开人的赋意。大数据为什么能创造新的知识，原因就在于这些数据通过一定技术处理，可以为人认识客观事物提供更科学的依据。为什么要大力加强网络空

---

① 肖峰：《信息主义及其哲学探析》，中国社会科学出版社 2011 年版，第 234 页。

间社会主义核心价值观的引领工作？因为网络空间信息输出、传播的门槛极大地降低了，甚至消失了。传统工业社会的信息传播监管体系几乎失效，伴随着网络信息的大爆炸，各种对社会有害的信息就可能毫无节制地泛滥而毒害社会。一些虚假、捏造的信息可以被人用来误导人们对现实客观事物的认识，从而危害社会。认识论意义上的信息和我们日常生活、科学研究中的使用信息意涵是一致的。

"全部人类历史的第一个前提无疑是有生命个人的存在。"① "就单个人来说，他的行动的一切动力，都一定要通过他的头脑，一定要转变为他的意志的动机，才能使他行动起来……"② 人脑是处理信息的器官，人的身体本身就是一套精密的信息管理和信息处理系统。信息活动伴随着人类的形成和发展的全部历史。人与社会、人与自然界相互作用的过程本质上就是人们认识信息、开发和利用信息的过程。在这个过程中，信息发挥着使人社会化、使自然界人化的作用。随着信息经济活动和管理活动的出现，人们对信息的认识不断加深。"哲学含义上的信息是一种非物质的存在，是主体对对象的感知、辨识和建构，也是生命控制系统尤其是神经系统的一种机能。"③ 信息科学技术的发展和广泛普及应用，信息社会的来临，信息日益彰显出经济资源和生产要素的属性。信息成为一种生产要素和经济资源，如同石油、煤炭、天然气等矿产资源一样。正是在这个意义上，信息被比作"软黄金"。邓小平曾给《经济参考报》题词："开发信息资源，服务四化建设。"④ 习近平也指出："信息流引领技术流、资金流、人才流，信息资源日益成为重要的生产要素和社会财富，信息掌握的多寡成为国家软实力和竞争力的重要标志。"⑤

信息技术的发展，尤其是物联网、大数据技术的发展，预示着人们对主观世界、客观世界的认识还处在不断深化过程中。我国高校教材曾定义："信息是同世界的物质过程、能量过程紧密联系在一起的普遍现象，它是系统内部和系统之间通过相互联系而实现和保留的某一事物形态、结

---

① 《马克思恩格斯文集》第 1 卷，人民出版社 2009 年版，第 519 页。
② 《马克思恩格斯文集》第 4 卷，人民出版社 2009 年版，第 306 页。
③ 肖峰：《重勘信息的哲学含义》，《中国社会科学》2010 年第 4 期。
④ 周宏仁：《中国信息化进程》上册，人民出版社 2009 年版，第 45 页。
⑤ 《习近平谈治国理政》，外文出版社 2014 年版，第 198 页。

构、属性和含义的表征。"① 这个定义既肯定了信息是一种与物质现象相联系的普遍现象，又明确信息是事物的"表征"，已具有很强的严密性，缺点是不太精练。

在总结和借鉴学术界既有研究成果的基础上，本书认为，马克思主义视阈，信息是标志事物确定性的哲学范畴，是能够被人认识和加工的物质存在方式和表现形式的表征。这样定义信息的本质包括三个层次的含义：（1）与物质相比，信息是第二位的、从属的；（2）信息是可以被人认识到的；（3）信息是对物质存在方式的表征，信息不等于物质本身。明确信息本质的这三个层次的含义，有助于认清以下两个方面的问题：首先，信息技术、信息社会的发展，只表明了人们对物质世界的认识能力提高到新的水平。信息与物质相比，物质永远是第一位的客观存在，人类社会发展永远都离不开物质世界这个基础。所谓网络空间，本质上是现实物质世界的产物，离开必要的电子物质设备，这个空间就不存在。实体经济永远都具有基础性价值，虚拟经济如果超越了实体经济的地位，最终整个经济体都将无法持续维持下去。其次，信息是可以被人认识和利用的。信息技术和信息社会的发展，人们获得海量的信息资源，其中蕴藏着巨大的经济社会价值，发展信息技术和信息经济、治理和维护好信息虚拟空间，推动信息社会发展，有助于提高人们改造主观世界和客观世界的能力。以信息方式认识和改造世界，标志着人类在物质方式基础上获得了一个新的认识和改造世界的方式。人们认识世界的过程，同人们利用信息技术改造世界的实践过程是相互渗透、彼此贯通的过程。随着实践的发展，人类可掌握和利用的信息科学技术也不断发展，信息活动对人类社会生产生活的塑造作用就会日益明显。总体而言，人类的信息活动对人类社会生产生活的形塑作用越明显越深入越广泛，意味着人类对客观物质世界的确定性认识就越明显越深入越广泛，人类社会的自由全面发展程度就越明显越深入越广泛，人类社会文明程度就能够不断得到提升和发展。

二　信息的基本特性

从上述信息的马克思主义哲学本质定义出发，信息具有五个相互关联

---

① 李秀林、王于、李淮春主编：《辩证唯物主义和历史唯物主义》，中国人民大学出版社1990年版，第250页。

的基本特性。

（一）客观性

信息的客观性是指信息本源的物质性，是信息的根本属性。马克思主义认为，世界是物质的，物质世界是能够被我们认识的客观实在。作为"消息""资讯""信号""情报"的信息，以及以"数据"表现的信息，本质上都是人们认识物质世界的产物，都源于物质。但是，就信息本身而言，信息不是物质本身，信息区别于物质的关键在于，信息是一种虚拟的、非物质的存在。信息的产生、传输和接受，即信息运动过程要依赖一定的物质载体，要有一定时间和空间；任何信息要对人类社会产生影响，都依赖人脑去认识和处理。因此，从根本上讲，信息的本源是物质。譬如，"中国梦"，作为信息，其形式似乎是虚无的"梦"；但是，"中国梦"的内容和思想本源并不虚幻，恰恰是源于中国社会历史发展的客观现实。同样，"共产主义社会"，从信息视域分析，这是对未来社会高度文明的"理想"，似乎是虚物；但是，作为社会实践，共产主义元素具有客观存在性，经由社会群体的信仰，转化成为一种社会运动，最终会成为社会现实。物质世界中，无论是未被人们认识到的信息，还是已经被人们认识到的信息，其本源都是物质，离开物质的信息和离开信息的物质都是不存在的。信息技术的发展，为人类认识主、客观世界提供了日益丰富的信息资源，人们所认识到的信息世界本质上是人们对物质世界的主观反映。网络空间，本质上是人类运用信息技术、借助物质资源建构的虚拟的空间。离开物质基础的虚拟空间和信息是不存在的。

（二）可感知性

信息的可感知性是指，信息能够被人脑或由人制造的智能机器感觉、处理的特性。信息的客观性是信息的可感知性基础。马克思主义认为，物质是能够被人认识和反映的。"一切物质都具有在本质上跟感觉相近的特性、反映的特性。"[①] 信息技术的发展已经并将继续确证信息的可感知性。正如世界只有尚未认识的事物，不存在不可认识的事物一样，世界上只有还未被感知的信息，不存在不可感知的信息。信息的可感知性，体现了信息的主观形式。人以信息方式认识事物的过程本质上都是人的一种主观认识活动。"信息什么也不是，不过是人和对象的一种关系——种信息关

---

① 《列宁全集》第 18 卷，人民出版社 1988 年版，第 90 页。

系，一种扩大了的反映和认识关系。"① 虽然人认识客观世界的能力、手段受到人和人类生命周期和技术的局限，每一个人和每一代人在认识世界的道路上能力都是有限的，但是，人类对客观世界的信息感知和认识能力总会不断向前发展和提高。现代科学的发展，尤其是信息科学的发展，使客观世界不断被人以信息化方式加以认识和把握。基于此，人类就能够不断以虚拟实践的方式改造、利用客观物质为人类社会发展服务。所谓"信息爆炸"，一定意义上讲就是人们可感知的信息爆炸性增长的结果。

（三）可创造性

信息是物质的存在方式和表现形式的显示，并不表明信息就等于物质。信息与物质的本质区别就在于，信息可以被创造，而物质不能被创造。信息的可感知性为人们创造新的信息提供了可能。"人们并没有创造物质本身。甚至人创造物质的这种或那种生产能力，也只是在物质本身预先存在的条件下才能进行。"② 世界的物质统一性，要求人类的实践活动必须依赖客观世界，这种依赖决定了"人们在实践中不能创造和消灭物质，只能改变和创造物质的特定结构和秩序"③。这里的"物质的特定结构和秩序"，就是物质的存在方式和表现形式。本质上，人的实践活动就是不断地认识和把握物质运动规律，凭借已经科学认识到的"物质的特定结构和秩序"的显示——物质的存在方式和表现形式——信息，对物质进行满足人的利益的改造和利用过程。人们可以凭借的有效信息越多，产生的信息效用就越大；人们创造的有效新信息越多，对物质世界的认识就越深刻科学，在社会实践中创造的价值就越大。信息的可创造性为人类实践活动的能动性奠定了基础。信息技术的发展过程，本质上是人类信息创造能力和处理能力的发展过程，是人们认识主、客观世界发展规律、进而运用这些规律改造主、客观世界，使人类自身获得自由和解放的过程。

（四）价值性

信息的可创造性决定了信息的价值性。信息的价值性即信息能够满足信息的特定接受者某种需要的属性。信息依附于物质，并随着物质的运动和变化，满足信息的接受一方某种需要。物质内部各要素之间和物质之间

---

① 肖峰：《信息主义及其哲学探析》，中国社会科学出版社 2011 年版，第 242 页。

② 《马克思恩格斯全集》第 2 卷，人民出版社 1957 年版，第 58 页。

③ 邬焜、［法］布伦纳、王哲等：《中国的信息哲学研究》，中国社会科学出版社 2012 年版，第 58 页。

的相互作用和相互影响，本质上也是信息价值属性的反映。信息的价值性是相对的，特定信息对特定信息接受者有价值，同一信息在不相同的时空中对不同信息接受者而言价值并不相同。在全息的物质世界中，信息的价值是相对和绝对的统一。气候信息满足花授粉的需要，花对蜜蜂发出有诱惑力的蜜汁气味信息，蜜蜂借助气候信息开展采蜜活动（这些信息本质上都是人认识和研究出来的）；出租车司机发出出车信息满足了乘车人的需要，乘车人通过滴滴打车系统发出用车信息满足了滴滴打车公司的需要。诸如此类信息活动现象表明，信息在客观事物之间或物质内部各要素之间相互运动，实现信息存在的价值，并同时形成新的信息，进而不断推动事物的发展。人类面临的任务就是不断认识、开发和处理、运用、创造信息的价值，为生产生活服务。物联网、云计算、大数据、人工智能等信息技术的发展，标志着人类挖掘、应用可感知的信息价值能力不断得到提高。

（五）效用不对称性

在信息活动中，信息运动的根本动力就在于信息效用具有不对称性。运动是物质的存在方式，信息是物质存在方式的显示。信息显示的程度、信息在空间和时间上分布的密度和运动的速度的差异以及信息价值的非稳定、非均衡状态，是信息效用的不对称性的根源。信息效用的不对称性在自然界、人类社会和人的思维领域普遍存在。譬如，"上帝"这一信息，对其受众来讲，接受程度上有差异、影响上有大小；古董信息之于有古董知识和无古董知识背景的人意义不同一样；股票价格波动的信息，在空间和时间上存在差异，在股民和非股民中的效用是不均衡的。在全息的世界图景中，信息效用的不对称性是绝对的，对称性则是相对的。信息效用的不对称性决定了人们在社会实践活动中存在利益的不对称状态，因为"'思想'一旦离开'利益'，就一定会使自己出丑"①。人的信息活动和人追求利益的活动是同一的过程，通过消除和减少信息效用不对称性，尽可能地实现人和社会利益的对称贯穿于全部人类社会历史过程。

三　信息资源与信息活动

唯物史观视阈，人类社会"是人们交互活动产物"②。从信息视角来

---

① 《马克思恩格斯文集》第 1 卷，人民出版社 2009 年版，第 286 页。
② 《马克思恩格斯文集》第 10 卷，人民出版社 2009 年版，第 42 页。

看，人们的社会交互活动过程，其实质就是人运用信息资源，开展信息活动的过程。唯物史观是建立在科学的实践观基础上的。从实践主体、实践客体和实践的媒介和手段来看，人的实践活动就是人根据收集到的外部信息做出反应，对实践客体进行改造、加工的过程。人类掌握的信息资源越富集、信息技术越发达，信息处理能力越强大，人的实践能力就会得到相应的提高。因此，从信息视角分析，人类文明的形成和发展历史与人类利用信息资源，开展信息活动，改造主客观世界，推进人类文明进步的历史具有高度同步性。

（一）信息资源

信息与信息资源是两个既有区别又有联系的概念。通常人们都把信息资源等同于信息一起混用。但是，并非所有的信息都可以成为资源的。从信息管理学的角度分析，信息管理的根本目的是控制信息的流向，实现信息的效用与价值。要使信息成为资源并实现其蕴含的价值和效用，就需要借助人的智力和信息技术等手段。因此，人是控制信息资源、协调信息活动的主体。而信息的收集、存储、传递、处理和利用等信息活动过程都离不开信息技术的支持。没有信息技术的强有力支持作用，要实现有效的信息管理是不可能的。综上，信息资源就其结构而言，是由信息生产者、信息、信息技术三个要素形成的一个有机整体。"信息资源是社会发展中可以创造物质财富和精神财富的达到一定数量的信息集合，是各种社会活动中产生和积累具有潜在或现实价值的有序化信息及相关要素的集合。"[①]从一般意义上而言，信息与信息资源没有本质意义的差异，但是，也不能简单地将信息资源看成是信息的一个子集。信息资源更强调了信息作为整体、作为可以利用的资源、作为社会中基础的作用，信息资源是信息的高层次状态。

举例来说，一位患者偶尔一次就医所产生的数据（信息），如果仅存在于医院或患者的病历和医院的档案中，就只是一次患者的医疗信息。如果患者多次就医所形成的数据，经过医疗机构或医生的系统收集、整理、分析和处理，最终能为患者解除病痛，那么该患者就医信息就成了信息资源。从信息转化为信息资源，其必要条件是：信息本身具有需求性、可获取性和价值性。即，信息作为一种资源，必须具有一定的丰度和凝聚度，

---

①　党跃武、谭详金主编：《信息管理导论》，高等教育出版社 2006 年版，第 23 页。

可以在特定环境中满足社会特定的需要，即人类对信息资源的价值期望大于其需求成本。因此，实现信息到信息资源的转换，必须满足一定的社会条件，即信息的大量积累与有序化、信息的广泛传播和利用、信息的社会功能得到强化、社会的信息环境不断发展、信息管理的专门化和信息服务的社会化等方面。信息社会的发展，信息基础设施的不断完善，所谓数字地球、智慧工厂、智慧城市、智慧社区、信息高速公路等信息社会工程，本质上都为信息转换为信息资源创造了平台和路径。随着信息技术活动全面介入人类的社会生产生活各个领域，信息资源成为信息时代最重要的社会资源。

（二）信息活动

信息活动，通俗地讲就是人类社会围绕信息资源的形成和利用而开展的管理与服务活动。人类的生产劳动、社会实践和科学实践活动，就信息角度而言，都伴随着信息处理与管理的活动。信息活动同马克思主义观察到的人类生产劳动过程、社会实践过程以及科学实验过程是同一个过程。信息技术的发展，大规模智能机器人（人工智能）的使用，标志着人类已经获得了日益充分的解放体力和脑力劳动的技术条件。随着科技的发展，人类的社会劳动形式主要不再是由人直接进行物质产品的生产劳动，人们将主要从事精神的、信息化的生产劳动。这一点，已经由信息社会经验的现实确证了。

正因为人的实践活动与信息活动具有同一性。所以，唯物史观视阈，人类的实践活动所产生的意识、精神、知识、思想、文化、观念、伦理、道德、理想、信念、政治、哲学、宗教、意识形态等人的思维的过程及其产物，就其发生过程和表现形式而言，都可以看作"信息方式"和"信息形式"。但是，必须明确的是，人从事信息活动的同时一定伴随着物质活动和能量运动。信息活动也不是纯粹的思维活动。物质、能量和信息作为现实世界的存在方式，三者之间存在着可以相互转化、相互置换的关系。在一个相对密闭系统中，一定的物质、能量活动总是同一定的信息活动同步进行的。一定的物质活动总伴随着一定的能量交换过程。反之，一定的能量交换过程也一定伴随着物质活动过程。增加或强化一定的信息活动总能相对减少或弱化物质和能量的活动。反之，要想减少或弱化物质和能量耗费，就必须增加或强化信息交换活动。① 信息技术的发展，信息资源在经济社会发展中的重要作用日益凸显，以"信息方式"把握和认识主客观世界、改造主客观世界，成为信息时代人类社会发展的重要特点。

四　文明的内涵

当今世界，虽然文明的概念被人们广泛地使用，但是，关于文明的含义，国内外学者有着不同的认识和理解。大致存在文化论、精神论和制度论三种认识：文化论的人认为，文明等同于文化，文明是都市的文化、放大的文化，是最广泛的文化实体，是语言、文字、传播知识的过程；精神论认为，文明是人们在改造客观世界的过程中改造主观世界而取得的精神成果的总和；制度论认为，文明是人类抵御自然和调节人际关系的各种制度的总和。② 尽管人们认识文明内涵存在各自侧重和差异，但是，大多数学者一般都认为，文明是人类社会的一种进步状态，是人类物质和精神活动进步的表现。

作为一种社会进步状态的文明内在地规定了文明的社会属性，而社会又是人类的社会。离开人和人类，社会是不存在的，文明是人的社会化的过程和产物。人类的全部社会化过程和一切社会化的产物都可以纳入文明的范畴。文明与愚昧、野蛮是相对而言的，文明含义会随着历史发展不断变化，一种观念、文化或制度，在一个民族和地区是文明的，不代表在其他民族和地区就是文明的，即使在同一个民族和地区，对不同的人而言，也存在文明和非文明之分。在历史过程中，在一定时期里，一种观念、文化或制度是文明的，而在另一段时期内可能就不是文明的，甚至是野蛮的。野蛮和文明一样，也存在历史和主体的尺度问题，现代人认识到的认为是野蛮的观念、制度，在过去的人看来，不一定就是野蛮的，甚至认为是文明的。譬如，"抢亲"制度，在"文明"人看来是野蛮的，但是，在一些少数民族地区，这恰恰是他们保持特色的"文明"形式。生产资料私有制度是一切剥削社会文明赖以存在的基础却是建设理想的社会主义和共产主义文明的障碍。因此，要科学揭示文明的含义，需要从辩证唯物主

① 杨培芳：《挽在一起的手：协同互利新经济哲学》，人民邮电出版社 2016 年版，第71 页。

② 叶庆丰、刘春、刘永高：《政治文明建设论》，江西高校出版社 2003 年版，第 15 页。

义和历史唯物主义中寻找方法和路径。

恩格斯指出：人和动物的本质区别在于，"动物所能做到的最多是采集，而人则能从事生产"①。人类社会是"人们交互活动的产物"②。马克思强调："全部社会生活在本质上是实践的。"③ 在人类全部实践活动中，物质生产劳动实践处在最核心的地位。人类创造的所有文明样态，归根结底是从物质生产中建立和发展起来的。而人们的物质生产过程，本质上就是按照一定的生产方式实现生产目的、满足人类需要的过程。

从文明的社会制度形态来讲，奴隶制生产方式形成了奴隶社会文明，封建制生产方式形成了封建社会的文明，资本主义的生产方式是资本主义文明的赖以存在和发展的基础。社会主义文明和共产主义文明的建立、巩固和发展需要社会主义生产方式的建立、巩固和发展。因此，可以得到这样一个结论：文明的本质是生产方式（生产力和生产关系的统一）的反映。这个结论强调文明不仅仅只是生产力的反映，还体现在生产关系上。譬如，建造同样的水渠，奴隶社会和社会主义社会中，蕴含的文明内涵是不同的。奴隶主强迫监督奴隶完成工程，工程完工后水渠发挥的效益完全被奴隶主占有。社会主义社会人们通过平等协作完成工程，工程的效益是由社会主义集体获得的。我们可以这样说，没有先进的生产方式，资本主义文明是不可持续的。马克思指出："为了不致丧失已经取得的成果，为了不致失掉文明的果实，人们在他们交往方式不再适合于既得的生产力时，就不得不改变他们继承下来的一切社会形式。"④ 显然，文明要得以可持续地发展，仅仅继承以往的生产力是不够的，更重要的是要改变旧的、不适应生产力状况的生产关系。中华文明所以能不断延续，不只是因为中国社会生产力得到继承和发展，还源于中国社会的生产关系不断实现了变革。正因为在社会历史发展过程中，"人们不能自由选择自己的生产力"⑤。所以，能否变革生产关系就在某种程度上成为能否创建新的社会文明的关键。俄国十月革命和中国新民主主义革命的历史证明，在落后的民族和地区，人们可以通过革命实现生产关系的变革，建立新的社会制度，然后再利用新的社会

---

① 《马克思恩格斯文集》第 9 卷，人民出版社 2009 年版，第 548 页。

② 《马克思恩格斯文集》第 10 卷，人民出版社 2009 年版，第 42 页。

③ 《马克思恩格斯文集》第 1 卷，人民出版社 2009 年版，第 501 页。

④ 《马克思恩格斯文集》第 10 卷，人民出版社 2009 年版，第 43 页。

⑤ 同上。

制度去解放和发展生产力，从而实现文明的继承和发展。

文明本质是生产方式的反映的结论，还可以从恩格斯关于文明时代和文明标志问题的论述中加以推论。恩格斯指出："随着文明时代获得最充分发展的奴隶制的出现，就发生了社会分成剥削阶级和被剥削阶级的第一次大分裂。这种分裂继续存在于整个文明期。"① 显然，相对人类蒙昧和野蛮时期，文明时期在恩格斯看来就是阶级分裂和阶级对抗存在的时期。恩格斯还明确提出："国家是文明社会的概括，它在一切典型的时期毫无例外地都是统治阶级的国家，并且在一切场合在本质上都是镇压被压迫被剥削阶级的机器。"② 概言之，文明时代的来临是在生产力发展的一定阶段而形成新的生产关系的时候才开始出现的，单纯的生产力不能反映文明的本质和全貌。"生产、生产方式既包括社会生产力，也包括人们的生产关系，而体现着两者在物质资料生产过程中的统一。"③ 文明本质是一种生产方式的反映的理论界定，充分地彰显了文明建设的人的主体的能动性，有助于我们深化文明内涵和特点的认识，对生产力不发达地区和民族，进行社会主义革命和探索社会主义建设道路，创造新的社会文明具有重要方法论意义。

五　信息文明的内涵

尽管中外学者和人们日常生活中经常使用到"信息文明"概念，但是，对什么是信息文明，还存在学术上的认识差异。正如前文所述人们对信息的本质认识存在分歧一样，信息文明的内涵是什么，不同学科的人有不同的认识侧重。通常意义上讲，信息文明是肇始于 20 世纪 60 年代末以来发生的人类社会信息革命的产物。信息时代也有人称为网络时代、大数据时代。信息文明有数字文明、网络文明、计算机文明、大数据文明、智能文明等各种表述。随着信息社会和信息时代的来临，如何从马克思主义哲学的高度认识信息文明的内涵，既是学术上亟待解决的一个理论问题，也是信息文明建设面临的一个重大实践问题。归纳既有研究成果，信息文明的内涵大致存在三个维度的认识。

---

① 《马克思恩格斯文集》第 4 卷，人民出版社 2009 年版，第 195 页。

② 同上。

③ 《斯大林文集》，人民出版社 1985 年版，第 219 页。

（一）历史—科学技术维度的信息文明

基于历史和科学的视角，古希腊数学家、哲学家毕达哥拉斯以及后来形成的毕达哥拉斯学派就认为，"万物皆数"，"数是万物的本原"，是"存在由之构成的原则"，整个宇宙是数及其关系的和谐的体系。毕达哥拉斯学派用数来解释一切，宣称数先于自然中的一切其他事物，是事物的本质，数决定、产生万物。① 正因为这种代表理性精神的数学文化是古希腊的主流文化，因此也造就了古希腊现代文明摇篮的地位。因为数与信息的天然紧密关系，因此从信息意义上说，这大概是最古老的"信息文明"观。有学者从信息活动方式的历史现象出发，认为"信息造就了人类社会，信息伴随人类走向文明"②。信息文明是信息活动方式产生的社会进步状态，是对"既有的工业文明加以信息化"③，是一种以信息经济为基础的，是"实现人类社会与自然环境协调发展，最终实现人类社会可持续发展的文明形态"④。在计算机和网络信息科学全面渗透到社会的各个领域的背景下，美国管理学家、统计学家爱德华·德明提出"除了上帝，任何人都必须用数据来说话"⑤ 的著名论断。云计算、大数据技术兴起后，围绕数据挖掘、数据开发和利用等新的商业和产业活动迅猛发展，数据经济正成为社会的重要经济形态。按照历史—科学技术视角，信息资源运用和信息活动是贯穿人类整个历史过程的，没有信息和信息活动，就没有人类和人类文明。这类观点，看到了信息活动在人类文明中的重要作用和深远的历史意义，具有重要的理论和实践意义。

从广义上讲，信息活动是一种贯穿社会历史全过程的活动。但是，一种社会活动能否成为一种社会文明形态的地位，不是取决于它产生的历史是否久远，而是取决于这种活动在人类社会中是否成为占统治地位的生产方式、生活方式和思维方式。尽管语音、图像、语言、文字、数字、编码符号等信息载体在人类文明起源和发展过程中一直发挥着作用，但是，总

---

① 吴仁平、彭隆辉主编：《欧洲哲学史简明教程》，中央编译出版社 2012 年版，第 8 页。

② 刘志英：《信息是人类文明赖以发展的基础》，《科技情报开发与经济》2003 年第 3 期。

③ 肖峰：《信息文明的语义分析》，《中国人民大学学报》2015 年第 1 期。

④ 杨文祥：《论信息文明语信息时代人的素质——兼论信息、创新的哲学本质》，《河北大学学报》（哲学社会科学版）2001 年第 1 期。

⑤ 涂子沛：《大数据：正在到来的数据革命，以及它如何改变政府、商业与我们的生活》，广西师范大学出版社 2013 年版，第 13 页。

体上看，信息活动在现代信息革命前还不能在整个社会中产生决定性的作用，因而也没有、也不可能成为占统治地位的生产方式。传统的渔猎文明、农业文明和工业文明从根本上讲，都是建立在物质资源的生产、交换和消费基础上的。信息活动在现代信息技术诞生之前在人类生产生活中一直还是从属性、辅助性的活动。

"每一历史时代主要的经济生产方式和交换方式以及由此产生的社会结构，是该时代政治的和精神的历史所赖以确立的基础，并且只有从这一基础出发，这一历史才能得到说明……"① 唯物史观看来，现代信息革命前，信息活动和信息资源还不是主要的经济活动和主要的劳动资料，因而，也不会形成现代意义的"信息文明"。把信息技术和信息活动泛化为人类的一切文明基础，是一种"科学技术决定论""技术至上主义"的表现。包括数学、信息科学等在内的各个门类"科学的产生和发展一开始就是由生产决定的"②。"数和形的概念不是从其他任何地方，而是从现实世界中得来的。"③ 因此，作为显示信息的数字、符号等信息载体本质上是人们物质生产实践的产物，如果把人类的信息活动的作用扩大到超越物质生产实践的地位，显然是不符合实际的，实践中也是有害的。在信息时代，一些国家和地区出现虚拟经济过度膨胀，实体经济空心化现象，某种程度上和人们对信息过度崇拜有关。

当今世界经济社会发展实践表明，科学技术活动如果离开科学的发展观指导和先进的社会制度保障，只能给人和社会带来片面的发展，并由此产生更大、更深刻的"文明的危机"。马克思强调："只有工人阶级能够……把科学从统治阶级的工具变为人民的力量，把科学家本人从阶级偏见的兜售者、追逐名利的国家寄生虫、资本的同盟者，变成自由的思想家！只有在劳动共和国里面，科学才能起它的真正的作用。"④ 恩格斯也指出："科学越是毫无顾忌和大公无私，它就越符合工人的利益和愿望。"⑤ 当今人类面临的"生态危机""发展危机"本质上都不是单纯依赖科学和技术能够解决的。实践证明，只有改变错误的认识和发展观念，

---

① 《马克思恩格斯文集》第 2 卷，人民出版社 2009 年版，第 14 页。

② 《马克思恩格斯文集》第 9 卷，人民出版社 2009 年版，第 427 页。

③ 同上书，第 41 页。

④ 《马克思恩格斯文集》第 3 卷，人民出版社 2009 年版，第 204 页。

⑤ 《马克思恩格斯文集》第 4 卷，人民出版社 2009 年版，第 313 页。

改变落后的生产方式，让科学创造的生产力真正由劳动人民掌握，包括信息文明在内的人类所创造的一切文明才可以得到延续和发展。

（二）道德—意识形态维度的信息文明

美国哲学家艾茵·兰德认为："文明，就是向拥有隐私权的社会不断迈进的进程。野蛮社会的一切都是公共的，靠部落的法则来治理。文明是将一个人从一群人当中解放出来的过程。"① 随着信息革命的发展和信息社会的来临，一些中外学者基于信息活动产生的伦理和道德问题，开展了多方位、多视角的研究。特别是信息网络化所形成的虚拟空间，一方面空前地扩大了人们的相互交往能力，同时也造成"组织参与水平下降、人际信任程度下滑和社会接触面缩窄""孤独和社会道德沦丧"。② 在信息权利自由、网络自由与保护公民隐私权和国家与社会公共安全之间，信息伦理制度和道德规范不能缺席。

"所谓信息伦理或网络道德，是在信息时代调节人与人之间社会关系的一种价值体系。"③ 信息（计算机）伦理研究者认为，信息文明是现代信息社会人们在信息生产、交换、消费过程中应遵循的伦理道德、规则、制度的总和。从"信息世界的文明化"④ 来分析信息文明含义，强调了文明的社会意识层面的存在价值，把信息文明的内涵认识提高到了更高的层面，深化了人们对信息活动的认识。

信息网络化时代，面对日益增加的有害和垃圾信息、色情暴恐信息、网络谣言、网络沉迷、网络犯罪、信息霸权、数字化鸿沟等各种反文明现象，信息伦理建设问题就严峻地出现了。尤其是在国际互联网管控还不能实现民主化的现实背景下，网络空间的舆论和信息就必然存在意识形态化趋势。有学者将信息时代出现的"信息社会主义与信息资本主义"⑤ 进行比较研究，发现两种社会制度背景下信息文明发展可能会产生的不同文明后果和未来。

---

① 转引自涂子沛《大数据：正在到来的数据革命，以及它如何改变政府、商业与我们的生活》，广西师范大学出版社 2013 年版，第 157 页。

② ［美］詹姆斯·E. 凯茨、罗纳德·E. 莱斯：《互联网使用的影响》，郝芳、刘长江译，商务印书馆 2007 年版，第 20—21 页。

③ 孙伟平：《信息时代的社会历史观》，江苏人民出版社 2010 年版，第 323 页。

④ 肖峰：《信息文明的语义分析》，《中国人民大学学报》2015 年第 1 期。

⑤ 肖峰、张坤晶：《信息社会主义与信息资本主义：两种新社会形态的对比研究》，《青海社会科学》2014 年第 2 期。

现代信息技术起源于美国，在信息文明的发展过程中，美国具有绝对的优势地位。国际互联网根服务器、IP 地址的分配、计算机芯片和软件技术标准美国都处于绝对的霸权地位。以美国为首的信息化程度较高的资本主义国家，相当长的时期内仍会主导着国际互联网上的话语权，并借此鼓吹和美化资本主义价值观和制度。对于处在全球化、信息化时代的当今人类而言，道德—意识形态维度的信息文明建设面临着一个亟待解决的问题，就是构建民主、科学、合理的全球信息社会治理体系和道德伦理规范。创造更多的开放透明的有效信息资源和完善信息社会治理体系，进而提高信息社会治理能力是信息文明建设面临的两大问题，如果不能协同解决，信息文明就可能演变为一种野蛮的"反文明"力量。

（三） 马克思主义哲学维度的信息文明

上述分析表明，历史—科学技术维度和道德—意识形态维度的信息文明，都不足以刻画信息文明所蕴含的全部意涵。因此，真正揭示信息文明的内涵，需要凭借哲学话语体系。马克思主义哲学是科学的世界观和方法论体系。理论上，只有从马克思主义哲学高度审视信息实践活动，才能科学认识信息文明的内涵。鉴于既有的信息、信息活动的研究大多从各自领域出发，出现纷繁多样的局面。信息文明研究就亟待在这些研究的基础上，运用马克思主义立场、观点和方法加以深化。

马克思主义哲学视阈，文明既包含社会存在范畴也包含社会意识范畴。现代信息技术和信息经济发展不仅在社会物质生活层面对人类社会产生了巨大影响，而且对人们的政治生活、精神生活产生了深刻的影响。当我们对这一新的文明形态进行分析时，不仅要从历史—科学维度认识人类的信息实践活动，还要从道德—意识形态维度认识信息文明的内涵。

从世界范围的信息革命引发的后果和影响来看，高度发展的信息生产力没有解决人类面临的政治危机、发展危机和生态危机等问题。在和平与发展问题上，信息革命一方面有促进世界各国人民交往，增进世界和平与发展利益的作用；另一方面又存在一些政治组织、社会主体甚至个人利用高新信息技术、信息网络化条件散布网络谣言、制造信息暴恐、加剧信息霸权、扩大信息鸿沟、制造信息孤岛、强化信息专政，甚至直接发动"信息战争"等危害世界和平与发展的倾向。因此，分析和研究信息文明的内涵就不能局限在经济和科技层面，还应涵括政治和意识形态层面。质言之，我们既要关注科学尺度的信息文明，又要注重人文领域的信息文明；既要从经济基础层面审视信息社会，还要从上层建筑层面构建与信息社会相适应的道德、法律、制度和观念及相应的社会组织、政治机构和设施，进而不断完善全球信息社会治理体系和提高治理信息社会能力。在迅猛发展的社会信息化实践中，唯有实现信息文明科学精神和人文精神的统一，才能使信息生产力、信息文明汇聚到社会的全面进步和人的自由全面发展的人类文明大道上来。

综上，信息文明包含了文明的信息化和信息的文明化两个维度。信息文明是以现代信息科学与技术为底基的文明，是人们通过信息化生产方式在改造客观世界和主观世界过程中实现的进步状态。这种进步状态，既包含了经济基础层次的进步，也包含了上层建筑层次的进步。信息科学技术的通用性和渗透性决定了，信息文明是一种熔铸在物质文明、精神文明、社会文明、政治文明和生态文明中的复合型文明，是一种系统性、整体性文明。本书所论述的信息文明，除有特殊说明外，主要指向马克思主义哲学维度的信息文明。

第二节　　信息文明的基本结构

结构是"表征事物内各要素的组合方式、结合方式的范畴"①。信息文明的结构是信息文明内各要素的组合方式。信息活动尽管在人类生产劳动、社会生活中普遍存在，但是使信息构成社会文明面貌的核心要素还是随着信息技术的发展，信息资源在社会经济、政治、文化活动中成为中心资源时，信息文明才得以形成。所以，信息文明是以电子计算机、电子通信和互联网技术为代表的信息革命发展的结果。随着社会整体信息化的发展，整个社会的物质生产、社会生产和意识形态的生产都呈现出信息化态势。信息化生产方式已成为社会整体文明的存在方式。在信息文明社会里，人的主体能动性在信息活动中逐渐建构起了复杂的、维系信息社会发展的信息社会治理制度、伦理、道德、规章、法律及其设施，这就构成的信息社会的上层建筑形态。它是信息文明的外在体现。

必须说明的是，结构为信息文明的要素包含但不限于上述要素。实际

---

① 李秀林等主编：《辩证唯物主义和历史唯物主义》，中国人民大学出版社 1995 年版，第230 页。

上除了这些具象性要素外，人们的信息活动实践还在思维层面形成了新的文明要素。本书把这些贯穿信息文明活动全部过程的思维方式称为信息文明思维方式。目前，至少可以归纳出信息思维、互联网思维和大数据思维三种彼此关联、先后继起的思维方式。信息文明思维方式属于信息文明思维形态的要素，从某种意义上讲，它代表着信息文明的精髓。关于此点，后文将专门加以阐述。

一　信息科学与技术是信息文明的基础

"特定的技术形态是任何文明形态的基点，也是文明演变转型的初始起因。"① 人类的信息活动所以能达到影响和塑造整个社会文明形态的能力，取决于现代计算机和互联网技术为标志的信息技术发展和应用水平。无论是从质态上还是量态上分析，信息科学技术在促进人类由工业社会向信息社会、由工业文明向信息文明变迁中发挥着基础性、决定性作用。通常情况下，计算机文明、网络文明和信息文明具有相通、相同的意涵。人们在刻画和描摹现代社会性质和面貌时经常混用这些概念。可以肯定的是，信息科学技术是形成现代意义上信息文明的基础。信息技术一般包括信息的收集、处理、存储、识别、显示、检测、分析、传递、检索、开发和利用等各种硬件和软件技术。在信息技术中，微电子技术是基础，计算机硬件技术和通信技术是载体，而计算机软件技术和网络技术的应用是核心。信息技术具有实践性、现实性和广泛性的品格，它与社会生产生活各行各业的融合表现在多个层面，从辅助技术、关键技术、核心技术直到管理的整体模式。信息技术的根本特点就是以更少的时间，完成更多的工作。本书研究的信息文明正是基于现代信息技术为基础的一场深刻的信息革命所形成的文明形态。如同蒸汽机和铁路对工业文明的意义一样，电子计算机硬件、软件、现代通信、多媒体、互联网、物联网、大数据、云计算、人工智能等现代信息科学技术的出现是信息文明构成的主要的物质基础。

（一）信息科学的发展标志着人类以信息方式认识物质世界能力不断跃升

科学是人类劳动实践的产物，人们开展信息活动，需要对信息接收、

---

① 肖峰：《信息文明：从社会存在到社会意识》，《中共宁波市委党校学报》2015 年第 1 期。

信息传播、信息存储、信息测量、信息检索等信息运动的规律进行科学的认识。热力学的发展，标志着人类对物质的质量、能量认识不断得到发展，从而为蒸汽机的发明、工业革命的兴起奠定了科学的基础，乃至形成人类历史中辉煌的工业文明。信息科学的发展，则从信息的视角大大扩展了人类认识和改造主客观世界的能力。信息科学是研究信息运动规律和应用方法的科学，是由信息论、控制论、计算机理论、人工智能理论和系统论相互渗透、相互结合而成的一门新兴综合性科学。信息科学三大支柱是信息论、系统论和控制论。

信息论是信息科学的基础理论，它的形成标志着人类对信息运动的认识进入科学的高度。马克思认为："一种科学，只有在成功地运用数学时，才算达到了真正完善的地步。"① 信息论是一门用数理统计方法研究信息的度量、传递和交换规律的科学，其主要研究通信和控制系统中普遍存在信息传递的共同规律，以及建立最佳地解决信息的获取、度量、交换、存储、传递等问题的基础理论。它的任务主要是研究信息的性质，研究机器、生物和人类关于各种信息的获取、变换、传输、处理、利用和控制的一般规律，设计和研制各种信息机器和控制设备，实现操作自动化，以便尽可能地把人从自然力的束缚中解放出来，提高人类认识世界和改造世界的能力。1948 年克劳德·香农发表论文《通信的数学理论》被人们认为是现代信息论研究的开端。

系统论是信息科学的重要组成部分，由美籍奥地利人、理论生物学家 L. V. 贝塔朗菲创立。系统论是研究系统的一般模式、结构和规律的学问，它研究各种系统的共同特征，用数学方法定量地描述其功能，寻求并确立适用于一切系统的原理、原则和数学模型，是具有逻辑和数学性质的一门科学。系统论认为，开放性、自组织性、复杂性，整体性、关联性、等级结构性、动态平衡性、时序性等，是所有系统的共同的基本特征。这既是系统论所具有的基本思想观点，又是系统方法的基本原则，表现了系统论不仅是反映客观规律的科学理论，还具有科学方法论的含义，这正是系统论这门科学的特点。系统论的核心思想是系统的整体观念。贝塔朗菲强调，任何系统都是一个有机的整体，它不是各个部分的机械组合或简单相

---

① 中共中央马克思恩格斯列宁斯大林著作编译局：《回忆马克思》，人民出版社 2005 年版，第 191 页。

加，系统的整体功能是各要素在孤立状态下所没有的性质。他认为，系统中各要素不是孤立地存在着，每个要素在系统中都处于一定的位置上，起着特定的作用。要素之间相互关联，构成了一个不可分割的整体。系统论认为，要素是整体中的要素，如果将要素从系统整体中割离出来，它将失去要素的作用。系统论的基本思想方法，就是把所研究和处理的对象，当作一个系统，分析系统的结构和功能，研究系统、要素、环境三者的相互关系和变动的规律性，并优化系统观点看问题，世界上任何事物都可以看成一个系统，系统是普遍存在的。系统论的任务，不仅在于认识系统的特点和规律，更重要的还在于利用这些特点和规律去控制、管理、改造或创造一系统，使它的存在与发展合乎人的目的需要。也就是说，研究系统的目的在于调整系统结构，协调各要素关系，使系统达到优化目标。系统论反映了现代科学发展的趋势，反映了现代社会化大生产的特点，反映了现代社会生活的复杂性，所以它的理论和方法能够得到广泛的应用。系统论不仅为现代科学的发展提供了理论和方法，而且也为解决现代社会中的政治、经济、军事、科学、文化等方面的各种复杂问题提供了方法论的基础，系统观念正渗透到每个领域。

控制论是研究控制系统的理论。控制论创始人诺伯特·维纳认为，控制论是一门研究机器、生命社会中控制和通信的一般规律的科学，是研究动态系统在变的环境条件下如何保持平衡状态或稳定状态的科学。在控制论中，"控制"的定义是：为了"改善"某个或某些受控对象的功能或发展，需要获得并使用信息，以这种信息为基础而选出的、于该对象上的作用，就叫作控制。由此可见，控制的基础是信息，一切信息传递都是为了控制，进而任何控制又都有赖于信息反馈来实现。信息反馈是控制论的一个极其重要的概念。通俗地说，信息反馈就是指由控制系统把信息输送出去，又把其作用结果返送回来，并对信息的再输出发生影响，起到制约的作用，以达到预定的目的。

（二）电子计算机的发明开启了人类进入信息文明的大门

电子计算机的诞生标志着人类拥有了能够部分代替人脑对信息进行加工处理的机器。科学界公认的世界上第一台现代电子计算机诞生于1946年的美国宾夕法尼亚大学。20世纪90年代以来，光电技术的发展，极大地推动了计算机技术迅猛发展，光电技术使信息载体由电磁波段扩展到光波段。计算机由此逐渐朝着微型化、智能化方向发展。计算机微型化使得计算机迅速在社会生产、生活的方方面面得到普及应用，成为智力生产劳动工具。手机、掌上电脑就是一台微型智能电子计算机。现代智能计算机能够大大缩短电脑与人脑的距离，能够通过模拟人的宏观思维行为，包括逻辑思维、形象思维、直觉思维以及人的视觉、听觉和触觉来高效率解决现实世界的问题。生物技术与光电技术综合发展，出现了比智能计算机和光学计算机更具有优异性能的生物计算机。生物计算机是以人的血红蛋白作逻辑电路，用脱氧核糖核酸作储存器的。它能够与人脑和神经系统有机相连，使人机接口自然吻合，免除了烦琐的人机对话，真正成为人脑的外延。而且，它还能够从人体的细胞中汲取营养来补充能量，不需要任何外界的能源。[①] 进入 21 世纪，量子信息技术得到不断发展，量子计算机成为计算机未来发展的新方向。2017年中国科学家宣布，世界上第一台超越早期经典计算机的量子计算机诞生。科学家们认为，量子计算机技术的发展与普及应用，将为人类社会生产生活带来巨大变革。[②]

2017 年 11 月，联合国专门机构国际电信联盟在日内瓦总部发布《2017 年衡量信息社会报告》披露，全球每 100 名居民中，移动宽带用户数量已超过 50 人；全球 15—24 岁人口的上网比例超过 70%。计算机智能化使得计算机越来越类人化，广泛使用智能机器人代替人工劳动已经成为经济社会产业转型发展的全球趋势。智能计算机的普及应用标志着信息化生产、生活成为人类的新的、占统治地位的生产、生活方式。信息化生存、信息化实践成为人类社会的新质态的存在方式。以信息方式解决问题成为人们日常生产生活的首要选择。信息经济、信息政治、信息文化、信息社会都是建构在电子计算机技术基础上的。根据摩尔定律，集成电路上可容纳的元器件的数目，约每隔 18—24 个月便会增加一倍，性能也将提升一倍。因此，计算机智能化步伐将会不断提高。计算机技术是信息文明的首要的物质基础。

（三）互联网技术的迅猛发展将人类推向"信息文明"时代

单个的电子计算机仅仅只能部分代替人脑处理信息。如果没有信息传

---

① 美国科研组织已经初步完成了运用微型智能计算机植入人脑获取人脑活动信息的实验，迈出了通往脑机接口的重要一步。Sara, Reardon, "AI-controlled Brain Implants for Mood Disorders Tested in People", *Natrue*, Vol. 551（7682），22 November 2017, pp. 549–550.

② 吴月辉：《量子计算机，开启中国速度》，《人民日报》2017 年 5 月 4 日第 12 版。

输系统，计算机的功能就受到极大限制。把单个的计算机连接起来，建立网络化信息传输系统，就能够大大增强计算机使用效率，光纤通信技术由此应运而生。1977 年美国开通了世界上第一条光纤通信线路，开启了全球信息高速公路建设的步伐。计算机技术和光纤通信技术的结合导致了互联网的出现。

互联网（Internet）又称国际互联网，它是依靠光缆将全球各地的计算机根据计算机信息传输控制协议/互联协议（TCP/IP）相互连接而成的全球性计算机网络。互联网本质上是一个联络世界各国、地区、部门、家庭、个人的集各种信息资源为一体的共享信息资源的网络。当前的国际互联网滥觞于美国国防部高级研究计划局 1969 年创建的阿帕网（APPAnet）。该网络能够满足一定的容错性和可扩展性，即在网络的某个物理部分遭损坏后不至于影响整个网络的运行。同时易于连接各种网络"孤岛"，使得在增加或去掉某些网络节点时，对整个网络性能不致造成很大影响。网络没有统一的控制中心，网上各台计算机都遵循统一的协议自主地工作。1984 年美国斯坦福大学科研人员发明了一种能够使不兼容的电脑联网的装置"多协议路由器"，从而为全球各地不同网络连接创造了条件。① 随着各国网络不断接入，逐渐形成了今天的国际互联网。国际互联网发展及其对社会生产、生活方方面面的影响不断深入，使其逐步成为如同水、电、石油、天然气等生产资料一样的社会生产基础设施和生产要素。

随着光纤通信技术的发展和网络用户规模的不断增长，互联网使用费用不断降低，国际互联网呈现迅猛发展态势。互联网已成为世界上规模最大、用户最多、资源最丰富的网络互联系统。从信息技术发展历史上分析，形成语言、出现文字、发明印刷术、普及电话是人类先后经历的四次信息革命。以互联网为代表的信息技术迅速扩张则是正在兴起的人类历史上第五次信息革命。"如果说第一次至第四次信息革命的成果都依赖与物质和能量存在的话，那么第五次信息革命正在为人类构建信息文明提供重要基石。"②

在智能计算机（智能终端）技术发展的基础上，出现了移动互联网

---

① 周绍森：《科技创新论》，高等教育出版社 2002 年版，第 106 页。

② 杨培芳：《挽在一起的手：协同互利新经济哲学》，人民邮电出版社 2016 年版，第 2 页。

应用模式。移动互联网技术的迅猛发展和大规模商业化应用场景出现，把传统互联网应用推向到更广阔的范围和更丰富的领域。移动互联网与人类社会全部领域的融合，正广泛而深刻地改变着人的存在方式和整个社会的存在方式。移动互联网对人类社会的深度渗透和融合，使人们期盼它能像空气一样成为地球上无处不有的社会公共资源。移动互联网全面提高了人类社会信息化程度，不断加速将全球社会推进到信息社会。概言之，基于互联网的人类经济、政治、军事、文化和社会活动迅猛地发展起来。互联网成为人类进入信息文明时代的加速器。

（四）物联网技术将信息文明推向更高发展水平

物联网（Internet of Things，简称 IOT），概括地讲"物联网就是物物相连的互联网"，即通过装置在各类物体上的射频识别（RFID）、传感器、二维码等，经过接口与无线网络相连，从而给物体赋予"智能"，可实现人与物体的沟通和对话，也可以实现物体与物体互相间的沟通和对话，这种将物体连接起来的网络被称为"物联网"。物联网被称为继计算机、互联网之后世界信息产业发展的第三次浪潮，被视为互联网的应用拓展，是新一代信息技术的重要组成部分。

以信息技术为中介，人类从现实客观世界中找到了通过虚拟信息方式认识世界、改造世界的手段和方法。互联网的发展为全社会开展信息活动、提高社会生产生活的效率、丰富人们的物质文化生活提供了强大的物质基础。但是，互联网中的所有信息都是人的活动后的结果，互联网上的信息不仅有真实的信息，也大量存在虚假的信息。互联网建构的是人和社会数字化虚拟的存在方式。有专家认为，互联网解决的是信息共享、信息不对称问题。物联网是对互联网的超越。"现在的实体世界的环境问题、能源问题、安全问题等，虚拟世界是解决不了的，需要实体世界的物联网，从这个角度来说，物联网是人类社会螺旋式发展的再次回归，但这次回归追求的是人与实体世界的和谐、共融、共存、共发展，它一定会带来巨大的科研、技术、市场、生活的方式的根本变革。……物联网把现实世界的每一个脉动以人为不可操纵的方式联到物联网体系，它是客观的，内容是真实的、实时的、可预警或可预测的。物联网上的信息是客观实体世界的镜像反映。"① 因此，可以认为，互

---

① 刘海涛：《物联网与感知中国梦》，《科技日报》2015年9月23日第12版。

联网建构了虚拟的网络空间，信息网络化形成的"地球村"是以虚拟的信息方式存在的。而物联网则把客观物理世界联系起来了，物联网建构的"地球村"不仅以信息互联的方式存在，还以实体互联的方式而存在。"所以有的人主张物联网的英文词组 Internet of Things 更恰当的汉译应是'物品信息互联网'，或者向物品扩展的互联网、扩展到物质世界的互联网，它使得实物成为网络的一部分，使得网络的内容不仅有信息，而且有实物。"① 简言之，互联网仅仅解决了人们认识世界的问题，获得的只是信息高速、便捷分享和交流。物联网在互联网基础上，人们获得了直接使物按照人的意志运动的能力，从而使人通过信息技术"认识世界"方式跃升到"改造世界"的方式。物联网技术的发展，标志着人类在以信息方式认识世界的基础上，获得了改造世界的信息方式。未来物联网将"对社会生产方式产生深刻影响，促进社会生活方式发生重大变革"②。物联网将对整个人类社会经济政治文化发展将带来巨大影响。

可以预见，在物联网技术发展的基础上，随着生物科学、思维科学、脑科学、人工智能等新的信息技术的发展，人类将可能创造出"心联网"。人机接口的技术的发展已经为这种网络的产生创造了可能。进入 21 世纪，移动互联网、物联网、3D 打印、大数据、人工智能、量子通信等一大批新的信息技术迅猛发展起来。信息革命朝着更高层次不断发展。③ 信息、信息资源、信息素养、信息技术，正日益成为人类社会发展的关键要素。人类社会传统的工业文明正在不断发生质的变化，一种新的文明形态——信息文明——正在形成。

二　信息化生产方式是信息文明的核心

基于互联网技术所形成的新的生产方式，一定程度上可以说，信息文

---

①　肖峰：《从互联网到物联网：技术哲学的新探索》，《东北大学学报》（社会科学版）2013 年第 3 期。

②　陶冶、王雷：《物联网发展与生产方式变革》，《未来与发展》2011 年第 12 期。

③　中国网络文化启蒙者之一的姜奇平认为，信息革命是生产力方面的信息技术革命和生命技术的革命，与经济、社会和文化方面的信息化结合，引起文明基本范式转变的过程。他指出，如果割裂信息与意义、生命与生命价值，只谈信息技术和生命技术及其应用，从文明论角度看，是不全面的。参见姜奇平《新文明论概略》（上），商务印书馆 2012 年版，第 1 页注释 3。

明是互联网时代的文明，是信息革命推动的信息化文明，是"以信息化生产力和信息化生产关系结合而成的互联网方式为标志的文明"①。所谓"互联网方式"的文明，是作为一种新质态的文明，与农业文明、传统工业文明相比，本质区别在于其建构在"信息化生产方式"这个内核上的。从哲学高度分析，信息文明既是一种社会存在，又包含社会意识意蕴。②信息本身是人的意识、精神的载体和标示，信息作为生产生活资料融入人们的社会实践中，形成信息实践形态。在人们的物质生产实践、社会生活实践和科学活动实践中，信息活动是一种与实践相伴而生的人的存在方式。

（一）社会信息化是一种全新的社会存在

唯物史观视阈，人类社会的本质是实践的，实践是人的存在方式。信息实践活动既是人们创造历史的活动，又是人的本质的一种存在方式。在人的发展和社会的发展过程中，从劳动、语言和思维等人的发展的维度分析，人所以能够成为人、社会所以能够成为社会，本质上是人与人、人与自然、人与社会交往实践的过程和结果。"社会生活在本质上是实践的"，"人的本质不是单个人所固有的抽象物，在其现实性上，它是一切社会关系的总和"③。那么，形成"社会关系"的中介是什么？信息实践活动、信息在物质生产、社会生产、意识形态生产的媒介（中介）地位，决定了信息化存在本身也是一种社会存在。

马克思、恩格斯认为，需要是人们活动的原动力。人们的需要首先作为观念的形式存在人们的意识中的。"消费创造出新的生产的需要，也就是创造出生产的观念上的内在动机……消费创造出生产的动力……消费在观念上提出生产的对象，把它作为内心的图像、作为需要、作为动力和目的提出来。"④"图像"正是今天信息化社会中最为广泛存在的信息形式，马克思、恩格斯在这里把消费的需要比作人们的"内心图像"恰如其分地表征了"信息"在人的需要中地位。作为社会存在，信息需要本身也是人的一种需要。正如习近平强调的："人类社会与动物界的最大区别就

---

① 姜奇平：《新文明论概略》（上），商务印书馆 2012 年版，第 21 页。
② 肖峰：《信息文明：从社会存在到社会意识》，《中共宁波市委党校学报》2015 年第 1 期。
③ 《马克思恩格斯文集》第 1 卷，人民出版社 2009 年版，第 501 页。
④ 《马克思恩格斯文集》第 8 卷，人民出版社 2009 年版，第 15 页。

是人是有精神需求的，人民对精神文化生活的需求时时刻刻都存在。"①
从信息角度而言，人的精神需求、精神文化生活的需求，都可以归结为信息的需求。人们的交往，本质上就是一种信息互动的过程。可以说正是人的永不枯竭的信息需要推动人们的"信息实践"不断发展。以计算机和互联网技术为代表的现代信息革命将人类的信息实践推高至全社会的实践形态，即，全球社会信息化高度。人们的经济生活、政治生活、精神生活等，一切社会活动都高度信息化了，大至国家和民族，小至单个的人，任何社会主体要适应社会发展，保持发展态势，就离不开信息化生存。社会信息化成为人类社会逐步形成的全新的社会存在，这个过程还在持续地演变和发展中。

（二）信息化生产方式是人类新的物质生产方式

与工业化生产方式相比，信息化生产方式呈现出许多新的特点。首先，信息化生产方式，更加注重物质生产的智能化、自动化。现代无人工厂由信息化车间组成，人只是作为生产的旁观者和监督者。本质而言，现代信息技术对生产力系统的渗透，如同人的肢体功能的延伸和放大，各种机械臂、电子计算机和自动生产控制系统就如同人的手、脑一样执行人的生产劳动过程。其次，信息化生产方式不再以大规模、集中化生产同样的商品为目标，而是以小规模、分散化、个性化生产为特征。在信息社会，借助互联网、云计算和大数据等信息技术，每一个消费者理论上也是生产者，从日常衣食住行的物质资料的生产到社会政治生活的生产、社会精神文化的生产都呈现出生产者与消费者的合一性特点。工业化生产是市场导向，人们从市场中获得消费品，生产者从市场中捕捉生产信息以指导生产，商品市场价格的波动调节者生产者的生产行为。市场价格对生产行为指示具有滞后性，在工业化生产中，就经常出现供大于求或供小于求两种情形，对社会生产和人们的生活造成不良影响。信息化生产方式条件下，消费者可以通过智能化终端系统、电子商务系统和大数据技术将自己的需求信息变成提前预制的生产信息，企业根据海量的数据，可以尽可能地完成个性化生产，在满足消费者个性化定制需求的同时，企业也减少了库存压力和无效生产，从而实现了社会生产的个性化和低碳化。"互联网+"在全球范围内正在推动制造业、教育、医疗、金融、交通、物流等社会各

---

① 《习近平谈治国理政》第 2 卷，外文出版社 2017 年版，第 315 页。

个领域的生产方式的变革。全球最大的零售交易平台阿里巴巴已经创造了全新商品交换方式。滴滴出行正改变着人们的出行方式。维基百科作为全球最大的自由参与的非营利知识生产体，理论上讲每一个人既是维基百科知识的生产者又是消费者，维基百科创造了全新的人类精神生产方式。质言之，信息化生产是消费指导下的生产，市场中间的环节被最大限度地压缩和减少了，资源浪费和无效生产被最大限度地克服了。

在信息化生产方式条件下，信息资源和信息要素全面渗透到生产力系统和生产关系系统。整个社会的物质生产、精神生产都高度信息化了。任何社会主体要发展都离不开信息化条件。在信息文明发达的国家和地区，社会全面实现信息化，经济、政治、文化、教育、国防、科技、交通等社会各行各业普遍地运用了信息技术，社会实现了信息化生产，信息经济和电子政务发达，各种信息资源得到有效管理、开发和利用，人们实现了弹性工作模式，"自由劳动"和"劳动自由"成为主要劳动形式，个性化生产和消费成为现实，由于生产高度信息化和智能化，人们的自由时间大大增加，人们的精神生活非常丰富。全球范围的智慧城市建设和智慧社区建设，正创造着信息社会的"共产主义"。① 信息文明正在为社会的全面进步和人的自由全面发展创造现实的条件。

虽然人类的信息实践活动伴随着人类的形成和发展过程，但是，信息文明的出现就整个人类文明历史来讲，还非常短暂。在以电子计算机技术为代表的信息革命发生以前的漫长时期，信息活动在人类的社会实践中影响和作用一直是辅助性的，非决定性的。从狩猎文明、渔牧文明、农业文明和早期工业文明——人类文明的历史维度上看，信息活动在上述文明活动中都不具备决定性地位。这些文明中，人类的信息认识和处理能力也是有限的。1946 年世界上第一台电子计算机的出现，是人类信息处理技术出现革命性变化的标志。随着计算机和互联网的生产工具属性不断显现，意味着信息实践活动和信息处理能力逐步在社会生产生活中发挥重要作用。20 世纪 60 年代末以来，信息革命引发了深刻的社会革命。正如恩格斯在分析 18 世纪科学的发展对英国社会产生革命性影响时指出："英国的革命是社会革命，因此比任何其他一种革命都更广泛，更有深远影

---

① 杨兴国：《智慧城市是信息社会的共产主义》，《计算机光盘软件与应用》2013 年第10 期。

响……社会革命才是真正的革命，政治的和哲学的革命必定通向社会革命。"①随着计算机和互联网为代表的信息技术的快速发展及广泛普及应用，信息资源和信息实践活动在整个社会生产生活中日益形成决定性地位和作用，信息化的生产方式、生活方式和思维方式逐步在人类社会成为占统治地位的方式，一个有别于以往的文明形态——信息文明——出现了。基于信息化生产方式对人类文明转型的决定性意义，信息化生产方式就构成了信息文明的内在核心。信息文明社会的全方位变化和变革，无不是从这个内核产生的。

三　信息社会治理体系是信息文明的外在体现

文明一定意义上讲就是秩序和规则。人们为了获得新文明，就必须通过创造新秩序和新规则。为了这些秩序和规则得以顺利运行，又需要建立相应的管理机构、设施。正如工业文明中汽车的使用离不开交通规则一样。计算机和互联网技术的使用在信息文明中就离不开各种规范信息活动的制度规范及其机构设施。一切关于规范信息的生产、传播和消费应用而形成的制度、规则及其机构、组织和设施等本质上是人们进入信息时代以来规范信息活动而形成精神成果。"物质生活的生产方式制约着整个社会生活、政治生活和精神生活的过程。"② 随着计算机和互联网为代表的信息技术广泛地应用到人们日常生产生活领域，世界各国和地区相继出现了一些规范信息活动的道德、法律、制度和组织机构。综观现代信息革命以来的人类文明发展历史，为什么拥有发达的信息科学技术，却不一定能够建立普惠、共赢、和谐发展的理想中的信息社会？这只能说明，信息技术带来的发达生产力不必然会形成新文明社会，就是说，单纯的信息科学技术的发展，或先进的生产力的获得，还不能形成人们理想中的信息文明。讨论构成"信息文明"的基本要素还需要运用恩格斯"历史合力论"解释。信息文明的形成和发展还需要相应的信息社会治理制度，包括信息社会的观念上层建筑和政治上层建筑。

（一）信息道德

信息道德是指在信息的采集、加工、存贮、传播和利用等信息活动各

---

① 《马克思恩格斯文集》第 1 卷，人民出版社 2009 年版，第 87 页。

② 《马克思恩格斯文集》第 2 卷，人民出版社 2009 年版，第 591 页。

个环节中，用来规范其间产生的各种社会关系的道德意识、道德规范和道德行为的总和。它通过社会舆论、传统习俗等，使人们形成一定的信念、价值观和习惯，从而使人们自觉地通过自己的判断规范自己的信息行为。唯物史观认为，社会存在决定社会意识。社会意识对社会存在具有反作用。进入信息社会，随着信息活动的日益扩大，信息化生存成为社会存在方式，必然会产生与这种信息活动相适应的信息道德。信息社会的经验证明，没有良好的信息道德规约，人们的信息活动，就可能会产生反文明现象。信息时代，无论是在网络虚拟空间，还是现实网络生活中，诸如侵犯隐私、信息泄露、数据滥用等违背信息道德的现象不仅是对信息文明本身的伤害，更是对人类自身生存方式的伤害。信息活动实践表明，要最大限度地彰显信息文明成果对人类社会发展的正向作用，亟待建构完善的信息道德体系。

恩格斯指出："人们自觉地或不自觉地，归根到底总是从他们的阶级地位所依据的实际关系中——从他们进行生产和交换的经济关系中，获得自己的伦理观念。……一切以往的道德论归根到底都是当时的社会经济状况产物。"① 信息社会的发展、信息技术的普及应用和信息资源的扩张，特别是现代信息网络和虚拟技术的发展和应用，进一步加剧了社会的信息道德问题。信息道德是信息社会发展的产物。信息道德总是和一定的经济发展水平状况相适应。从地域上讲，信息技术先进和信息经济发达的国家和地区与信息社会发展不充分的国家和地区总是存在不同的信息道德认识的。从发展的时间阶段来讲，信息社会发展的不同阶段也存在不同水平的信息道德。还必须指出，尽管理论上而言，信息网络空间是一个人人平等、人人自由的虚拟的空间，但是，人们的网上信息活动却是代表着实实在在的利益取向的。网民的网络空间生活可以是虚拟的，但是，至少在相当长的时期内，信息社会仍然是阶级社会，网民总是处在一定阶级中的，不存在完全超阶级的信息道德。正如全球信息社会仍然存在不同的信息道德认知一样，进入信息社会的发达资本主义国家和仍处在信息化发展中的国家对信息道德必然存在认识上的分歧。这种分歧本质上既是经济技术发展水平差异造成的，也是不同的阶级利益和不同文化背景的反映。

由于现代计算机和互联网为代表的信息革命发源于美国，率先进入信

---

① 《马克思恩格斯文集》第 9 卷，人民出版社 2009 年版，第 99 页。

息社会的美国某些专门协会、研究组织和学者相继提出了许多相关信息伦理道德规范。其中就包括由美国计算机协会提出的、对业界产生重要影响的计算机伦理道德准则。随着互联网技术的普及和大规模应用，互联网伦理道德问题随即产生。一些社群组织、政治实体和一些研究人员相继提出了互联网伦理道德规范。例如 2014 年 6 月，中国在国际互联网名称和编号分配公司（ICANN）第 50 次大会（伦敦）上曾提出，"互联网应该造福全人类，而不是危害"等七点国际网络活动共识的主张。此前，时任美国国务卿希拉里曾两次公开鼓吹所谓"互联网自由"原则，公然将"互联网自由战略"作为推行美国自由主义价值观的战略手段。希拉里所描述的"互联网自由战略"的内涵主要是，用工具性应用的态度界定从"言论自由"等价值概念中衍生出来的"互联网自由"，将"互联网自由""新媒体"纳入源自冷战时期和平演变策略的"公共外交"，侧重通过"直接"与他国网民对话以影响其价值观、行动方式，从而为美国国家利益服务。

随着中国快速迈向信息社会，为维护国家和经济社会安全，促进互联网健康发展，中国政府明确提出了关于国际互联网治理的基本原则，即尊重网络主权、维护和平安全、促进开放合作、构建良好秩序。① 其实质就是中国关于互联网治理的基本道德立场。2017 年中国向全社会发布《网络空间国际合作战略》，其主要内容是：以和平发展为主题，以合作共赢为核心，倡导和平、主权、共治、普惠作为网络空间国际交流与合作的基本原则。该战略表明了中国关于网络空间治理的基本原则和立场，体现了完善网络空间治理的中国智慧和中国方案。

信息技术的进步，移动互联网、云计算、大数据、人工智能等新的信息技术广泛应用到人们的生产生活中，全球范围数字化社会、经济、政治、文化活动日益成为信息社会常态。智慧社区、智慧城市、智慧社会等信息化社会高端、综合的工程开发和应用，对信息道德建设提出了更高的要求。实践表明，任何一项信息技术的应用，都内在地需要嵌入伦理道德因素，这种需要随着技术应用带来的溢出效应不断扩大而扩大。尤其人工智能技术的应用，亟待人们根据社会信息化发展状况适时构建和完善信息活动和信息科学技术研究的伦理道德体系。

---

① 《习近平谈治国理政》第 2 卷，外文出版社 2017 年版，第 532 页。

（二）调节信息活动的相关政策法规体系

法律是最低限度的道德。当信息伦理道德不能有效规范人们的信息实践活动的时候，调节信息活动的相关法律、法规就被人类制定出来。信息社会生活经验表明，在不经过合法程序许可的情况下，当一个行为体为获得某种利益通过自身的信息技术优势对其他行为体进行网络监控或攻击时，反文明、反道德现象就会产生。

计算机技术标准和互联网上计算机域名管理制度属于国际性信息活动标准和制度，每一个国家和个人要使用互联网和计算机意味着必须遵守这些制度和标准。从文明的制度层面而言，信息文明离不开规范人们信息活动的法律体系。通常情况下，信息文明越发达，调节信息活动的法律、法规就会越完善、越缜密。信息文明的发展过程，一定是伴随着人们对信息活动理性认识不断加深的过程。唯物史观认为，法律思想根源于社会物质生活关系，法律思想随着社会经济制度的改变而改变。"法律应该是社会共同的、由一定物质生产方式所产生的利益和需要的表现，而不是单个的个人恣意横行。"①那些规范信息活动的法律也一定是代表一定物质生产方式所产生的利益和需要的表现。因此，可以这样理解，各国制定的规范互联网信息行为的法律，本质上都是各国上层建筑的一部分，是为维护国家经济基础服务的，代表国家统治阶级利益的。但是，客观上，这些法律法规公约的颁布和实施，有力地促进了信息社会的发展，提升了信息文明程度。

马克思在 1881 年回答荷兰社会民主党人斐·纽文胡斯关于未来社会党人如果取得政权，为保证社会主义的胜利在政治和经济方面的首要立法措施应当是什么的问题时，明确指出："现在提出这个问题是虚无缥缈的，因而实际上是一个幻想的问题，对这个问题的唯一的答复应当是对问题本身的批判。"② 就中国信息社会的发展水平而言，我们对信息社会的治理还处在摸索经验和总结规律的阶段。在信息社会没有完全发展成熟前，企图通过制定一部完备的调节信息活动的法律，一劳永逸地规范人们的信息活动，只是一种幻想。

总结科学技术发展对社会影响的历史经验，在规范信息活动立法方

---

① 《马克思恩格斯全集》第 6 卷，人民出版社 1961 年版，第 292 页。
② 《马克思恩格斯文集》第 10 卷，人民出版社 2009 年版，第 458 页。

面，要防止两种倾向：一种是立法无视社会经济科技活动的发展规律，过早地对信息社会生活做了过于细致的规范；另一种是无视新的社会经济科技活动的发展新变化，国家不能及时满足社会对新的经济社会生活的法律供给需要。前者往往会造成法律对新生事物的过早扼杀，不利于经济社会的健康发展；后者，因为无法可依、无序可循又往往会在社会转型发展过程中造成紊乱和动荡。这个方面的经典案例是发生在工业文明时代的英国《红旗法案》事件。① 作为信息社会最大的发展中国家，中国一方面要积极主动迎接信息社会的到来，另一方面又要加强顶层设计，国家立法机关应适时推出和实施一系列规范和引导信息时代经济社会健康发展的法律法规，为不断涌现的新的经济、社会、科技活动提供根本遵循。

（三）信息社会组织机构设施

"人类必须先获得文明的一切要素，然后才能进入文明状态。"② 信息文明除了包含计算机、互联网、光纤通信等器物文明外，还离不开良好的信息道德和信息法制环境，更高层次的文明建构还体现在完备和发达的信息社会组织机构设施方面。一方面，随着全球信息社会的发展，人类逐步建立了全球信息社会治理机构；另一方面，每一个迈入信息社会大门的民族国家为适应信息社会的发展需要，各自建立了新的信息活动管理机构设施。这些国际国内的信息社会组织不仅有基于各国官方协议的、为调节全球信息活动的而建立的官方组织，还有许许多多的非官方组织。毫无疑问，信息社会组织的发育完善，既是人类迈入信息文明时代的助推器，又是人类信息文明发展的标志。

国际层面而言，互联网技术的迅猛发展造就了一个跨国界的信息传播环境。互联网的应用在给予人类更自由便捷地存取信息的同时，也给人类社会生活带来了一些负面影响。更为重要的是，因互联网技术是在美国发

---

① 《红旗法案》：1865 年英国议会通过了《机动车道路法案》，对机动车发展进行规范，其中两条主要规章如下：限制行车速度，市内不超过 3 公里/小时，乡间不超过 6 公里/小时；至少要由 3 人来驾驶一辆车，还必须有一人打着红旗在车前 50 米以外步行做引导，为机动车开道。因此该法案又被称为"红旗法案"，到 1896 年《红旗法案》被废止前，英国的汽车科技和汽车工业发展几乎处于停滞状态，在世界汽车发展史上留下了可悲的遗憾。参见信息社会 50 人论坛《未来已来："互联网+"的重构与创新》，上海远东出版社 2015 年版，第 217 页。

② ［美］路易斯·亨利·摩尔根：《古代社会》，杨东莼、马雍、马巨译，中央编译出版社 2007 年版，第 21 页。

展起来的，其核心协调机构都与美国政府有合同关系。这样就产生了如何协调因互联网发展而引发的利益冲突问题。构建国际性的互联网治理机构就成为推动互联网稳步发展的重要条件之一。国际性组织，如互联网名称与数字地址分配机构（ICANN）、联合国信息交流技术小组、全球信息基础设施委员会等。国际性会议，1998 年由国际电信联盟（ITU）提议召开"信息社会世界峰会"（WSIS），① 以期加强信息时代全球治理。2001 年该项提议得到联合国批准。2003 年、2005 年信息社会世界峰会先后在日内瓦和突尼斯召开会议。会议成果体现在会议产生了《日内瓦原则宣言》《突尼斯信息社会议程》和《突尼斯承诺》三个文件。为加强全球信息社会治理，应对信息技术发展对人类社会发展带来的风险和挑战，促进信息技术造福全人类，自 2009 年开始，信息社会世界峰会每年召开一次论坛会议。从全球信息社会发展实践来审视信息社会世界峰会及其论坛会议的作用和影响来看，会议"意义有余，有效性不足"②。但是，信息社会世界峰会的召开使加强国际互联网治理议题深入人心。如何加强互联网科学治理已经成为 21 世纪加强全球治理的重大课题之一。

随着互联网技术对中国经济社会的全面嵌入，互联网发展与治理日益成为关乎中国经济社会健康发展的重要因素。加强网络空间治理，积极参与推动全球互联网治理体系变革，不断增强中国在全球信息社会治理中的话语权、参与权和规则制定权成为中国新时代外交工作的重要组成部分。2015 年习近平在第二届世界互联网大会上讲话提出，国际社会应在相互尊重、相互信任的基础上，加强对话合作，推动互联网全球治理体系变革，共同构建和平、安全、开放、合作的网络空间，建立多边、民主、透明的全球互联网治理体系，共同构建"网络空间命运共同体"。③ 这一符

---

① 信息社会世界峰会议是一次各国领导人最高级别的会议，与会的领导人致力于驾驭基于信息与通信技术的数字革命焕发的潜能造福于人类。会议第一阶段 2003 年 11 月 10 日至 13 日在日内瓦举办，包括 50 名国家元首与副总统，以及来自 175 个国家的超过 100 位部长或副部长在内，超过 11000 名与会者参与了这次峰会。2005 年 11 月会议的第二阶段，超过 19000 人参与了突尼斯峰会及其附属活动，包括 50 名国家元首与副总统，以及来自 174 个国家的近 200 位部长。参见 ［美］弥尔顿·L. 穆勒《网络与国家：互联网治理的全球政治学》，周程、鲁锐、郑凯伦译，上海交通大学出版社 2015 年版，第 69 页。

② 许祎玥、陈帅、方兴东：《信息社会世界峰会的演进历程及发展现状》，《汕头大学学报》（人文社会科学版）2017 年第 7 期。

③ 《习近平谈治国理政》第 2 卷，外文出版社 2017 年版，第 532 页。

合互联网技术架构特点、反映绝大多数国家和人民根本利益的主张已取得国际社会广泛认同，正日益成为推进国际互联网治理变革的重要发展方向。

一些国家、政治集团和地区为推动和规范本国、本区域内的信息化建设，结合本国国情或域内国家情况设立了相应的管理机构。如，欧盟信息社会项目办公室、八国集团数字化机遇工作组、中国国家信息化领导小组、国家信息化办公室等机构和组织。为加强信息化在国民经济社会发展中的顶层设计和组织协调，2014 年中国共产党成立中央网络安全和信息化领导小组。随着信息活动和信息文明建设的发展，在法律和制度层面及相应的国家政治组织和机构上必然有新的安排。这些制度和组织一旦出现又会进一步促进信息文明自身的建设。显然，在信息文明整体范畴里，信息活动相关的制度和法律及其相应的政治组织、机构是信息文明结构中的重要组成部分。这些法律、制度和组织机构就是建立在信息化生产方式之上的观念上层建筑和政治上层建筑。它们的规模、水平是由一定时期内信息文明发展的规模和水平决定的，同时又反过来影响一定时期的信息文明建设和发展规模与水平。

概言之，信息文明的基础是现代信息科学技术，核心是信息化生产方式，外在体现是人们在信息生产、传播和消费中形成的规范化和理论化的信息社会治理体系。信息科学技术构成了信息文明的底基；信息化生产方式构成了信息文明的社会生产方式维度；信息社会治理体系，包括信息道德以及规范信息社会的法律法规及政策制度及相关信息社会管理组织、机构、设施等。信息社会治理体系是信息文明的政治上层建筑和观念上层建筑形态，它规约了信息时代社会主体的信息活动，保障社会主体的各种信息权利（包括信息获取权利和信息隔离权利），培育着信息文明思维方式。信息文明是社会整体文明的跃升，是兼具社会存在和社会意识意涵的合成性文明。信息文明的价值向度是人的自由解放和社会的全面发展。

第三节　信息文明的基本社会功能

"作为一种新型的文明形态，信息文明不仅需要从本体论上把握它

'是什么'的事实，还需要进一步从价值论上把握我们为什么需要信息文明？"① 工业革命以来，工业化生产方式逐渐被人们认为是一种现代化的文明形态。文明与否就是工业化与否，工业化即等同于现代化。但是，经验说明，工业化流水线制造的海量的人造物、极致的物质文明成果并不能代表我们就会文明。"金钱不是万能的"隐喻了人们对幸福、价值、有意义的生存方式的渴求，"没钱是万万不能的"映射了人的存在离不开物质基础。科学技术推动工业发展，规模化、标准化的工业生产方式带来的产值增长为人类的经济发展创造了丰饶的物质基础。历史证明，文明进步不仅仅是物质的丰饶、经济的繁荣，还需要政治清明、人的自由、权利的伸张。一句话，即人与社会的全面发展。信息文明是一种追求国家、社会、人的全面发展的文明。信息文明是为实现人的尊严、权利、自由、幸福创造更加充分保障条件的全面的文明。

一　对传统工业文明的扬弃

作为新质态的文明，信息文明在价值上实现了对传统工业文明的否定之否定，即扬弃。信息文明是建构在工业文明成果基础上的。光纤通信、计算机制造业、信息装备制造业等信息化基础设施这些都是工业化的发展结果。没有大规模的工业制造业基础，信息文明是建构不起来的。信息文明又不仅仅是工业化的简单继承和发展。从价值维度上分析，信息文明在发展过程中给人类带来了新文明基因，突出地表现是：信息文明实现了对传统工业文明的超越。如果说工业文明主要是"以物为中心"的文明，信息文明就是"以人为中心"的文明。信息文明是更为人本性的文明。所谓信息文明的人本性，主要的意涵是指：信息文明在价值维度上突出了人的需要、人的自由、人的权利、人的尊严和人的幸福。例如，人们在互联网上能够自由地、超越时空限制地交流、交往，人们可以依托互联网结社、表达诉求、监督政府、参与社会治理，人们在信息技术帮助下可以足不出户就业、看病、恋爱、学习、购物，等等。关于信息文明的新文明基因，后面将予以专门阐述。

（一）传统工业文明对人类发展的积极意义

从生产方式上分析工业革命的积极意义，恩格斯在《英国状况 十八

---

① 肖峰：《作为价值论对象的信息文明》，《中共宁波市委党校学报》2016 年第 3 期。

世纪》中指出：工业部门的革命，"人们不是在家里工作了，他们开始在大建筑物内共同工作。手工劳动由蒸汽动力和机器作业代替"①。"使用机械辅助手段，特别是应用科学原理，是进步的动力。"② 工业文明显著的特点就是科学技术得到广泛应用，工厂制度普遍建立起来，人们在固定的场所集中进行劳动，物质生产效率空前提高了，工业化推动了经济全球化，城市不断扩大和增加，人们世世代代居住的田园乡村逐渐被都市代替，社会文明进步与工业化紧密相连、相互促进。

从对人类社会生产力发展的积极影响而言，工业文明的发展毫无疑问极大地推动了社会生产率的提高。工业文明既源于科学技术的发展，又空前地推动了近代科学技术的发展。"一经形成的工业推动所带来的结果是无穷无尽的。" "文明程度的提高，这是工业中一切改进的无可争议的结果。"③ 工业化生产方式极大地解放了人的生产力。在社会生产中大规模应用科学技术使自然力得到充分的释放，人类的吃、穿、住、行等社会生活面貌在工业文明的影响下都发生了空前的变革。工业文明时代人类创造的物质财富、精神财富远远超过以往历史人类社会所有创造财富之和。"工业文明奇迹般地改变了世界。直到今天我们仍然无时无刻不在享受工业文明带给我们的成果。这种改变是人类有史以来的几百万年所创造的文明总和都不能相比的。"④

从对社会生产关系的影响而言， "由于工业革命，产生了无产阶级"⑤。工业文明的发展造就了资产阶级革命和无产阶级的诞生的历史结果。与封建社会人身依附关系相比，资本主义生产方式就文明多了。由于工业文明与资产阶级革命之间一开始就存在相互建构的关系，所以工业文明一开始就是在资本主义生产方式中开拓发展的。"资产阶级文明面之一是，它榨取这种剩余劳动的方式和条件，同以前的奴隶制、农奴制等形式相比，都更有利于生产力的发展，有利于社会关系的发展，有利于更高级的新形态的各种要素的创造。"⑥

---

① 《马克思恩格斯文集》第 1 卷，人民出版社 2009 年版，第 101 页。

② 同上书，第 102 页。

③ 同上。

④ 王钰：《文明的冲突和互联网思维的重建》（上），《中国信息化》2014 年第 8 期。

⑤ 《马克思恩格斯文集》第 1 卷，人民出版社 2009 年版，第 107 页。

⑥ 《马克思恩格斯文集》第 2 卷，人民出版社 2009 年版，第 36 页。

物质生产方式决定精神生产方式。工业文明的发展不仅空前地提高了社会生产力水平，还极大地促进了人们思想精神的解放。随着自然科学和社会科学的发展，人们对自然界、对人自身和对社会的认识得到了新的发展。科学、文学、艺术、政治、文化、教育等社会事业在资本力量的推动下，迅速发展起来。人们的民主意识、科学素养都在"科学"的塑造中得到增强。

（二）传统工业文明带来的消极影响

科学技术本身是生产力，而且被邓小平称为"第一生产力"。但是，科学技术为谁服务、为多少人服务却是社会制度问题。在典型的资本主义生产方式下，信息技术使本应属于全人类的力量成为极少数人垄断的技术，成为当今世界贫富分化、阶级对立的工具。资产阶级利用这种技术上的优势，保持着优先发展的强势地位。工业上进步并没有推动全球范围内的均衡发展，恰恰相反，工业文明时代，也是世界进入动荡的革命时代。在恩格斯眼里，资本主义工业革命既是一种社会运动的动力，又是使人受到奴役的力量，资本主义"商业吞并了工业，因而变得无所不能，变成了人类的纽带；个人的或国家的交往一切，都被溶化在商业交往中……财产、物升格为世界的统治者"[1]。资本主义工业文明的发展历史证明了恩格斯的科学洞见，对自然资源的无限占有欲望、对商品（物）的极致追逐，最终形成了"工业主义危机"或"发达工业社会危机"。

马克思 1856 年在说明 19 世纪特征时就指出，工业和科学是任何一个时代都不能想象的力量，但是又显露出衰颓的征兆。传统工业化生产方式建构起来的社会经济生活、政治生活和精神生活发展至今，表现出生态恶化、大气污染、官僚主义和精神空虚、人的物化，等等。工业化文明的发展带来的种种弊端要求人们创造新的文明范式，以消耗物质资源为中心的传统工业文明是不可持续的文明。

"在工业文明时代里，无论是政治体制还是经济体制，都要求全社会中的人应当具有某种高度统一的、一元化倾向的价值观念。"[2] 物质生产方式决定了精神生产方式，工业化生产方式，集中体现在统一的原料要求、统一的生产时间、统一的生产流程、统一的产品规格，人们集中在相

---

① 《马克思恩格斯文集》第 1 卷，人民出版社 2009 年版，第 105 页。

② 邬焜：《论人类信息活动方式与文明形态、价值观念变革的一致性》，《重庆邮电大学学报》（社会科学版）2007 年第 1 期。

同的地方进行大规模的工作，按照统一的指令完成规范的生产活动，为此全社会的经济生活、政治生活、精神生活也围绕这种"大一统"的社会物质生产范式进行着。这种集中、统一的物质生产方式、社会生产方式和精神生产方式塑造了工业时代的"单向度的人"和"单向度的社会"。教育、科学、知识生产等精神活动在工业时代不仅表现为人的发展，还主要是人们获取更多物质生活资料、更多权力、更多荣誉和名誉的工具。工业化生产方式塑造的社会上层建筑形态是自上而下的、大一统的国家政权形式，为此国家控制了信息的生产、消费、传播形式，工业化国家的统治阶级为巩固统治利益，都力图建构统一的舆论、统一的信仰、统一的价值观，培养具有统一的、标准化的"文明人"。因此，有学者认为："工业文明的最大危机就是价值观的危机。"[1]

对工业化生产方式的弊端，有专家总结："工业时代，核心生产力是机器动力，生产方式是集中垄断，产出曲线是收益递减，产出形式是标准商品，生产的目的是赚取利润，产权取向资本化，组织结构是分级控制，组织特点是被组织，调节手段是政府管控，经济伦理是个人理性，核心价值是贪婪利己，哲学基础是两元对立。"[2] 从生产方式高度审视工业文明，其最大的硬伤是价值的"两元对立"，就是说工业文明时代，物质资源的递减性，利益的对立是必然的结果。工业文明"只关心如何发展，而对于为了什么发展这一具有价值含义的问题却漠不关心。它所追求的是对自然界的无限度地掠夺和挥霍，在生活方式上越来越远离自然、背离自然。其后果不仅会加剧人同外部自然的冲突，而且也会造成和加剧人同自身的自然的冲突，使人类在地球上无法持续地生存下去"[3]。可以预见，只要工业化生产方式还占统治地位，在相当长的时期内这种状况就还无法改变。

（三）信息文明在工业文明的基础上推动社会新发展

信息文明是信息革命推动的信息化文明，是后现代文明。信息文明是对由工业技术革命推动的工业化为代表的现代性文明的超越。实际上人们在工业文明中也日益感受到，我们需要重新定义文明观。工业文明突出的

---

① 王钰：《文明的冲突和互联网思维的重建》（上），《中国信息化》2014 年第 8 期。

② 信息社会 50 人论坛：《未来已来：“互联网+”的重构与创新》，上海远东出版社 2015 年版，第 43 页。

③ 王钰：《文明的冲突和互联网思维的重建》（上），《中国信息化》2014 年第 8 期。

表现就是，工业文明造就了一个越来越物化的世界。工业文明将 GDP 增长、就业、科技发达、城市扩大、有钱等这些具象性的物的增长视为文明进步的标准。在这个标准指引下，牺牲地球资源、气候环境、人的自由的代价都可以被忽略。可是，我们反思下，科技越发达、城市越扩大、GDP越增长就代表了社会越文明吗？一句话，文明的尺度到底是什么？信息文明认为："应以人类自由程度的高低、作为文明本身高低的判断标准。"①按照这个判断标准，工业化生产方式造就的同质化的经济生活、政治生活和精神生活方式就不是文明的方式。信息文明所体现的进步，"实质在于个人的异质性选择，可以在与自然选择、社会选择更少冲突的条件下，得到比上一代文明状态中更充分的满足与实现"②。概而言之，信息文明时代，文明的进步表现为人的多样化选择，实现自由而全面的发展。人们在工业文明的基础上可以有"更多有意义的选择"。信息文明将人的存在意义提高到了更高的程度。

由此来分析信息文明的先进性，其突出表现在，信息文明超越了物质资源的束缚。信息文明社会，经济形态主要是信息经济，物化的资源不再是社会经济生活的主导资源。信息、数据、知识和人的智慧的生产、再生产成为经济活动的主要对象。互联网创造了新的劳动形式，人们可以不需要在集中的时间、同一的地点进行工作，信息和知识成为生产资料，网店主、微商和通过互联网完成工作的自由职业者，他们的工作、生活界限不再泾渭分明。信息技术的发展，智能化工作系统的出现，工业文明中的最具有代表性的工厂制度、生产流水线、同质化的商品将逐渐淡出历史，代之而起的是更弹性化劳动方式、更人性化的工作环境、更个性化的劳动产品和服务。正如有学者归纳的，信息文明，"核心生产力是信息网络，生产方式是分布关联，收益曲线是收益递增，产出形式是多样服务，生产目的是创造幸福，产权取向是社会化，组织结构上扁平互动，组织特点是互组织，调节手段是社会治理，经济伦理是公共理性，核心价值是平等互利，哲学基础是多元协同"③。总之，信息文明从经济、政治、文化、社会各个层面实现了对传统工业文明的"扬弃"，从而推动经济社会向新的

---

① 姜奇平：《新文明论概略》（上），商务印书馆 2012 年版，第 11 页。

② 同上书，第 12 页。

③ 信息社会 50 人论坛：《未来已来："互联网+"的重构与创新》，上海远东出版社 2015 年版，第 43 页。

更高层次发展。

二　社会全面发展的"倍增器"

就文明范式的整体而言，信息文明是以科学技术为底基的文明。由于科学技术得到全面、广泛的应用，科学技术对全社会的深度嵌入，使信息文明在社会全面发展中展现了"倍增器"效应。正如习近平指出："当今世界，信息革命日新月异，对国际政治、经济、文化、社会、军事等领域发展产生了深刻影响。信息化和经济全球化相互促进，互联网已经融入社会生活方方面面，深刻改变了人们的生产和生活方式。"①

（一）信息文明推动经济转型

恩格斯指出："根据唯物史观，历史过程中的决定性因素归根到底是现实生活的生产和再生产。"②"我们自己创造着我们的历史，但是……我们是在十分确定的前提和条件下创造的，其中经济的前提和条件归根到底是决定性的。"③信息文明之所以能够成为一种独立形态的新文明，根本的原因就在于，信息已成为经济的最主要要素，进而引发了整个社会经济运行方式、经济结构、经济生活整体面貌的转型。"信息文明最为核心的体现和基础就是信息经济的发展，没有信息经济的发展，就没有信息文明的出现。"④我们考察信息文明首先要考察作为新文明要素的信息经济的独特之处。

在人类生产劳动的漫长历史进程中，物质、能量、信息三大要素尽管都是开展经济活动的要素。但是，信息成为一种经济资源、一种逐步占主导地位的经济资源，进而塑造了一种新的经济形态——信息经济，还是 20 世纪后半叶才开始发生的现象。在新技术革命浪潮的推动下，出现了与传统的物质能量型经济完全不同的信息经济模式。信息革命→信息成为重要的生产要素→信息产业发展→信息社会形成→信息文明出现，可以看作信息文明大致的演进过程。信息经济的出现从根本上动摇了过去人类社会运行千百年的物质能量型经济模式，第一次使信息、数

---

① 《习近平谈治国理政》，外文出版社 2014 年版，第 197 页。
② 《马克思恩格斯文集》第 10 卷，人民出版社 2009 年版，第 590 页。
③ 同上书，第 591 页。
④ 陈玉和：《基于利益视角的信息研究》，博士学位论文，复旦大学，2012 年。

据、人的知识（数据、知识本质上也是以信息形式呈现的）这些取之不尽、用之不竭的资源成为驱动社会经济发展的主要因素。由于经济生活在社会文明中的基础性地位，信息技术渗入经济建设领域，信息文明重塑了传统的经济发展方式，信息流带动了人流、物流、资金流，信息资源成为经济活动中的主导资源。特别是随着工业文明的发展，原先依靠物质资源驱动的经济发展模式已显露出强烈的转型需求了。世界各地的许多资源型城市在工业化发展中都曾创造过辉煌历史。进入 21 世纪，世界经济发展格局和发展形势要求经济朝着可持续、绿色方向发展。信息化为之提供了契机。知识、信息、数据的开发、利用为经济转型提供了新的要素、新的动力。

随着移动互联网、大数据和云计算技术的发展，智能化生产方式逐渐取代传统的工业化生产方式，社会生产力获得空前解放，劳动生产率也大幅提高。人们将从传统物质生产中解放出来，在物质生活资料得到充分保障的基础上，人们能有更多的闲暇时间从事精神生产活动。社会经济活动将由此主要依靠科技和教育推动进步，经济发展方式不再依赖自然物质资源的投入驱动发展。移动互联网和大数据技术的出现将信息化生产方式推进到一个新的阶段。"互联网+"大数据形成的产业"化学反应"，开辟了大数据经济模式。概言之，经济之维度的信息文明，充分显现了一种新的经济方式诞生了。在信息文明时代，经济的驱动力、经济的组织、经济的运行、经济的结构、经济的评价标准等，包括经济内容和形式的整个方面都受到了信息科学技术的塑造。

（二）信息文明推动政治发展

"信息之于民主，就如货币之于经济。"① 政治发展与否离不开对信息的科学运用。信息公开流动程度反映了一个政治体开明程度。一个专制的政府通常也是对信息垄断的政府。反之，一个开明的政府通常也施行科学的信息公开制度的政府。"政治民主必然包含信息民主，没有信息民主就没有政治民主。"② 信息文明建设极大地推动了政治内涵和政治形式的发展。政治决策、政治参与、政治运行、政党政治以及由信息化引发的政治文化等，都得到了可观的进步和发展。

---

① 涂子沛：《大数据：正在到来的数据革命，以及它如何改变政府、商业与我们的生活》，广西师范大学出版社 2013 年版，第 15 页。

② 陈玉和：《基于利益视角的信息研究》，博士学位论文，复旦大学，2012 年。

互联网渗透到政治活动中，政治参与就成为人人都可以轻松实现的权利。理论上讲，网络为每一个人提供了一个可以实现的政治参与平台。信息公开、政治透明、舆论监督等这些前互联网时代空泛的权利在信息网络时代都能得到可靠的物质保障。当亿万草根网民能够通过互联网监督政府运行和公职人员行政行为，使得政府变得更加注重自身依法行政的时候，当网络汇聚监督力量使政府改变错误的行政决定或法院纠正错误司法行为的时候，信息技术的应用就不再仅仅停留在工具层面的价值上，还上升为一种建构政治文明的价值内涵。

从政治权力运行角度讲，政治活动本质上就是参与政治决策和做出政治决策的过程。互联网和大数据技术在国家行政决策体系的应用，可以使政府深度感知社会，尽可能地避免政治决策失误。政府科学决策也依赖政府与社会公众的良好互动关系。在信息社会，政府的任何一项决策，如果事前没有充分的信息公开、事中没有信息发布、事后就极可能出现"好心办坏事"的结局。互联网在塑造政府和社会关系上越来越体现出建设性作用。任何一项"不得人心的政治决策"都可能在互联网上引起轩然大波。互联网构造了一个全天候的权力监督生态。老百姓对发生在身边的腐败行为，随手就可以传上互联网上，网络监督的存在不仅极大地压缩了腐败分子活动空间，还极大地激发了社会公众政治参与的热情。国际性的监督网络如"透明国际"、各类公益性的监督平台的出现，体现了网络监督正朝着更加大众化的方向发展。

从政治运行角度考察，信息文明最为引人注目的业绩是电子政务的兴起和发展。电子政务的出现，全面再造了政府权力运行方式。"政府流程再造的核心特征，是政府行政层面的信息化改造。……信息化在这里不再是电子，而是政务本身，是政府从工业化行政方式向信息化行政方式的根本转变。"① 信息化塑造的政府是扁平化的、矩阵式的组织架构。政治一定程度上说就是服务，服务公众就是最大的政治。信息技术对国家政治的嵌入，使得政府服务公众的方式、手段、途径发生了颠覆性的变革。电子政府实现了全天候服务每一个社会公众。电子政府能够最大限度地规避官僚制度的弊病，让公众和政府实现零距离的无缝对接。"信息是国家治理的重要依据，要发挥其在这个进程中的重要作用。要以信息化推进国家治

---

① 姜奇平：《新文明论概略》（下），商务印书馆 2012 年版，第 59 页。

理体系和治理能力现代化……"①从推进国家治理体系和治理能力现代化高度认识信息化建设，是信息文明政治维度的新内涵。在科学行政、民主执政、依法行政的各个层面，网络都有其广泛的适用空间。

在科学行政方面，"大数据能够有效地集成国家政治、经济、文化、社会、生态等领域方方面面的信息资源，为国家治理提供重要数据基础和决策支撑"。大数据在政府行政系统的广泛应用将会改变决策中出现的"屁股决定脑袋"的局面。"大数据能够形成用数据分析、用数据决策、用数据创新治理思维。"② 通过网络社交媒体产生的海量数据，政府行政机关可以进行及时有效地感知社会舆情，对之进行精准引导和科学管控。通过网络平台，政府可以充分动员公众参与政治议题的讨论，充实社会民主内涵，为政府科学行政提供坚实的民意基础。

就政党政治而言，实现科学执政、民主执政、依法执政是现代政党政治的基本政治追求和政治价值观。信息化不仅为政党生存开辟了新的政治空间，也为政党政治创造了全新的政治生态。网络党建论提出，网络技术的发展，政党需要对自身价值和功能进行重新思考与定位，要依托网络技术实现政党理念、组织和价值的重塑——政党内部关系的民主化和政党社会关系的民主化，从而提升政党的网络信息社会适应能力。③ 互联网社会化以来的政党政治实践表明，一个政党（政治团体），如果能够很好地运用互联网资源，不仅能够迅速提升政体自身的内部的治理能力，还能够迅速有效集聚合法性资源，提升政党综合实力和社会影响力，巩固政党在国家政治生活中的地位和作用。随着社会整体的信息化，世界各国的政党、政治组织和团体，都面临着网络政治议题，只有那些不断顺应社会信息化潮流、善于和社会公众同步应用网络新媒体的政党组织、政治团体才能永葆生命力，从而实现政党政治生命的巩固和发展。

概言之，信息文明对社会政治生活的嵌入，大大增强了政治进步，增强了政治活动的便利性、民主性和科学性，对社会政治发展产生了巨大的正向效应。信息社会实践表明，政治文明与信息文明之间存在着相互建构

① 习近平：《在网络安全和信息化工作座谈会上的讲话》，《人民日报》2016 年 4 月 26 日第 2 版。

② 陈潭：《大数据时代国家治理》，中国社会科学出版社 2015 年版，第 2 页。

③ 薛小荣：《网络党建论——互联网时代政党组织变革与社会适应》，时事出版社 2013 年版，第 33 页。

关系。政治文明因信息文明的发展获得了新的政治内涵，信息文明因注入了政治文明元素被赋予了新的价值内涵。

（三）信息文明促进文化变革

"互联网技术和新媒体改变了文艺形态，催生了一大批新的文艺类型，也带来文艺观念和文艺实践的深刻变化。由于文字数码化、书籍图像化、阅读网络化等发展，文艺乃至社会文化面临着重大变革。"[①] 信息文明与文化变革具有天然的相互建构关系。信息本身是一切文化现象的载体，文化活动中本身就包含了信息的生产、传播、消费和应用过程。信息文明既是社会文化繁荣发展成果的一个侧面，又是整个社会精神文化生产方式变革的重要力量。社会的物质生产方式决定着精神生产方式。计算机和互联网开启的信息文明步伐不但从多方面颠覆了传统意义上文化形式，更从文化的生成方式上建立了许多颠覆性的技术、观念。网络文化的出现是文化在信息时代一道靓丽的风景线。

从文化活动、文化方式考察，计算机和互联网技术的大规模普及应用正悄然改变了人类文字书写方式和书写习惯；人机界面的电子书阅读方式、学习方式不仅风靡全世界，还在学校教育、人类学习方式上持续产生着变革力量。中国国家新闻出版总署早在 2010 年就制定《报刊质量综合评估办法》，对经专家评估不合格的报刊启动退出机制。可以预想，随着社会信息化日益发展，在未来，网络学术资源会成为主流的学术资源形态，人们现在看到的报刊、文献、图书等，可能会直接从编辑部通过网络输入到公众的电子设备阅读终端。尽管纸质媒介不会完全消失，但是网络信息技术的发展、资源的制约、人们对效率的无限追求等因素最终会把人类带入一个电子学术媒介占主流的时代。不需要在统一的时间内进行集中统一的学校学习，不需要编写规格整齐划一的教材安排学生学习，借助网络人们可以实现随时随地的阅读、学习、交流、讨论……信息文明创造了一个全新的人类文化生成、发展方式。

网络的出现，造就了学术生产方式"从'纸质学术'转向'电子学术'"[②]。借助互联网技术，学术管理部门构建了各种类型的学术数据库，网络学术数据库实现了网络学术资源和纸质学术媒介的有机连接，根本颠

[①] 《十八大以来重要文献选编》（中），中央文献出版社 2016 年版，第 126 页。

[②] 肖峰：《信息主义：从社会观到世界观》，中国社会科学出版社 2010 年版，第 236 页。

覆了传统学术生产、传播方式。以中国知网为例，文献类型包括：学术期刊、学位论文、工具书、重要会议论文、年鉴、专著、报纸、专利、标准、科技成果等。依靠中国知网的学术文献数据库，学者的纸质论著、期刊和著作形成了数字化形式的学术资源。学术文献数据库实际上就是读者使用的学术信息平台，它使学术产品的生产、传播变得空前快捷，同时也有利于学术创新能力的提高。

网络时代学术传播更显著的特点还表现在传播途径发生了深刻变化。借助网络等新媒体，学术产品传播呈现出受众大众化、内容个性化、形式多样化等特点。电子期刊、电子书、学术网站、手机报、博客和微信等数字化学术传播平台的出现极大地加速了学术生产和传播速度。毋庸置疑，网络带来了学术领域的全新的、革命性的变化。这些变化，从其主流来看，都为学术的繁荣和发展发挥着正向作用。

网络发展至今已经成为一个全球化的信息场和公共交流平台。刊网结合、报网结合模式的诞生，表明学术产品已经不再是囿于书斋和学者圈的奢侈品了，而是公众可以高度共享的一种普通资源。网络对"伪劣学术产品"、学术不端和学术腐败现象具有高效率的曝光功能，国内诸如学术批评网、新语丝网以及各类的网络学术论坛、博客、微信等都可以成为公众随时对纷繁复杂的学术乱象进行曝光的平台，亿万网民通过网络汇聚成推动学术健康发展的强大力量。

三　人的存在再实现

"人的实践过程就是人与物质世界的物质、能量、信息的交换过程。"[①] 信息文明作为新质态的文明范式其最大的价值是有力地推动了人的本质实现。本来，工业文明的发展推动科技的应用，人类生产力空前发展起来，经济全球化、政治民主化、文化多元化、社会和谐化为人的自由全面发展创造了前所未有的主客观条件。但是，工业文明时代是与工业资本主义相互建构的，在资本主义生产方式条件下，人类的工业化生产方式逐渐偏离了工业化和科学的最初的价值。本来是为全人类造福的文明成果却成为奴役人、物化人、宰制人甚至杀害人的工具。工业文明与资本主义文明相互建构关系决定了工业文明的天然缺点，而信息文明要实现的价值

---

① 　王伟光主编：《人类历史上新的历史观》，人民出版社 2014 年版，第 34 页。

就是把被异化的人的本质、人的自由、人的尊严、人的幸福重新找寻回来，实现"人的本质向人的存在的复归"①。近代自然科学的发展，使科学技术在人的解放和发展过程中越来越扮演重要作用，而工业资本主义的发展既极大地开掘了人的本质力量，又使人、科技、社会走向异化。信息文明是在工业文明基础上对人的存在方式的否定之否定，追求着人的存在的本质的复归。

（一）马克思关于自然科学和工业开掘人的本质力量的思想

马克思在《1844 经济学哲学手稿》中阐明了自然科学和工业的巨大历史作用，指出"工业的历史和工业的已经生成的对象性存在，是一本打开了的人的本质力量的书……"② 信息革命推动了人类工业化发展新方式。计算机、互联网、物联网、云计算、大数据等信息技术在工业生产中的应用，大大加速了物质生产的智能化水平。物质、能量和信息三大要素中，信息在社会实践中日益占据主导地位，信息化成为推动经济社会发展的主导力量。未来社会的发展、人的发展都离不开信息实践的发展。信息实践越充分、越规范，信息社会治理越科学，社会文明程度就越能得到提高，人的本质就展现得越充分。同自然力相比，人的力量就越容易得到确证和展现。从信息视角分析，信息活动创造的新的实践形式；社会的信息化创造了人的新的存在方式；掌握信息是人的权利、是人的力量、是人实现人本质需要，也是人自我解放的需要。经验证明，就单个的人而言，在关乎自身利益的信息不确定状态下，人的安全感、幸福感就会降低，作为人的价值和尊严就被消解。一个社会实体，其自身的信息既是构成其本身的内容，又是其形式。即，信息是其负载的实体的本质的一部分。人的信息化生存就人的本质而言，既是人的存在的内容，也是人的存在形式。信息技术、信息经济、信息政治、信息文化、信息社会的发展意味着信息活动深度嵌入人的生存各个领域。社会信息化的同时对人自身的发展提出了信息化要求。人的信息素养决定了人的生存境遇，这就是信息化时代人的本质的信息化显现。

实践是人的存在方式。人的科学技术实践活动把原本属于自然的力量空前地转化为人自身的力量。但是，人的实践活动不仅仅是一种自然的活

---

① 姜奇平：《从信息文明视角解读国际金融危机》，《互联网周刊》2009 年第 8 期。

② 《马克思恩格斯文集》第 1 卷，人民出版社 2009 年版，第 192—193 页。

动，其本质恰恰是社会活动。所以马克思在《关于费尔巴哈的提纲》中指出，"人的本质不是单个人所固有的抽象物，在现实性上，它是一切社会关系的总和……全部社会生活在本质上是实践的"①。科学不但在生产力上解放了人的自然力，科学和哲学、科学和实践的结合还引起了社会思想政治、文化革命。恩格斯在《英国状况 十八世纪》中一语中的："科学和哲学结合的结果就是唯物主义、启蒙运动和法国的政治革命。科学和实践的结合就是英国的社会革命。"② 换句话说，是科学的发展、工业的进步使人与人之间的关系发生了变化。相比农业文明，工业文明的发展在解放人的过程中，显然发挥了巨大的历史作用。尽管资本主义生产关系仍然是一种建立在人剥削人的私有制度的社会制度，但是，与封建社会相比，工业文明时代人身依附关系毕竟得到一定程度的消解，人在自然面前的解放程度与人在社会中的解放程度都得到空前的改善。资本主义生产方式下，尽管人的自由、尊严、权利、价值还存在时代和历史的局限，但是，这种局限不能掩盖或否定工业文明对人的进步与发展的意义。

正是近代以来自然科学和大工业的发展，人类才逐步形成了"世界历史"。全球化步伐正是在铁路、轮船、电报、电话等交通通信技术的发展过程中不断加速的。新的发明、新的工艺、新的创造不断涌现。新的需求又创造新的技术、新的教育机构、教育方式、教育组织出现。与延绵几千年的日出而作、日落而息的农业文明生存方式相比，工业文明造就了巨大的城市系统、精密的教育系统、丰富的政治管理系统以及繁盛而辉煌的文化景象。"资本日益增加、劳动力随着人口的增加而增长，科学又日益使自然力受人类支配。这种无法估量的生产能力，一旦被自觉地运用并为大众造福，人类肩负的劳动就会很快地减少到最低限度。"③

在马克思、恩格斯看来，科学和工业的发展不但为生产力的发展创造了不可估量的发展潜力，还引发了全社会各个领域的变化。整个社会的阶级状况也日益分裂为两个最大的阶级：资产阶级与无产阶级。无产阶级的形成对人类实现自我本质的过程具有重要意义。无产阶级一旦登上历史舞台，世界历史就进入新的发展阶段，人的自我觉醒、自我解放、自我革命的意识就空前地发展起来了。这些意识的增长又反过来推动了自然科学和

---

① 《马克思恩格斯文集》第 1 卷，人民出版社 2009 年版，第 501 页。
② 同上书，第 97 页。
③ 同上书，第 77 页。

社会科学的发展，推动了教育的发展，从而不断丰富了人的存在形式、丰富着人的本质内涵。

（二）工业文明引发的人类生存危机

工业化生产方式诞生以来，尽管极大地改善了人的生存境遇、解放了人与自然、人与人自身、人与人之间的依附关系，但是，工业文明的发展又引发了深度的人类生存危机。检视过去近三百年来的全球工业化历史，最具代表性的工业文明危机是地球环境危机和工业社会危机。这两种危机前者指向人与自然关系，后者指向人与人之间的关系。因为人本质上也是自然的一部分，人与自然的关系本质上仍然会传导至人与人的关系。因此，归根结底，工业文明的危机本质上是人自身的生存方式的危机。

工业化生产方式核心的目的是利用自然提供的物质资源尽可能多地制造商品，商品所有者又通过市场交换实现商品的价值。无论是资本主义市场经济还是社会主义市场经济，只要走工业化道路就无法逾越商品经济历史过程。这个过程有两个根本的特点：第一，工业化生产必定要消耗地球物质资源；第二，工业制成品只有能够满足人们的需要才能通过市场实现其价值和使用价值。工业化时代的资本主义与社会主义的竞争本质上就是对地球资源的竞争。资本主义在创造极大的生产力的同时，科学、工业、人、社会的发展却"异化"了。马克思1856年《在〈人民报〉创刊纪念会上的演说》中对此作了精彩阐述："我们看到，机器具有减少人类劳动和使劳动更有成效的神奇力量，然而却引起了饥饿和过度的疲劳。财富的新源泉，由于某种奇怪的、不可思议的魔力而变成贫困的源泉。技术的胜利，似乎是以道德的败坏为代价换来的。随着人类愈益控制自如，个人却似乎愈益成为别人的奴隶或自身卑劣行为的奴隶。……我们的一切发明和进步，似乎结果是使物质力量成为智慧的生命，而人的生命则化为愚钝的物质力量。"[①] 因为"工业文明主要是西方工业社会主导下的工业文明"[②]。工业文明一开始就受到资本的驱使，为了占有更多的物质资源，为了开拓更广阔的市场，为了榨取更多的利润，为了占有更多的物化的财富和资本，被资本裹挟的资产阶级不断地向自然进军，甚至不惜发动世界规模的战争，不惜屠杀自己同类，不惜制造能够毁灭整个人类的武器。

---

① 《马克思恩格斯文集》第2卷，人民出版社2009年版，第580页。

② 李中元：《超越工业文明　开创人类文明新纪元》，《经济问题》2012年第8期。

工业文明是以消耗物质资源驱动生产力发展的。工业文明的内在逻辑决定了工业化生产方式最终会导致人与自然的紧张关系。只要工业文明发展，就要消耗自然物质资源，要消耗自然物质资源，就要有资本去驱动人、统治人、奴役人。工业文明带来的人和社会的物化、竞争、弱肉强食丛林法则、商品拜物教、单向度等，表明工业文明正在给人类敲响生存危机的警钟。

虽然马克思、恩格斯生前只对资本主义工业文明引发的人和社会的异化及其危机作了深刻的批判。但是，社会主义国家的工业化进程是否能够摆脱科学、工业技术、人和社会的物化、异化局面呢？由于科学社会主义理论首先在不发达的国家取得实践形态。苏联和中国等社会主义国家在建立社会主义制度后，都把实现发达的工业化作为对全体人民的承诺。社会主义建设的历史证明，工业社会主义的发展也同样要面临着资源约束趋紧、环境污染严重、生态系统退化的严峻形势。即使是在社会主义市场经济条件下，工业文明里的工厂制度和分工制度依然会造就千百万"单向度的人"。尽管理论逻辑上，马克思、恩格斯认为，生产力极端发达、物质财富极端丰富、道德觉悟极端高尚，整个社会实现了人民对全部生产力的占有就能够实现人的自由全面发展，问题是，这个社会是社会主义社会的高级形态——共产主义社会。在实现共产主义社会前，必须建设成发达的社会主义社会。如果工业社会主义不能实现生产方式、经济发展方式的根本转型，人们很难确信，在包含着生态危机、环境危机和社会信任危机在内的一个危机四伏的社会里能够实现发达的社会主义。

实际上，整个工业社会只要"每个个体的福利被视为与国内生产总值（GDP）的稳步增长相同一。……现代社会的合法性原则……在于消费水平的不断提高。这一原则今天不仅通行于政府调控的资本主义社会，而且也通行于工业化的社会主义国家"①。换句话说，工业文明时期，无论是资本主义社会还是社会主义社会，其社会政治体制的合法性根基在于能够为他的国民提供持续不断的消费需求。而人（这里的人既可以是资本主义社会的人，也可以是社会主义社会的人）的消费需求是无限增长的。一旦基于无限增长之上的根本目标被接受，生态资源稀缺与环境恶化

---

① ［美］约尔·杰伊·卡西奥拉：《工业文明的衰亡》，余灵灵、尚新力译，重庆出版社2015年版，第52页。

的威胁是不分国界或经济方式的。这至少说明，工业社会价值作为工业资本主义社会与工业社会主义社会共同的合法性基础，尽管意识形态和体制不同，前者以生产资料私有制为基础、后者以生产资料公有制为基础。但是，它们用不同的手段实现相同的经济无限增长以及物质财富与消费持续增长的目标。

概言之，只要工业文明沉溺于经济无限增长和对人的需求的无限满足的承诺，并以此获取政治体制（资本主义的或社会主义的）合法性的持续巩固，那么工业时代的人们面临的生态环境危机、气候危机和社会危机就是不可避免的。人类只有创造新的文明范式才可以避免危机的出现。这个新文明应是一种建构在工业文明基础上的，对工业文明实现了"否定之否定"的，能够促进人与自然、人与人、人与社会协同互利发展的新文明形态。

（三）信息文明复归人的本质

信息文明与人的本质之间为什么说存在着复归的关系？关键在于信息化生产方式能在工业化生产方式基础上，将被物化、被遮蔽的人的本质重新开掘出来。信息文明作为一种建构在信息化生产方式的文明样态，不仅是一种单纯的技术形态的文明，还推动了人的存在方式、社会发展方式的变革。"没有信息化就没有现代化"[①] 隐喻了：信息化本质上已成为整个社会的一种占主导地位的生产方式、生活方式和思维方式。马克思、恩格斯虽然没有从信息的角度论述人的本质问题，但是，就人的本质问题本身而言，更为重要的是如何实现人的本质问题。唯物史观认为，人的本质实现过程是历史的、社会的、实践的、永无终点的过程。马克思、恩格斯不是抽象地分析人的本质及其实现过程，而是从人的需要、人的社会实践的层面来揭示人的本质及其实现问题。如果说工业文明创造了满足人的物质需要的条件，可是，无论是在发达的工业社会还是发展中的工业社会，经验证明：物质的丰裕并不能摆脱人的片面、人的"单向度"问题。因此，人的本质的实现要依赖创造出新的文明范式，这个文明范式不但能够满足人充足的、丰沛的物质需要，还要能够关照人、帮助人，实现人关于自由、平等、独立、尊严、有意义的生活……精神层面的需要。

在人的本质实现问题上，信息文明最大的意义在于：信息的需要及其

---

① 《习近平谈治国理政》，外文出版社 2014 年版，第 198 页。

满足过程，为人的本质实现提供了基础。这里的基础既包含物质的基础，也包含精神的基础。信息文明创造的信息化、高度智能化生产方式，从生产力的角度讲，极大地解放了物质生活资料对人的束缚。可问题是，人的精神需要、被爱的需要、被尊重、被信任、自由、平等、过上有意义的生活等，对于人的有意义地存在而言，这些无穷无尽的非物质需要是更为本质的、根本的需要。恩格斯早就洞察到："一有了生产，所谓生存斗争不再单纯围绕着生存资料进行，而是围绕着享受资料和发展资料进行。"①人的需要是人的本性，人的需要既包含物质层面的需要，也包含精神层面的需要。人们的生产劳动实践过程既创造了满足人的需要的条件，同时也在新的基础上创造了新的、更高层次的需要。信息文明作为一种建构在信息化生产方式基础上新的文明范式，它不仅提供了满足人丰沛的物质需要的保障条件，还在工业文明的基础上创造了实现人的精神需要的手段、途径和场域。

当工业化生产方式创造的工业文明遭遇物质资源短缺、生态环境恶化、社会危机的时候，人们意识到，实现经济社会的可持续发展和有意义的、满足每一个人个性发展的新的发展方式就成为人类社会的新的需要。信息社会的来临，计算机和互联网造就的信息化生存方式为满足上述需要提供了基础。信息文明是以人的知识、社会的信息为核心要素的新文明。在信息文明社会，马克思指出的人的本质是"一切社会关系的总和"实现了真正意义上的充实和保障。当信息互联网、物联网、能源互联网形成了全球化的经济、政治和文化交往的时候，人与人之间的所谓"一切社会关系"才可以说是真实的、有内涵的。一个分布式的、每一个人都可以随时随地共享的智慧网络不仅体现了人的生存境遇的改善，还体现在它为人们自由选择自己的劳动方式、生存方式提供了可能。

信息文明造就的高度科学的、智能的社会治理机制可以最大限度地规避人类遇到的各种未知和已知的风险和困难。信息文明可以适应信息时代社会复杂化发展趋势，通过网络提高整个社会的自组织能力，特别是社会末端的自组织力，从而提高社会自我管理、自我组织、自我协调的能力。信息社会相比工业社会是一个更加复杂性的社会。网络化电子政务的发展创造了解决复杂性社会治理、全天候社会自治服务政治生态。信息文明赋

①　《马克思恩格斯文集》第9卷，人民出版社2009年版，第548页。

予生活在其中的每一个人享有平等的权利、并且为实现这些权利提供了可靠的、可执行的手段。"互联网催生的新文明，要求回到真正的自然权利本身，以实现物性与心性的平衡、现代性权利与后现代性权利的平衡。网民在日常生活中主张权利，是一种伴随文明进步的积极现象，是通向自由个性的开始。"① 在一个泛在的智慧网络社会里，每一个人都是信息的接受者又都是信息的发布者。信息既是社会的经济资源，又是社会的精神资源，信息获得的共享机会越大、越快，就越能够增大其初始的价值、就越可能创造出更大的新价值。智慧社区、智慧社会的发展，创造了一个全新的物质生产方式、社会生产方式和人的生产方式。维系工业文明赖以存在的资本逻辑开始松动了。知识、信息、数据这些无穷无尽的非物质资源日益成为推动人类社会发展的根本要素。马克思、恩格斯提出的关于只有到了消灭资本主义生产资料私有制，消除了脑力和体力劳动差别、城乡差别、阶级差别、社会分工消失的共产主义社会才能充分满足人的需要、最终实现人的自由全面发展的思想，在信息文明条件下已经出现了现实的端倪。互联网创造了一个让生产者和消费者、管理者和被管理者、监督者和被监督者、城市和乡村、劳动时间和闲暇时间界限越来越模糊的生存环境。一言蔽之，信息文明的发展，创造了消除信息不对称、利益不对称的社会机制，实现了人的本质向人的存在的复归。

小　结

　　计算机和互联网为代表的信息技术的发展及广泛应用，深刻改变了人类社会生产、生活的方方面面，整体上推动了人类社会由工业文明向信息文明的变迁。随着全球迈向信息社会，大数据、"互联网+"成为引领经济社会发展的新引擎。信息经济、信息社会的迅猛发展，走向信息文明成为时代的课题。那么，信息文明内涵是什么？信息文明的结构是什么？信息文明对人类社会发展具有何种影响？这既是信息时代建设信息文明需要回答的理论问题，又是一个重大的实践问题。

　　本章对经济、政治、文化等各个领域的信息化发展加以抽象，将"信息文明"作为一个整体性概念，系统性、学理性地研究信息文明的内

---

① 姜奇平：《新文明概略》（下），商务印书馆 2012 年版，第 5 页。

涵、基本结构及其基本社会功能，试图科学认识信息文明本质和基本特征。从学理上分析唯物史观视阈中的信息文明，首要的问题是必须阐明马克思主义的信息观和文明观，由此才能科学认识信息文明的基本内涵、基本结构及其基本社会功能。

信息是标志事物确定性的哲学范畴，是能够被人认识和加工的物质存在方式和表现形式的表征。信息作为物质存在方式和表现形式的表征，其作用和地位是随着人类社会实践的发展不断彰显出来的。尤其是随着信息科学技术的发展，信息实践活动逐渐成为一种全面嵌入社会经济、政治、军事、文化各个领域的基础性、贯通性社会实践活动。信息方式在人类社会实践中的地位和作用日益凸显。信息资源、信息方式成为塑造社会文明面貌的一种主导性资源和方式。信息科学技术是信息文明的科技之维，是信息文明的基础。如果仅仅只有信息是无法塑造出"信息文明"的。信息科学技术全面渗透到社会物质生产、政治生产和精神生产过程形成信息化生产方式的时候，信息才具备了建构新文明的地位。大数据、人工智能等新兴信息技术的发展，基于信息技术的共享经济丰富的业态不断涌现，亟待人类适时为信息技术及其大规模社会化应用嵌入道德和法律的规范。信息技术的两面性，决定了建构信息文明还需要不断完善信息社会治理体系。正如汽车技术离不开交通法规、离不开"车德"一样，信息道德和规范人们信息活动的相关法律、规章制度及其设施是形成信息文明不可或缺的部分。它们构成了信息文明社会的政治上层建筑形态和观念上层建筑形态。

唯物史观认为，文明是社会生产方式的反映。特定的文明形态总是特定的社会生产力和生产关系相统一的生产方式的反映。文明的社会性决定了文明涵括了人类社会发展的一切成果。文明的概念和人类的进化与发展是同步的。文明的内涵、外延，广度、深度处在不断发展的过程中。"文明"的含义之所以会存在非常宽泛的适用情况，是因为人们观察和看待文明成果的视角存在多样化的情况，不同的视角存在不同的文明观。

作为一种新的社会生产方式视角，信息文明是从原始文明、农业文明、工业文明发展至今的新的历史文明形态。信息文明不是对传统渔猎文明、农业文明和工业文明的否定，而是在传统文明范式基础上建构起来的新质态的文明。从生产方式视角，可以确证，当今人类的生产生活方式，已经高度信息化了。随着信息技术的迅猛发展，信息、信息资源、信息活动日益在人类经济社会发展中发挥重要作用，以致"信息方式"可以建构新的文明形态。作为一种新质态的文明，信息文明的基础是信息科学与技术，核心是信息化生产方式，外在表现是信息社会治理体系。

科学技术的发展、道德水平的提高、意识形态的不断更新、社会制度的不断完善等，各种文明要素相互协调发展，是人类文明发展的一般规律。研究信息文明的内涵及其构成要素既要遵循着人类文明发展的一般规律，同时又必须明确，与既往的文明形态相比，信息文明基本内涵和表现形式又具有新的本质的不同。信息文明既在工业文明充分发展的基础上实现了文明发展方式的跃升，又实现了对畸形物质文明的历史否定。信息文明既涵括文明世界的信息化意蕴，又蕴含着信息世界文明化的意涵。信息文明是一种整体性、合成性文明。信息文明熔铸在物质文明、精神文明、政治文明、社会文明和生态文明中。信息文明是对传统工业文明的扬弃，是人类社会全面发展的"倍增器"。信息文明是对人的本质的复归。

第二章

实践形态：信息文明的要素衍化

"文明是实践的事情，是社会的素质。"① 人类社会生产生活的实践活动是文明生成的起点。信息文明是社会实践的产物，那它的起点是什么？人们认为信息文明是新文明形态，是基于对旧文明的批判与反思才有的。这种反思不仅仅限于一般现象的认识和检视，而要深入社会生产力的变迁层面。从生产力形态历史变迁的维度看，信息科学技术塑造了新的生产力形态。信息文明实践呈现的当今人类社会的面貌，集中地表现在全球迈向信息社会。与工业社会相比，信息社会是人们获得新的物质生活、政治生活和精神生活的社会。物质生产方式的变化引起人的存在方式的变化。信息文明的主体是广大人民群众，信息文明依赖人的信息化，同时又为人民群众创造历史赋能。马克思主义群众史观在信息文明条件下获得了更加丰富而充实的内涵。

第一节　社会生产力内涵的嬗变②

尽管经典作家在理论研究和实践的基础上，以超乎常人的逻辑论证能力建构了严密科学的马克思主义理论体系和方法论体系，但是，这并不意味着马克思主义理论中的一些核心范畴、核心概念不需要随着时代的发展而发展。迈入信息文明时代的当今人类，需要有不同于工业文明时代的理论和思维引领发展，否则，就可能为发展付出更多的历史代价。信息文明

---

① 《马克思恩格斯文集》第 1 卷，人民出版社 2009 年版，第 97 页。

② 此节主要内容以标题"马克思主义'生产力'范畴探析——以'工业时代'向'信息时代'变迁为视角"，发表在《科学社会主义》2015 年第 6 期。

时代，马克思主义"生产力"内涵面临着发展的重大课题。

一 工业时代马克思主义"生产力"内涵

马克思主义"生产力"范畴，通常被人们理解为，具有劳动能力的人和生产资料相结合而形成的改造自然、生产出劳动产品的能力。在马克思主义哲学和经济学教材中，大体上，都是以"人们征服、利用、控制、改造自然的能力"来阐释生产力范畴的内涵。按照上述阐释方式理解生产力范畴，可以归纳出下列结论：（1）生产力的主体是社会中的人和人类；（2）生产力的客体是自然界；（3）生产力是一种能力，这种能力既是一种现实的力量，也是一种潜在的能力。

马克思、恩格斯揭示了物质资料的生产是人类第一个历史活动，人们在物质资料的生产中形成社会关系，在社会关系中核心是生产关系，而生产关系中生产资料所有制性质决定了生产者在劳动生产中的地位和劳动产品的分配方式。在生产资料私有制社会，劳动者和生产资料所有者之间由于存在着不可调和的经济利益冲突，阶级矛盾和阶级斗争就不可避免，由此阶级矛盾和阶级斗争就成为推动阶级社会不断发展的主要动力和主要形式。以雇佣劳动为基础的资本主义社会是最后一个建立在生产资料私有制基础上的剥削型社会。资本主义制度在推动生产力发展的同时，也造就了埋葬自己的掘墓人——没有生产资料、靠出卖自己的劳动力生活的无产阶级。随着资本主义社会生产资料私有制度与社会化大生产之间的矛盾不断发展和累积，资本主义社会财富的积累与贫困的积累两极分化日益严重，资产阶级与无产阶级之间的矛盾就会日趋尖锐。当无产阶级觉醒为自觉的组织起来的革命的阶级后，通过全世界无产阶级的联合斗争，一切旧的剥削制度、剥削阶级和剥削观念将被无产阶级彻底消灭，全人类将获得自由和解放。无产阶级解放全人类后自身就获得了彻底的解放，人类最后一个阶级对抗的社会——资本主义社会——的灭亡和共产主义社会到来是不以人的意志为转移的、不可阻挡的历史发展趋势。这就是经典马克思主义关于无产阶级和人类解放的理论逻辑。

问题在于，国际共产主义运动的历史逻辑是，科学社会主义理论没有首先在资本主义心脏地带取得实践形态，而是在资本主义发展不充分、生产力并不发达的经济文化相对落后的地区变成了现实。因此，社会主义革命成功后，建设和巩固社会主义制度必然面临着如何在同资本主义比较中取得更好、更快地发展生产力的历史任务。在传统工业时代，无论哪一种社会形态的国家，生产力的发展，主要是以征服、控制、利用自然资源为动力的。自然资源的有限性和使用过程中的递减性决定了，在争夺世界市场、原料等经济资源过程中，世界经济发展不平衡是绝对的。资本主义发展的不平衡规律成为社会主义革命取得成功的理论逻辑。从某种意义上讲，这种以争夺自然资源和社会财富为目的的生产力观，是导致整个传统工业时代世界持续处于战争与革命状态的原因之一。

　　历史表明，经典马克思主义揭示的人类社会发展的理论逻辑与历史逻辑不是平行线似的相互吻合的。从全球范围来看，作为一种生产方式的资本主义不但在生产力上仍然具有发展的活力和潜力，更在意识形态上具有强大的影响力。20世纪60年代开始，随着计算机技术和网络技术为核心的第三次科技革命的发展，美国为首的资本主义发达国家相继进入到后工业社会（信息社会），一个全新的生产力发展生态出现了。信息化生产方式成为社会生产先进方式，诞生于传统大工业时代的经典马克思主义"生产力"范畴的内涵面临着发展的重大课题。

　　必须明确的是，以物质资源为主要要素的生产力发展方式尽管在农业社会、工业社会发展过程中始终处于主导地位，但是，随着工业化外延式发展，这种以增加物质资源要素投入驱动经济发展的社会发展模式的优势就会逐渐消耗殆尽，随之而来的必然是"资源约束趋紧，环境污染严重，生态系统退化的严峻形势"①。人与自然之间产生的矛盾，从根本上讲，是人与人之间矛盾的反映，是落后的生产方式发展的结果，最终形成人与人之间的利益冲突，乃至发生阶级对抗、民族和国家的冲突。所以，工业化发展时期，和平力量的增长很难超过战争力量的增长。整个工业文明时代，同时也是战争与革命的时代。② 如果说，工业化就意味着社会的现代化，那人类进入现代社会以来，不仅通过工业创造的巨大生产力，也因为工业创造了现代的战争。难怪吉登斯在《现代性的后果》中将核武器的威胁以及人类面临的实际军事冲突看作20世纪现代性的主要"阴暗面。"③ 工业时代的人们，无法或者不能完全意识到宇宙复杂万物是彼此

---

① 《十八大以来重要文献选编》（上），中央文献出版社2014年版，第30页。

② 苗东升：《在文明转型中和平崛起》，《首都师范大学学报》（社会科学版）2005年第3期。

③ ［英］安东尼·吉登斯：《现代性的后果》，田禾译，译林出版社2011年版，第8页。

联系发展的整体，弱肉强食的丛林法则不会给人类带来持续的和平与安宁。要改变人类同类相残的历史宿命，只有到迈入信息文明时代，和平与发展成为时代主题，人们摒弃"零和博弈"思维，树立协同、共享为核心的"互联网精神"，"和合共生"的天下观念，开掘、发展和共享人类知识和智慧的无尽的资源，全面革新人们的生产力观念，人类社会的生产力才能得到持续的发展。

二　信息时代马克思主义"生产力"内涵

约从 20 世纪下半叶开始至今，工业化程度不高的社会主义国家与工业化发达的资本主义国家共存于信息化时代浪潮中。即，社会主义国家工业化、现代化建设没有完全实现，又面临着信息化时代的挑战。这意味着，在全球信息化浪潮中，要巩固和发展社会主义制度，取得较资本主义的比较优势，社会主义国家就必然面临着如何创造出更加先进的生产力的任务。

本质上讲，信息化生产方式属于高度社会化的生产方式。根据马克思主义唯物史观，社会主义是克服社会化大生产与资本主义生产资料私有制矛盾的历史和逻辑的必然选择。社会主义社会就理应更符合社会化、信息化生产方式发展的条件。如果从当今各国信息社会发展的横断面来看，尽管全球信息社会呈现的是，生产力发达而生产关系落后、生产力落后却有发达的生产关系的情形，但是，从历史的尺度、具体到每一个国家（地区）分析，无论哪一种社会制度的国家，在信息化发展较好的时期，社会生产力就能得到了迅猛发展。信息化作为先进的劳动方式，不仅给国家的经济生活，而且也给国家的政治、精神生活带来了革命性变化。反过来，这些变化又有助于促进信息化生产方式的发展。全球信息社会发展实践恰恰证明了马克思唯物史观的科学性。

社会主义国家信息化发展道路如果还是按照传统工业文明理念来走的话，在全球信息化竞争浪潮中，就无法既超越资本主义工业文明，又能够超越资本主义信息文明的历史局限。对工业化发展程度不高的社会主义国家而言，发展工业化的同时，必须融合信息化，就是以信息化带动工业化，以工业化促进信息化。相对社会主义国家，在一些生产关系落后的资本主义或封建资本主义国家，生产力为什么能够取得比同时代的社会主义国家更快、更好的发展？这里涉及一个如何理解"生产力"内涵的问题。

"生产方式的变革，在工场手工业中以劳动力为起点，在大工业中以劳动资料为起点。"① 在大工业时代，生产力的要素主要是劳动力、土地、机器、设备和资本等。实践表明，在我国社会主义现代化建设过程中，经典马克思主义所指的"物质生产力"极容易被人们简单地理解为，主要是开发、利用、控制和征服自然物质的能力。信息文明时代，这样理解"生产力"范畴，显然，是不符合实际的。对生产力内涵的片面和简单的理解也产生了极端消极的影响。突出地表现就是，长期以来，人们对解放、发展、开发、利用人的智力、知识和信息等非物质性生产要素重视不够。习近平指出，"网络信息是跨国界流动的，信息流引领技术流、资金流、人才流，信息资源日益成为重要的生产要素和社会财富，信息掌握的多寡成为国家软实力和竞争力的重要标志"②。信息（知识）在生产力系统中的重要地位由此被人们重视，是符合社会生产生活实际的。

尽管信息活动和信息现象是自然界和人类社会广泛存在的现象，但是，真正使信息成为现实的生产力决定性要素，还是随着信息社会的到来、信息资源对生产力系统的全面渗透开始的。信息成为最重要的生产力要素不仅在理论上早已被人们认识到，而且在生产实践中已得到确证。现代社会信息经济的发展表明，随着社会生产、生活和思维方式的全面信息化，"信息生产力"逐步成为现代社会的主导生产力形式。

社会存在决定社会意识，物质生产方式决定精神生产方式。随着信息化生产方式逐步成为我们这个时代的主导的生产方式，原先工业时代占主导地位的哲学和伦理观念就日益显得过时了。在信息化生产方式上必然会产生民主、平等、开放、参与的观念。信息、科学和技术等非实体性的生产要素本身并不能直接形成现实的生产力。信息、科学和技术等非实体性的生产要素只有通过劳动者的活劳动渗透到生产力系统中，才可能形成现实的生产力。因此，"信息生产力"本质上是劳动者（人）对信息、科学和技术的掌握、运用和发挥，使其作用于实体性生产资料从而形成生产能力。随着信息技术对社会生产过程的深度塑造，"信息生产力"越来越体现在基于信息技术的社会主体协同互利发展的共享能力。马克思、恩格斯早就提出："真正的财富就是所有个人的发达的生产力。"③ 基于人无论在

① 《马克思恩格斯文集》第 5 卷，人民出版社 2009 年版，第 427 页。

② 《习近平谈治国理政》，外文出版社 2014 年版，第 198 页。

③ 《马克思恩格斯文集》第 8 卷，人民出版社 2009 年版，第 200 页。

哪个时代在生产力系统中始终都处于主体地位，一个国家（地区）和一种社会制度能在多大程度上尊重人、尊重知识、尊重人才、尊重创造，能在多大程度上为人的自由流动、知识的共享、信息的公开创造条件并能切实地保障实现这些条件，就大体上决定了这个国家（地区）和制度在多大程度上能够形成先进的生产力。马克思主义唯物史观既强调社会存在决定社会意识，又强调社会意识对社会存在具有反作用。全球信息社会的发展实践表明，在开放、平等、民主、共享和合作意识发达的国家和地区，生产力相对就发展得比较快，反之就会停滞或缓慢。

在相当长的时期，人们所以会对马克思主义"生产力"范畴内涵存在简单和偏颇的理解，一方面是受到时代的局限影响，另一方面，同人们没有深入地认识经典马克思主义"生产力"范畴有一定关系。很多学者已经认识到，仅仅认为，马克思、恩格斯等经典作家生活在大工业发展的初期，他们创立的劳动价值理论、生产力理论可能更多的是指体力劳动或物质生产，而较少地关注非物质性生产和脑力劳动，这是对经典马克思主义理论的极大误解。

唯物史观认为，人的劳动过程是有意识的有目的的。马克思通过蜜蜂的活动和人的劳动过程比较，认为人的劳动过程和低等生命的本能活动区别就在，人的劳动"结束时得到的结果，在这个过程开始时就已经在劳动者的表象中存在着，即已经观念地存在着"[1]。显然，马克思看来作为人类历史存在前提的劳动内在地就包含了人的思维和智力因素。人的劳动过程和动物的生命活动过程根本区别就在于"人是能思想的存在物"[2]。马克思已经意识到了，人们的生产劳动，不仅包含了体力的劳动，还有非体力（科学方面的劳动）劳动。因此，尽管马克思创立劳动价值理论时代，还是工业化初期的蒸汽机时代，劳动形式还主要是体力劳动，物质资料和资本在整个生产过程中占据主导地位，但马克思还是关注到了劳动过程中的科技和智力的作用。马克思还预计，随着科学技术的对生产力系统的渗透，用来生产物质生存资料的社会必要劳动时间会趋于减少，直至到最低限度。未来社会生产主要是为满足人们的精神需求进行的。这些预计已经在信息社会中显露出来了。特别是随着信息、知识的生产和再生产在

---

① 《马克思恩格斯文集》第 5 卷，人民出版社 2009 年版，第 208 页。

② 《马克思恩格斯全集》第 47 卷，人民出版社 2004 年版，第 57 页。

整个社会生产中的支配性地位不断显现，从而引起整个社会产业结构和就业结构的变化，充分说明了信息化、智能化劳动方式是历史发展的必然趋势。当今世界经济产业结构的变化会进一步确证了经典马克思主义的科学性。

马克思主义经典作家阐释"生产力"范畴时没有直接提到信息对生产力的影响。但是，就他们理解的生产力内涵而言包含了现代信息技术意义上的信息资源和信息化含义。马克思、恩格斯认为，劳动生产力中包含了"科学的发展水平和它在工艺上应用的程度，生产过程的社会结合"①。在手工工场劳动还是主要劳动形式的时代，马克思、恩格斯就明确了"协作""机器和科学发展""工艺应用"对生产力的重要意义。信息化生产方式，本质上是对传统工业化生产方式的超越。信息社会经济的繁荣本质上是社会生产协作和整个社会生产过程更加高效、精准的结果。信息时代通过全球信息化"协作"劳动而提高生产力的方式，与马克思提出的人类劳动的"总体性"发展趋势的预测高度契合。现代信息社会，劳动的"总体性"发展趋势与科学技术的发展及其在劳动过程中的应用是相辅相成的同一个历史过程，劳动的"总体性"发展是历史的必然趋势，客观上就表现为所有劳动主体（物质劳动和精神劳动）都参与到了劳动产品的价值创造过程。信息经济的发展客观上要求整个社会必须尊重知识创造和信息资源的价值应用。

马克思还精辟地论述了生产力的各个要素会受科学和技术的改造，各自内涵以及生产力整个系统必然会发生深刻变革。马克思明确指出："在一切生产工具中，最强大的一种生产力是革命阶级本身。"② 把革命的劳动阶级视作最强大的一种生产力已经和当今信息时代将劳动者的素质视作知识经济关键因素相一致了。在《资本论》中，马克思通过对固定资本的逐渐机械化、自动化的发展历程分析，认为："社会生产力已经在多大程度上，不仅以知识的形式，而且作为社会实践的直接器官，作为实际生活的直接器官被生产出来。"③ 知识和智力转化为直接的生产力实际上就是今天意义的信息化、自动化、智能化的生产能力。在大工业初级阶段，马克思、恩格斯就已经预计到了，随着科学和技术不断进步，这种自动

①　《马克思恩格斯文集》第5卷，人民出版社2009年版，第53页。
②　《马克思恩格斯文集》第1卷，人民出版社2009年版，第655页。
③　《马克思恩格斯文集》第8卷，人民出版社2009年版，第198页。

化、智能化生产将成为历史的发展趋势。这种变化，必然带来劳动者在劳动中的作用和地位的变化。尤其在现代"无人工厂"生产条件下，马克思、恩格斯的预计已经成为现实。"许多人……一起协同劳动，这种劳动形式叫协作。……这里的问题不仅是通过协作提高了个人生产力，而且是创造了一种生产力，这种生产力本身必然是集体力。"[①] 马克思、恩格斯明确指出"协作创造新的生产力"的论断对我们深化认识信息化、全球化时代全球配置生产要素提高生产力具有方法论的指导意义。

三　"协同共享"生产力时代来临

随着信息社会的发展，传统的劳动形态、价值形态、财富形态、国家形态、阶级斗争形态等，它们的内涵和形式都在发生深刻变化。面向 21 世纪的马克思主义理论，应该在坚持马克思主义基本立场、方法和观点的基础上，对信息、"互联网+"、大数据、信息生产力、信息社会等现代社会实践中出现的新事物、新问题、新概念加以科学的研究和表述，以促进马克思主义中国化、时代化、大众化，推进马克思主义基础理论、范畴、概念的与时俱进。

进入 21 世纪以来，信息科学和技术发展到了一个新的水平，移动互联网、3D 打印技术、泛在网络智慧、智能机器人的广泛使用，正全面地改变着人们的生产、生活、思维方式。"互联网时代"的升级版"人工智能时代"已经到来。由信息互联网、物流互联网和能源互联网构建的"协同共享"经济发展方式正逐步变成世界新的生产力增长形式。基于大数据技术的社会治理和产业创新，正深刻影响着生产力的发展形式。石油驱动正被数据驱动取代。现代生产力要素，不仅包含自然物质世界实体性要素，更多地体现在人的观念、精神、知识和信息等非实体性要素。人和人类社会既是生产力的主体，又是生产力的客体。本源上，人和人类社会也是自然界的一部分，改造自然的能力，当然也包含了改造人和人类社会的能力。单纯地强调某一个方面，就容易误导人们对"生产力"范畴内涵的理解，这在理论上是错误的，实践中是有害的。

基于上述认识，本书考虑可以将生产力定义为："标志人们改造自然与社会以满足人与社会发展需要的能力的哲学范畴。"这样定义有助于全

---

① 《马克思恩格斯文集》第 5 卷，人民出版社 2009 年版，第 378 页。

面反映信息时代生产力各个要素，特别是通过改造社会道德状况、文化状况和社会精神状况，将每一个人的智慧和知识（以信息形态呈现）这种无穷无尽的资源作为最重要的生产要素，有助于人们克服单纯将自然物质资源作为生产要素的片面认识，树立万物协同合作的普惠发展意识。从而在观念上为缓和人与人之间、人与自然之间的紧张对立关系，为建设低碳生态、和谐普惠的社会奠定思想基础。

信息时代，生产力是通过人和物质资源与精神资源结合而形成的能力。受时代的局限，传统工业时代人们主要是依赖物质资源发展生产力，通过发展实体经济，发展生产，增加财富的；信息时代，物质资源的重要地位逐步由信息、知识等非实体性生产要素取代，信息经济、数字经济成为社会经济的主要形态。实体经济在未来产业结构的主体地位会逐步让位于科学、教育、文化、医疗、保险、法律服务、创意咨询、品牌策划、软件开发等服务业。科技革命和产业革命对全部实体经济的塑造，不仅会大幅度提高劳动生产率，还全面塑造了社会的产业结构和就业结构。越来越多的劳动者将成为和信息、数字打交道的劳动者。随着互联网、大数据、人工智能等信息技术的广泛应用及其对人类社会的全面塑造，整个社会基于信息技术的协同互利发展格局已经形成。"人类已经成为你中有我、我中有你的命运共同体。"① 选择协同、互利、合作、共赢、共享发展方式已成为经济社会发展客观的、内在的要求。

质言之，在日益智能化、智慧化社会，"协作共享"成为社会生产力的主要形式。"协作共享"生产力本质上是"总体工人"、社会"协作"形成的生产力。从根本上讲，马克思主义经典作家对这些思想早已阐释清楚了。21 世纪的马克思主义理论应该对有关马克思主义基础理论研究新成果加以批判性吸收借鉴，这对经典马克思主义理论能够起到正本清源的作用。

马克思主义理论研究和建设要以问题为导向，自觉服务于党和国家工作重心。巩固马克思主义在我国意识形态中的指导地位，就离不开发展马克思主义。随着时代的变迁，马克思主义"生产力"内涵必然会发生变化。而人们在理解马克思主义"生产力"内涵时，极容易受时代和认识水平的局限。经典马克思主义"生产力"内涵原本就不仅包含了物质要

---

① 《习近平谈治国理政》第 2 卷，外文出版社 2017 年版，第 481 页。

素，也包含了精神要素的科学内涵。必须说明的是，强调信息和知识在生产力中的重要地位，并不表明，"技术至上主义""科学技术决定论"就是对的。社会发展实践证明，虚拟经济要和实体产业经济保持合理的关系，过分偏颇任何一方，都会损害经济社会的发展。以科学技术为底基的文明样态只有和先进的社会制度与思想结合才能展现出文明的真正曙光。恩格斯1886年在《路德维希·费尔巴哈和德国古典哲学的终结》中就指出："随着自然科学领域中每一个划时代的发现，唯物主义也必然要改变自己的形式。"①一百三十多年来，人类在自然科学领域不知出现了多少足以改变我们劳动方式、生活方式和思维方式的新发现。仅此足以说明，我们科学认识和发展马克思主义基础理论、范畴、概念的任务依然任重道远。

第二节　全球迈向信息社会

根据唯物史观，马克思从物质生产方式不同的历史发展阶段，分析了人类社会发展的一般规律。如前文所述，信息文明的核心是信息化生产方式。从信息方式或信息角度分析人类社会的发展历史和发展规律，马克思所强调的人们"交互"活动，本质上也是一种信息活动。信息是人们之间交互活动内容和形式的统一。世界信息革命的发展，信息技术的不断普及和应用到人类社会生产生活的过程中，信息活动上升为一直具有主导社会发展质量和速度的重要活动。以现代信息技术为基础所建构的社会，被人们称为信息社会。信息社会是被国内外公众广泛接受的技术社会形态概念。信息文明包含了信息建构的社会文明，因此，信息文明的实践，就其所统摄的意涵而言，与信息社会的实践具有相通的含义。信息社会的产生，是人类社会生产力发展的结果。

一　信息社会是一种技术社会形态

唯物史观视阈，社会是人类按照一定的物质生产方式构成的相互联系的有机整体。从语义上分析，人类的"相互联系"天然地依赖信息作为联系和交往的载体或手段。初始阶段的信息技术，一定是围绕人与人之间

---

① 《马克思恩格斯文集》第4卷，人民出版社2009年版，第281页。

构成的信息活动的技术。信息技术的发展，不断丰富着人与人、人与自然之间的相互关系。信息技术的发展和普及应用过程，与人类物质生产方式发展和演进是同一个历史过程。

（一）技术社会形态理论

唯物史观认为，人类在生产劳动中形成了科学和技术。"在马克思看来，科学是一种在历史上起推动作用的、革命的力量。"① "生产力中也包含科学。"② "劳动生产力是随着科学和技术的不断进步而不断发展的。"③科学与生产力之间这种天然的耦合关系，赋予科学技术塑造社会形态的功能。从科学技术角度分析，科学技术不仅能够塑造社会形态，一定的社会形态也总是存在对科学技术的或推动或抑制的作用。科学技术与社会形态之间存在一种相互建构的关系。人们把这种由不同科学技术内涵而建构的社会，称为技术形态社会。

根据物质生产方式主要依赖的技术不同，大体上，人类的技术社会形态包括：渔猎技术·渔猎社会—农牧技术·农牧社会—工业技术·工业社会—信息技术·信息社会。与之相对应，大体上人类按照渔猎文明—农业文明—工业文明—信息文明的进路发展着社会文明形态。④ 社会生产力的发展，新的科学技术不断被应用到社会物质生产生活中，科学技术建构的社会形态也会随着科技的发展而不断发展。

应当明确的是，上述技术与技术社会形态只是从一般的发展过程归纳出来的现象。在具体的社会中，同一个技术社会里，还同时存在着另外一种或几种不同是技术社会。例如，农业社会，即使在最发达的信息社会里，人们也离不开农业技术，农业为人类提供了最初始的生产生活物质资料。另外，一旦某种科学技术发展起来并逐步渗透到社会生产生活中，原有的低级的技术就会逐渐被抛弃或淘汰，从而使原有的物质生产方式发生

---

① 《马克思恩格斯文集》第 3 卷，人民出版社 2009 年版，第 602 页。

② 《马克思恩格斯文集》第 8 卷，人民出版社 2009 年版，第 188 页。

③ 《马克思恩格斯文集》第 5 卷，人民出版社 2009 年版，第 698 页。

④ 有学者提出"智能文明"概念，认为在信息文明基础上将出现智能文明。特别是大数据、物联网、人工智能的大规模应用，智能文明似乎确已出现。智能文明，其本质仍然是建构在信息科学技术上的一种文明。物联网、人工智能等技术核心要素仍然是数据、信息和算法。本书不单独提出智能文明。参见 ［美］吴军《智能时代：大数据与智能革命重新定义未来》，中信出版社 2016 年版。

变革。正如工业技术、信息技术在农业领域的应用，从而形成工业化农业生产方式和信息化农业生产方式。人们通常根据一个社会主要的物质生活方式来认定其属于哪一个阶段的技术社会形态。以手工劳动方式为主的社会，一般就是处在农业社会或前农业社会；以机器为主要物质生产方式的社会，一般就进入了工业化社会；信息技术的发展，信息化、自动化、智能化劳动成为主要的物质生产方式，社会就迈入了信息社会。每一种技术和每一种生产方式都可能相互渗透，彼此融合，从而推动技术和建构在一定技术基础上的社会形态发生变化。

信息社会是一种得到国内外学术界广泛认同的技术社会形态。中国国家信息中心发布的《全球信息社会发展报告2016》将其定义为："所谓信息社会，是指以信息活动为基础的新型社会形态和新的社会发展阶段。这里的信息活动包括与信息生产、加工、处理、传输、服务相关的所有活动，这些活动渗透进入人类政治、经济、社会、生活、文化等各种领域，并逐步成为人类活动的主要形式。"依据信息社会的内涵和基本特征，信息社会至少包含信息经济、网络社会、在线政府和数字生活四个维度的内涵。该报告披露，2016年全球信息社会指数（ISI）为0.5601，较上年提升2.1%，全球处在从工业社会向信息社会过渡的转型期。2016年全球126个样本国家中有53个国家进入信息社会，有73个国家尚未进入信息社会。

唯物史观直接从生活的物质生产出发考察现实的生产过程，进而认识到了社会物质生产方式的变化必然会引起人类社会形态的不断更替和变化。与唯物史观社会形态理论相比，信息社会理论凸显了知识、信息以及与之相关的教育、文化、科技活动对社会面貌的塑造，进而分析到由此引发的社会劳动方式、就业结构、政治权力关系、文化心理发生的变化。这与唯物史观具有一定的相通之处。因此，信息社会理论可以看作对马克思主义唯物史观关于社会形态理论的拓展和丰富。

总之，信息社会概念自提出后，其所表达的内涵一直随着信息科学技术的发展而处在不断丰富和发展过程中。随着其内涵的变化，人们对信息社会的认识也在不断变化。比如，移动互联网、物联网、人工智能等新兴信息技术及其应用的迭代发展，越来越多的信息化、智能化工程嵌入社会生产生活中。作为信息社会升级版的（人工）智能社会、智慧社会等概念开始兴起。未来可能还有新概念被人们用来刻画信息技术所塑造的社会形态。可以肯定的是，信息社会的来临不仅仅是信息技术的变化，它已远远超越了单纯的技术社会影响，正不断影响着整个社会的物质生产方式、政治生产方式和精神生产方式。建设信息基础设施、发展信息技术、发展信息社会、迎接信息文明已成为国际社会广泛共识，是世界各国共同愿景。信息社会正强烈地冲击着人与社会的存在方式和人们的价值取向、思维方式。

（二）信息社会生产关系内涵的变化

唯物史观视阈，生产关系反映的是人与人之间的关系，其本质是经济关系。"为了进行生产，人们相互之间便发生一定的联系和关系；只有在这些社会联系和社会关系的范围内，才会有他们对自然界的影响，才会生产。"① 生产关系包括生产资料所有制关系、生产中人与人的关系和产品分配关系。信息革命不仅对整个社会生产力要素产生了塑造作用，还必然引起了生产关系具体内涵的深刻变化。

首先，信息社会来临，引起了生产资料所有制实现形式的变化。唯物史观认为，生产资料所有制是一个社会和国家的基本经济制度。一个社会和国家的性质由其占统治（主导）地位的生产资料所有制性质决定的。生产资料不仅包含土地、机器、厂房等物质资料，还包括知识、信息、管理、品牌、信誉、发明专利、创意等无形的非物质性资料。信息革命的发展对社会生产方式的塑造，使非物质性生产资料在社会生产过程中的地位进一步凸显。就某一具体的社会生产关系而言，决定其社会基本性质的是其占统治地位的生产资料所有制关系。根据生产资料所有制关系性质的不同，人类社会存在生产资料公有制为基础的生产关系、生产资料私有制为基础的生产关系两种基本类型。考察信息革命后的社会生产关系的变动状况，可以较清晰地发现其实现形式的变化。在包含信息革命等多重因素作用下，无论是传统资本主义生产方式还是传统的社会主义生产方式，就其生产资料所有制关系而言，其内涵和形式都发生了巨大变化。

信息革命创造的巨大生产力，迫使战后资本主义国家适应社会化大生产的趋势，改变其传统的剩余价值榨取形式，以维系资本主义统治，其主要表现形式是由私人股份所有制向国家所有制和法人所有制转变。资本主

---

① 《马克思恩格斯文集》第 1 卷，人民出版社 2009 年版，第 724 页。

义国家投资建立的国有企业，是资本主义国家所有制的典型表现。其主要存在于信息通信基础设施等社会公共事业部门。尽管它仍然是资本主义性质的所有制形式，但是，它的出现，标志着资本的社会化程度在不断提高。法人资本所有制是资本主义生产资料所有制发展的新现实。企业法人或机构法人通过集中控股的方式控制和掌握企业。那些拥有最新知识、发明、软件专利和创意并能够很快将其投入到市场中创造财富的人可以以此为资本很迅速地成为法人资本所有者从而实现对企业的控制。信息社会的发展，一方面，"由于知识、信息等无形资本在生产中的作用的提高，有形资本日益依赖无形资本，一种新型的资本家，即拥有无形资本的资本家正在全球快速崛起"①；另一方面，由于非物质形态的无形资本具有无限可分享性，无形资本的所有者的地位往往大大高于物质资本所有者。随着各类高新技术的不断应用，劳动者的知识化、信息化程度不断提高，一旦拥有无形资本的员工离开企业就会给企业带来致命性损失甚至会导致企业破产。为稳定企业生产，资本对知识化劳动者的依赖程度就有所提高，为此就必须改变原有的生产资料私有制实现形式。战后资本主义所有制的变化，是资本主义生产资料私有制实现形式的变化，就其本质而言，它仍然是资本对劳动进行剥削的一种形式。信息时代的资本主义国家仍是一个总的资本家，代表着资本执行着国家职能。

　　脱胎于经济文化落后国家和地区的社会主义国家如果不想被迅猛发展的信息社会淘汰，就必须调整自己不适应生产力发展的生产关系。由传统的单一的生产资料公有制向多种所有制并存的混合所有制转变。这种转变不是对社会主义的削弱，而是在坚持生产资料公有制基础上，对原先单一的所有制关系进行调整，建立以公有制为主体，多种所有制并存的所有制关系。随着人们对经济建设规律和社会主义发展历史正反两方面经验认识的不断深入，人们逐步意识到，社会经济制度与经济体制之间具有复杂性关系。

　　中国特色社会主义基本经济制度就是在改革开放过程中逐步探索出的适应信息时代发展的经济制度。其突出的特点就是在建立起适应复杂性信息社会的所有制关系的同时，实现了从传统的计划经济向市场经济转变，进而巩固和夯实了社会主义公有制主体地位。2010 年中国成为世界第二

---

① 孙伟平：《信息时代的社会历史观》，江苏人民出版社 2010 年版，第 238 页。

大经济体的时候，"在几乎每一个行业，中国国有企业的市场竞争力都不输于其他企业，这些企业在市场竞争中生存发展和壮大"①。质言之，中国改革开放过程中形成和发展的生产资料多种所有制并存局面并没有削弱生产资料的公有制主体地位，而是在新的时代条件下进一步巩固和发展了生产资料的社会化程度。

"生产力的发展水平与生产的社会化程度是密切联系在一起的，生产社会化的发展主要体现在社会分工和协作上，高度社会化的生产一定意味着发达的社会分工和密切的协作关系。"② 总的来看，信息革命提高了社会生产力水平，整个社会生产分工更加复杂了。信息通信技术的发展使社会物质生产、政治生产和精神生产的协作程度空前提高了。人类进入信息时代以来，生产资料的社会化程度提高了。基于信息技术的社会化交互活动形成的"协作劳动"迫切需要在更大范围、更多领域承认生产资料的社会性。这是由信息时代的社会物质生产方式的内在技术逻辑决定的。

其次，信息社会来临，劳动者在社会经济活动中地位也发生了变化。信息技术的发展，信息资本化和资本信息化为资本主义数字化、虚拟化创造了极佳的条件。资本主义生产方式不再以直接的形式实现资本对劳动的剥削，代之而起的是劳动形式多样化。有专家研究预测，"到2020年底，随着基于信息技术的共享经济的发展，将有超过40%的美国劳动力（约6000万人）成为职业自由人、承包商或临时工"③。信息社会的深度发展，资本主义劳动关系中出现了从雇佣劳动向"自由劳动"转变的趋势。自由劳动、协作劳动关系成为一种新的劳动关系。

尽管这种"自由"不是建立在对土地、机器、厂房等物化的生产资料占有基础上的，但是，由于技术的塑造，劳动者掌握的信息和知识日益成为核心生产资料，劳动对信息、知识等非物化生产资料的依赖更加突出，因而，劳动与传统的资本之间就存在相对更有弹性的关系。"劳动自由"和"自由劳动"因而成为信息时代的一种社会可能。"自由劳动"和"劳动自由"现象广泛出现，其深刻的经济根源就在于：信息革命引发的

① 谢春涛主编：《历史的轨迹：中国共产党为什么能?》，新世界出版社2012年版，第103页。

② 陈先达等：《马克思主义基础理论若干重大问题研究》，经济科学出版社2009年版，第376页。

③ 刘云：《欧美国家对制造业分享经济的探索与实践》，《中国工业评论》2017年第6期。

社会劳动方式的变化。资本对劳动的统治能力和制约能力在信息技术条件下正面临着渐进消解的现实。与之相对应，劳动对资本的使驭能力正在彰显。

　　信息革命的发展，知识、信息等资源日益成为社会生产的核心资源。信息社会，传统的机器设备、厂房、土地等物质形态资本如果离开信息化的工人的活劳动，是不能为资本家创造剩余价值的。真正的"无人工厂"是不存在的。所谓智慧工厂、智能车间，其本质是依赖高度智能化设备和信息化、知识化的劳动者维护和介入而形成的物质生产系统。实践表明，信息化越发展，劳动者的活劳动在生产活动中的地位和作用越具有决定性意义。

　　简言之，信息社会，资本对劳动的关系一定程度上发生了"松动"。资本要运动下去，必须依赖信息和知识去实现价值和创造剩余价值。战后资本主义国家出现了日益扩大的从事脑力劳动的白领工人队伍，他们在生产劳动中是设备的管理者、监督者、维护者和操作者。他们主要是网络工程师、计算机工程师、教育工作者、网络平台维护人员、软件设计者以及从事各种服务工作的脑力劳动者。这些劳动者可以完全依赖自己的知识从事劳动，他们服务的对象通过全球信息网络可以覆盖到世界各个国家和地区。信息化、智能化的劳动条件出现，标志着劳动形式发生了颠覆性变化。尽管资本对劳动者仍然具有一定的约束力，但是，相对于工业时代，信息时代劳动者地位毫无疑问得到了巨大的解放，这一点已经为信息化的世界各国实践所确证。

　　最后，信息社会来临，劳动产品的分配方式发生显著变化。概括地讲，就是从单纯的按资本、按劳动分配向按生产力要素在劳动过程中的贡献分配变化。劳动要素、知识要素、信息要素、管理服务等要素都参与劳动成果的分配。信息社会来临，劳动的形式和劳动内涵不断走向智能化和知识化。劳动者的活劳动不仅包含生产劳动产品的基础性体力劳动，还主要包含了大量的延展性的脑力劳动、服务性劳动以及管理、协调、运输、维护、监督、监测等知识性和信息化的劳动。实践表明，网络化条件下的经济活动，网络平台的维护、设计、研发以及依托网络平台形成的物流配送等电子商务活动提供的服务性劳动都对劳动产品的价值实现过程（从劳动产品到消费者完成消费的全部过程）都具有贡献。① 因此，所有参与劳动产品价值创造的主体都应当具有获得劳动收益的权利。

信息社会，大量的劳动不仅是从事物质形态的制造物化的劳动产品的劳动，而是进行服务、协调、管理、监督、研究和咨询等信息化的劳动。正如世界上最大的酒店爱彼迎（Airbnb）没有一个房间、世界上最大的出租车公司优步（Uber）没有一辆出租车、世界上最大的大学可汗学院（Khan Academy）没有一间教室，但是，他们员工的劳动却是实实在在的创造性劳动。他们的劳动工具和劳动资料主要是计算机和互联网、信息资源以及储存在劳动者头脑中的知识等。随着整个社会生产的日益知识化和智能化，"造信息"将远比"造物品"更加具有权重意义，而"造信息"所需要的生产资料归根结底都源于信息和知识。信息和知识是无穷无尽、永不枯竭的非物质形态的资源，而且不会随着消费者的使用而丧失使用价值。恰恰相反，信息和知识越共享越能够产生更大的价值。因此，传统的物化的生产资料所有制对劳动产品分配的决定性地位和意义，就在一定程度上受到技术的消解。与之相辅相成的是，随着信息资源的重要性日益凸显，信息、知识、专利、品牌、技术发明等非物质形态的生产资料所有者参与劳动分配的权重自然就应当提高。

本书认为，所谓信息、知识和技术专利等非物质形态的生产要素按贡献参与分配，本质是生产信息、知识和从事复杂性劳动的劳动者参与分配的过程，这不是对劳动价值论的否定，而是在新的时代条件下人们对劳动价值论认识不断深化的结果。"信息价值论"与"劳动价值论"并不存在矛盾关系。"信息价值论"可以看作"劳动价值论"的丰富和发展。随着整个社会劳动形式和内涵的变化，劳动产品的分配方式当然也应该发生变化。信息社会的发展，人的活劳动呈现出日益信息化、知识化、智慧化、复杂化态势。劳动不仅体现在体力的耗费，更多的是人的脑力的耗费；不仅体现在单个劳动者的劳动支出，更多地体现在复杂分工基础上的社会协作过程。劳动的内涵与外延的变化，要求人们深化认识数据、信息、知识、商誉、品牌等非物质生产要素生产的重要意义，从而适应信息时代的发展变化。科学对社会的革命意义和作用，正是通过变革劳动方式进而变革整个社会的物质生产、政治生产和精神生产方式实现的。

---

① 赵培兴：《电商的劳动创造价值》，《人民日报》2016 年 2 月 1 日第 7 版。

二　信息社会的基本矛盾

唯物史观认为，生产力与生产关系、经济基础与上层建筑的矛盾是人类社会的基本矛盾。信息社会作为人类社会发展的一种新的技术社会形态，从根本上讲，其仍然遵循着唯物史观所揭示的规律。但是，在具体内涵上，信息社会的基本矛盾具有其特有的表现形式。

（一）先进的信息生产力与落后的社会生产关系矛盾

人类历史就是一部人们进行生产劳动、进行物质交往和精神交往的现实的活动过程。人们为了生存，就首先要解决吃、穿、住、行等基本的物质需要问题，就要依赖自然界获取物质生存资料。在进行物质资料的生产劳动过程中，人与自然的交往形成的生产力，人与人的交往形成生产关系。如前文所述，信息社会，由于信息技术的发展并全面向社会物质生产领域渗透，形成了一种新质态的先进生产力——信息生产力。信息生产力中，计算机、智能化、自动化机器、互联网等成为主要的生产工具。劳动资料除了物质资源、能量资源这些基础性资源外，主要是信息、知识等非物质资源。劳动对象主要是数字化、信息化、知识化的非物质商品等。信息社会一个突出特点是，生产力不再是由个别的生产力要素产生的生产力，而主要依赖社会协作产生更强大的生产力。信息技术的发展不仅改变了传统生产力结构，还引起了社会分工的巨大变化。在信息化社会，生产和消费的界限模糊了。个性化、柔性化定制经济以及数字经济的发展，创造了更加复杂的社会分工、就业体系。一个在高校学习的大学生，上午在学习，下午就可能在自己的网店里做老板，周一他在做网络课堂的家教辅导老师，周二他自己可能是慕课（MOOC）课堂的一名学生，周末他可能还是兼职网络写手或网络游戏陪练的玩家。概言之，信息社会，劳动分工更加复杂化和多元化。网络创造了万千种可能的产业形态和就业形式，也创造了万千种独立自由的劳动岗位。信息、信息资源、知识、数据的大规模快速流动和分享，把社会生产力提高到了空前的水平。

信息技术的发展历史表明，随着信息技术对整个社会物质资料生产和生活方式的塑造能力不断增强，信息社会正在形成零经济成本的信息生态。未来的计算机成本将会持续降低，直至零成本，而网络将呈指数级发展。随着计算机成本持续降低，网络用户数量也会持续增长直到绝大多数人都能够用到网络，而网络的价值随着用户的增长，也越发持续彰显，这正好与梅特卡夫定律揭示的网络的价值同网络用户数量的平方呈正比规律高度契合。① 信息社会的发展，创造了一个与传统的、旧的经济时代"物以稀为贵"原则迥异的新原则，就是"信息越共享，网络用户越多，创造的价值就越大"。信息技术塑造的价值形成生态表明，信息生产力核心是社会协作力。真正的"无人工厂"是不存在的，人的社会化活劳动始终是价值形成的唯一源泉。

但是，作为一种技术社会形态，信息社会建构的逻辑不仅取决于信息技术发展的本身单一的因素，科学技术的发展及其对社会的影响，还受到社会生产关系中人的选择的影响。正如原子能技术可以制造核电站造福人类，也可以用于制造原子弹毁灭人类一样。网络可以用来增进全社会的福祉，也会被人用于进行信息剥削、网络战和信息战。信息社会创造的先进信息生产力在现实中还遇到许多建构在传统时代的、工业社会的社会生产关系的影响和阻碍，使得其发展具有不确定性和不可控性。

最突出的矛盾就是信息资本的资本主义应用对信息生产力的束缚。资本主义生产资料私有制作为资本主义生产关系的基础，决定了资本主义社会的信息技术、信息产业、信息活动不可避免地受资本逻辑的制约。资本的逐利性及其为生产剩余价值的使命，决定了信息技术在资本主义社会最终只能沦为资本逐利的工具，加剧资本对劳动的剥削程度，发达的信息生产力不属于劳动人民。在资本主义生产方式条件下，信息资源、信息产业和信息技术往往分别被一个或几个垄断资本家控制，导致"信息高速公路上布满路障"，长期无法克服信息宽带计划实施过程中存在的网络分割、经营分散等困难。② 在国际上，信息资本家和信息技术高科技垄断集团，为维护资本的利益，尽可能维持其在技术、专利市场中的垄断地位，总是千方百计地通过建立在工业时代基础上的既有的不公正、不科学的国际政治经济体制，出台越来越多、越来越苛刻的专利保护、知识产权保护制度，甚至在全球信息化、经济全球化的背景下，进行信息和互联网等高新技术跨国垄断和组织垄断同盟，以此榨取广大发展中国家劳动人民。

由于在资本主义生产方式下信息生产力始终无法由最广大的劳动人民

① 党跃武、谭详金主编：《信息管理导论》，高等教育出版社 2006 年版，第 65—66 页。
② 杨培芳：《挽在一起的手：协同互利新经济哲学》，人民邮电出版社 2016 年版，第 15 页。

占有，就导致信息技术异化现象产生。[①] 一方面智能机器和"无人工厂"形成了极致生产力；另一方面，人民群众的购买力始终无法跟上资本的剥削率，最终的结局就是资本主义爆发周期性经济危机和社会危机，资本主义信息社会发展也受到影响。信息技术发端于美国等资本主义国家，全球信息社会发展总体上还处在资本主义主导的情势之中，这个现实决定了信息社会的基本矛盾是先进的信息生产力与落后的生产关系的矛盾。

在现实的社会主义条件下，信息生产力发展也同样面临这个矛盾。主要原因是社会主义国家的信息化属于后发层次，其起点是与工业化同步发展。以中国为例，中国社会主义还处在并且将长期处在初级阶段，基本经济制度是生产资料公有制为主，多种所有制并存的经济制度。与之相适应，社会主义初级阶段，实行按劳分配为主，多种分配方式并存的分配制度。这样生产关系条件下，允许多种所有制经济体参与发展信息技术、信息产业，一方面有利于调动所有创新主体投入到信息技术发展和信息产业创新当中；另一方面，市场经济运行规律必然要求尊重信息网络企业市场主体地位的独立性和信息使用效益的独占性。因此，在中国发展信息产业、建设信息社会的实践中，大量的"信息孤岛""数据烟囱"甚至出现"信息剥削""信息腐败""信息鸿沟"现象。最终的结局就是导致信息生产力发展受到消极影响。要进一步解放和发展信息生产力，必须依赖中央政府顶层设计信息化发展战略，打破利益固化和条块分割的市场自发格局，在全社会倡导创新、协调、绿色、开放、共享这些适应信息时代的新发展理念。尽管社会主义国家在社会生产的目的上具有共同的利益，但是，各具体的生产主体各自还存在具体的不同利益和利益诉求。在建设信息社会进程中，在全社会消除信息孤岛、信息鸿沟现象，将是一个长期的历史过程。

此外，由于信息基础设施建设、信息资源分配和占有存在事实上的不平衡问题，在全球信息化进程中仍然长期存在信息社会发达国家与信息社会落后国家之间的信息鸿沟问题，在一个国家内部也长期存在城乡信息鸿沟问题，在国际信息经济、信息产品贸易中长期存在信息垄断和信息剥削现象等问题。[②] 这些现象就其实质而言，是落后的生产关系与先进的生产

---

① 孙伟平：《信息时代人的新异化》，《哲学研究》2010 年第 7 期。

② 刘震、曹泽熙：《信息生产中工人阶级的形成和发展》，《马克思主义与现实》2015 年第 4 期。

力之间矛盾的表现。

（二）工业时代的上层建筑与后工业时代的经济基础的矛盾

唯物史观视阈，由社会一定发展阶段的生产力所决定的生产关系的总和构成了一个社会的经济基础。在经济基础之上形成了社会的上层建筑形态。如前文所述，信息技术的发展对生产力系统已经产生了巨大影响。这种影响反映到生产关系上，突出的表现就是原先工业时代的简单的社会生产关系变得复杂化了。托马斯·弗里德曼在《世界是平的——21 世纪简史》中提出，2000 年后全球进入了一个全新的时代，信息革命对全球范围的塑造产生了一个重要的转变：由少数西方国家、大型跨国公司主导的全球化时代将会逐步被更加多元化的主体取代，而且个人在全球化的主体地位将越来越凸显。基于信息技术的普遍应用，使得全球化人人都能够参与。[①] 质言之，信息社会的来临，人的社会化、经济全球化程度空前地提高了。信息社会是一个复杂性的社会。在复杂的信息社会，社会的生产关系、分配关系以及表现上述关系的社会就业结构、权力结构都必然趋于复杂化。从文明的角度而言，复杂性社会，其实就是人的异质性、个性化选择比传统的、既往的时代更多的社会。"并非科技越发达，文明就越进步；也不是 GDP 越高，文明程度就越高；不是人们越有钱，就越文明……更不是一个国家越有霸权，越可以具有终结文明的单边权力，如果这些进展带来的是人的选择较之前更为减少，文化多样性更加减少，就不能视为高级的进步。"[②] 由于信息资本、信息资源的独特性质，其渗透到生产系统中，不仅把长期存在的金字塔式的社会生产结构、分配结构、权力结构改变了，还重塑社会的道德、观念和法律，为信息生产力的发展开辟道路。但是，就整个信息社会发展的现状来看，全社会在认识信息、信息资源、信息活动的重要地位和重要意义上，还远未达到应有的水平。

迈向 21 世纪的人类社会，信息技术、信息经济的发展已经极大地改变了经济社会发展面貌，人类已经进入到信息社会快速发展阶段；另外，在政治上层建筑和观念上层建筑方面，还大量残留着与信息社会不相适应的社会制度、设施以及思想、法律体系。进入信息社会，智慧生产、智慧工厂、定制经济、共享经济、智慧城市蓬勃发展，无人驾驶汽车、大规模

---

① ［美］托马斯·弗里德曼：《世界是平的——21 世纪简史》，何帆、肖莹莹、郝正非译，湖南科学技术出版社 2016 年版，第 13 页。

② 姜奇平：《新文明论概略》（上），商务印书馆 2012 年版，第 11 页。

在线教育、智能机器人等信息革命引起的惊人变化正创造着极致生产力。问题是，人类为此做好了心理的、制度的准备吗？

"随着经济基础的变更，全部庞大的上层建筑也或慢或快地发生变革……"① 上层建筑又分为政治上层建筑和观念上层建筑。政治上层建筑的核心是国家。按照唯物史观，国家是一个历史现象，在阶级社会，国家作为阶级矛盾不可调和的产物，必然随着社会生产力的发展、阶级的消亡而自行消亡。从文明史视角分析，现代国家是建构在工业文明基础上的政治概念。国家的消亡是一个漫长的历史过程，社会主义国家的建立开启了这一历史进程。作为信息时代的政治上层建筑核心的国家内涵也面临着由工业社会向信息社会变迁的问题。目前全球信息社会对网络空间是属于国家主权范围还是国际公共疆域还未达成共识。在传统文明视角，国家应有明确的疆域、明确的人口、明确的行政权力边界。而信息社会，互联网时代，信息活动是去中心的、扁平的和非同质性的行为。理论而言，信息空间是一个无边无界的空间。在信息空间活动的人，理论上是一个自主、自由的、复归人本质的一个人。因此，就国家这一政治上层建筑的核心组织而言，如果要承认网络空间的存在，要最大化地参与分享网络空间经济、政治、文化、社会效益，就必须承认网络空间是国家没有边界的疆域。换句话说，如果我们承认信息自由是文明的至高价值理念，那么作为国家，就必须在坚持网络主权的同时，还必须让渡一部分网络主权，至少应该建立一个开放的网络空间战略，以适应全球信息社会的发展。

观念上层建筑，是指政治、法律、思想、道德、艺术、宗教、哲学等意识形态。信息社会影响信息生产力发展的观念上层建筑不仅体现在现行的社会政治、法律思想大部分都还是工业时代的产物或者残存着传统工业社会的痕迹，更深层次地还表现在人们的观念、道德、哲学等还停留在工业文明时代的水平上。在社会信息化进程中，人的网络化、信息化生存方式不断发展，人们遭遇的通常不是技术带来的烦恼，更突出的是规约信息社会新的社会生产生活方式的公共法律、道德准则的缺失和不足。"信息生产力本来提供了消除马太效应的手段和机会，互联网的开放、普惠精神可以为普通群众提供创业机会和话语权，大大降低人们参与经济活动和社会活动的门槛，造就释放蕴藏在群众之中的巨大能量的机遇。然而，传统

---

① 《马克思恩格斯文集》第 2 卷，人民出版社 2009 年版，第 597 页。

体制对此还没有做好准备，仍然坚守增高门槛、集中式的工业时代的管理方法和行业格局，使许多政策只有利于强者，不利于草根和广大群众创造性的发挥。"① 以学术科研成果的认定为例，尽管网络化的学习和阅读模式已经普遍兴起，但在学术创造和学术成果认定上，许多人、许多部门仍然只承认或只重视传统纸质媒体的物化形态的科研成果，对于在网络媒体上呈现的科研成果普遍不够重视或干脆不予承认。而就一项科研成果的传播效果而言，显然网络数字化成果传播的实效远远大于传统纸质媒介。

信息社会的发展，网络化学习、电子商务、互联网金融、网络专车、共享经济、人工智能应用等日益成为人们日常生活的常态。但是，就全球范围看，信息社会最稀缺的、最需要解决的问题不是技术，而是信用和合作协同的观念。全球信息社会的对网络空间的治理还没有形成广泛的道德伦理、法律法规共识。各个国家之间、一个国家内部相关信息经济、信息社会的法律法规还远不能满足信息社会发展的需要。正如汽车的使用需要交通法规和交通意识一样，没有规则和法律的制约，汽车文明就将失去其文明的一面。信息、网络技术的应用，同样也离不开人的合理的价值选择。

更突出的问题还在于，现代信息技术起源于资本主义生产方式条件下，资本力量一开始就裹挟了信息网络技术。计算机、互联网等信息技术的发展从源头上就扮演着助力资本剥削劳动、榨取剩余价值、输出资本主义价值观工具的角色。在资本主义条件下，信息技术天然就具有异化的风险。信息生产力原本可以创造更加弹性的工作条件，为人们创造了更加充裕的闲暇时间。但是，在工业文明的传统制度和观念里，八小时工作制、永无止境的物质消费欲望以及对经济社会发展物化的衡量标准，使人们更加没有自由的闲暇时间，以致需要国家立法来为社会公众确立断网权利（right to disconnect）。② 信息过载、信息爆炸、信息犯罪、信息战争、信息恐怖、信息贫富分化正伴随着信息社会实践而表现出来，这些不仅是信息社会的"逆文明"现象，更是传统工业时代人类未曾遭遇的新烦恼。

---

① 杨培芳：《挽在一起的手：协同互利新经济哲学》，人民邮电出版社 2016 年版，第 13 页。

② 卢阳旭：《互联网时代我们是否需要"断网权"？》，《科技日报》2017 年 3 月 8 日第 2 版；另据联合早报网披露，自 2017 年 1 月 1 日起，法国政府实施新法，保障法国员工下班后有"断网权"。

消除这些烦恼，显然需要依赖人的信息实践活动深入发展，这是一个长期的历史过程。

三　信息社会马克思主义的革命观

社会革命是唯物史观的重要部分。广义上，社会革命不仅包含政治革命，还包含经济、文化、科技等社会各个领域的革命。1848 年《共产党宣言》庄严宣告："共产党人不屑于隐瞒自己的观点和意图，他们公开宣布：他们的目的只有用暴力推翻全部现存的社会制度才能达到。"[①] 马克思 1871 年曾告诫，"在和平的宣传鼓动能更快更可靠地达到这一目的地方，举行起义就是发疯"[②]。恩格斯晚年又进一步阐明，无产阶级采取什么样的斗争策略，应该根据各国具体条件来决定。经典马克思主义社会革命观就是在坚持暴力革命推翻反动统治阶级的前提下，不反对在合适的条件下开展和平的斗争。但是，长期以来，受传统革命观和大工业时代"革命与战争"时代主题的影响，人们极容易将经典马克思主义社会革命，简单地理解为被统治阶级以暴力方式推翻统治阶级的社会政治革命。随着信息社会来临，"告别革命"一度成为时髦的热词。全球信息社会的和平合作分享表象，进一步让"革命"去魅化，并由此淡化了人们的革命意识、弱化了革命精神认同。信息社会塑造了"地球村"，仿佛人类社会步入了一个不再需要革命的时代。而实际情况并非如此。

（一）信息时代马克思主义社会革命发生的条件仍然存在

考察苏联解体、东欧剧变以及后来发生的中亚、北非等国家政权变革运动的历程，可以得出以下结论：搞乱一个国家或一个政党，无不是从搞乱其思想开始的；互联网在制造负面舆论、放大执政当局的执政失误和不足方面具有发酵剂、助推器作用；一个仅仅有经济发展的国家或执政党，并不意味着能够当然保持政治稳定和自然而然地获得意识形态工作的主导权；信息时代，既要倡导人类命运共同体意识，又要深刻认识马克思主义阶级斗争学说的科学性。阶级分析方法仍然是我们认识信息时代复杂政治局势和国际斗争态势的锐利武器。

严格意义上讲，苏联解体、东欧剧变和后来的所谓"颜色革命"，都

① 《马克思恩格斯文集》第 2 卷，人民出版社 2009 年版，第 6 页。

② 《马克思恩格斯文集》第 3 卷，人民出版社 2009 年版，第 611 页。

没有出现大规模的武装军事冲突。这既反映了信息网络化时代，经典马克思主义"社会革命"内涵的嬗变，又体现了国家权力变更有新的手段和途径。即，通过垄断信息和操弄舆论工具，可以实现掌握政治权力的目的。信息时代，"那些控制信息流的人和政治势力，就有可能培养和改变整个民族和大陆的世界观和自我意识"①。无论从传播的深度和广度，互联网为人类精神的传播提供了一个全新的平台。当时间步入互联网时代，一切似乎都变了。爱党、爱国、爱集体、爱社会主义的人和事好像并不够吸引广大网民注意了；从前勤劳、诚实、助人、节俭、公私分明等许多美好品德在一些人眼里似乎不再能值得珍视和赞誉了。"标题党"在日复一日地污染着互联网信息场，互联网从业者日甚一日地滑向低俗、一味迎合一些群众所谓的"需要"去了。从一定程度上讲，当今网络空间愈演愈烈的意识形态斗争，本质上就是资产阶级与无产阶级、资本主义与社会主义两个阶级、两种意识形态斗争的表现。

全球信息社会没有改变经典马克思主义关于阶级社会、关于阶级矛盾、关于国家的本质、关于无产阶级革命和无产阶级解放道路的基本论断。"互联网+"的狂飙发展一方面将世界整合在一个相互联系、相互依赖、相互合作的"地球村"；另一方面，"互联网+"在技术层面和治理层面仍然是不公平、不合理的状况。网络空间信息看似"自由"流动，本质却是"不自由的"，因为每一个人、每一个国家、每一个政治势力掌握的信息资源是不均等的，在网络空间的话语权显然也是不平等的。信息垄断和信息剥削依然是信息社会的常态，这和工业时代相比没有本质区别，变化的只是信息的垄断和信息（知识）的剥削更隐蔽、更残酷、更广泛了。严格意义上讲，包括中国在内，世界上多数国家还不能实现互联网主权独立。② 在这种情势下，西方鼓噪的"网络自由""网络无国界"本质上都是为实现和维护其霸权主义的，是为利用互联网输出资本主义价值观，推行西方民主、自由、人权观而蓄意制造的欺世谎言。

对西方内部的信息社会治理行径深入分析表明，在信息治理的问题上，西方所谓"自由主义"是虚伪的。在国际互联网信息规制上，美国奉行赤裸裸的双重标准。一方面，他们以保障自由、民主、人权为口号，

---

① ［俄］根纳季·久加诺夫：《全球化与人类命运》，何宏江、邢艳琦等译，新华出版社2004年版，第21页。

② 张捷：《美国真的放弃了"互联网"管理权吗?》，《世界社会主义研究》2017年第4期。

要求别国实行网络自由，放松网络监管；另一方面，他们利用自身的技术优势，特别是利用对根服务器、根域名系统等信息网络资源的绝对垄断地位，对其他主权国家不断进行情报战、信息战、意识形态渗透，妄图达到不战而瓦解和削弱战略对手的目的。①事实是，西方在信息技术，特别是网络社会兴起的初始阶段，就已经将其作为输出其资本主义价值观、推行霸权主义和强权政治的工具。对内，西方统治阶级构筑了严密的信息监控措施；对外，有意操控世界舆论，通过主导国际信息社会治理话语权，从而维护资本主义的根本利益。为此，他们甚至不惜组建网络信息部队，发动信息战争。信息殖民主义、信息法西斯主义②的做派已经是世人皆知的秘密。

随着互联网国际化步伐加快，全球迅速迈入信息化进程，世界各国相继制定了自己的信息化发展战略。全球"信息高速公路"从构想迅速成为发展现实。这个时候，由谁制定管理这个"公路"的规则、以什么样的价值理念制定规则就成为全球性问题。围绕全球信息社会治理问题，国际社会展开了持续的博弈，发达国家、发展中国家、互联网技术社团组织等，各利益主体都站在各自角度提出主张。网络空间是"国际共域"还是国家主权管辖范围，至今仍未形成国际共识。第六十六届联合国大会上中国与俄罗斯等国提交的《信息安全国际标准》遭到西方国家抵制。③2012 年在迪拜召开的国际电信大会上，主要西方国家与多数发展中国家对《国际电信法》的修改提案的观点完全对立。发达国家与发展中国家，因为信息技术、信息社会发展的水平差异，对如何有效、科学治理信息社会存在分歧是显而易见的。

综上，信息社会只在技术形态上表征了社会的变迁。可以预见，在相当长的时期内，国家仍然是主要的国际行为主体。在阶级之间、国家之间，尤其是资本主义国家与社会主义国家、发达国家与发展中国家之间，

---

① 刘晗：《域名系统、网络主权和互联网治理：历史反思及其当代启示》，《中外法学》2016 年第 2 期。

② 俄罗斯制度创新中心专家认为，全球化过程中，信息成为信息世界，信息武器成为战略型武器。数字（信息）法西斯主义是地区稳定发展的威胁，并导致人类智力的消减。参见谭小军《沟通、交流、合作，共谋发展——"第四届中国、俄罗斯、中东欧国家发展战略论坛"综述》，《马克思主义研究》2017 年第 7 期。

③ 鲁传颖：《试析当前网络空间全球治理困境》，《现代国际关系》2013 年第 11 期。

仍然存在着相互矛盾斗争的一面。信息社会没有也不可能消除阶级对抗和国家的本质——阶级统治的工具——的根本属性。信息社会里发生的"革命"，虽是街头的政治运动、网络空间的舆论战，文化、观念和主义的纷争。但归根结底，革命始终是围绕"政权"展开的。信息社会貌似"人人都有麦克风"、人人都有言论和集会的自由。可是，信息资源是不均等的，大财阀和垄断集团通过控制互联网新传媒，操控一个国家的舆论，改变人们的政治观念和价值选择，甚至利用网络发动心理战和信息战。2017 年 11 月国际电信联盟发布的《衡量信息社会报告》表明，在当今世界，全球信息资源还主要控制在少数发达国家手中，全球信息社会发展极不平衡，全球数字鸿沟巨大，短时间内不会得到根本改善。即使在一个国家，信息资源仍然是不均衡分布的，相比广大的农民和工人阶级而言，知识精英阶层和官僚阶层仍然掌握着一个国家的主要信息资源。弥合信息富有者与信息贫困者、信息社会发达地区与信息社会落后地区客观存在的"信息鸿沟"需要经过相当长的历史才可能实现。

（二）信息时代马克思主义社会革命的新形态

计算机和互联网技术发展的历史表明，信息网络技术普及应用及其国际化的过程，正是第二次世界大战结束后，世界两极格局形成、发展直至瓦解的过程。但是，随着互联网不断深度国际化，西方主导全球舆论话语权的状况，不仅没有随着苏联解体、东欧剧变、两极格局瓦解而改变。相反，苏联解体、东欧剧变，客观上进一步强化了资本主义价值观的"存在感"和"普适性"。互联网成为帝国主义国家妖魔化马克思主义理论、社会主义国家执政党和侵蚀工人阶级阶级意识的战略工具。基于计算机和互联网技术的先发优势和信息资源垄断地位，互联网在助推信息时代"社会革命"中日益显露出不可替代的战略工具作用。

信息时代，既是"和平与发展"的时代，又是"两制共存"的时代；既是"信息网络化"时代，又是"经济全球化"迅猛发展的时代。经济发展、社会进步、世界和平是世界各国和人民的共同愿望。信息革命既为全球化提供了技术基础，交往更加便利，经济联系更加广泛，合作更加深入，为"地球村""网络命运共同体"创造了物质基础，又为资本主义输出他们所谓的"民主""自由""人权""平等"价值观创造了天然机会。

随着信息资源对社会生产和国家竞争力的影响日益凸显，信息社会不可避免地存在着信息垄断者与信息贫困者的对立。这种对立是在工业社会资本与劳动对立基础上发展而来的新的对立形式，是信息社会阶级矛盾新的表现形式。信息社会是变得更加和谐、普惠还是变得更加异化、分化，这取决于当今信息社会世界各国人民与资本力量，尤其是对信息资本家阶级和信息（知识）垄断集团斗争的状况。现实是，资本主义主导的信息社会和信息革命，使我们这个社会的知识（信息）剥削更加残酷、更加隐蔽了。通过全球市场，美、日等信息社会发达的国家正在利用信息技术专利制度和苛刻的知识（专利）产权保护制度获取超额垄断利润。[①] 超级垄断集团可以在超额利润中为工人阶级提供少许的福利，整个西方资本主义阵营的工人阶级的革命意识，并没有随着金融危机的爆发和资本主义深层次矛盾的暴露而实现预期的提高。

进入 21 世纪，一些西方国家反而以"人道""人权""民主""反恐"名义，不断干涉别国内政，甚至直接发动侵略战争，推翻那些不符合西方价值观和资本主义利益的政权。"如今，西方国家更多地采用网络渗透、文化入侵的方式腐蚀工人阶级的思想，因此，引导工人阶级意识到帝国主义侵略的严重性和反对帝国主义斗争的紧迫性至关重要。"[②] 这预示着，信息时代，资产阶级"反革命"的形态正发生着内容和形式的改变。与此对应的是，马克思主义社会革命形态面临着如何改变内容和形式的课题。

信息社会，从本质上讲，毛泽东的"革命不是请客吃饭，不是做文章，不是绘画绣花，不能那样雅致，那样从容不迫，文质彬彬，那样温良恭俭让。革命是暴动，是一个阶级推翻另一个阶级的暴烈的行动"[③] 的革命观并没有过时。但是，在革命的形式和手段上，国际互联网为"革命"创造的条件，恰恰是"做文章"的、"雅致"的、"从容不迫"的和"温良恭俭让"的。在诺贝尔和平奖委员会那里，俄罗斯和中国的持不同政见者可以获得诺贝尔和平奖，扣动推翻别国选合法政府战争扳机的人可以获得诺贝尔和平奖。通过垄断国际大型网络传媒，资本主义的"正义""和平""自由""民主"价值观得以灌输到世界各个

---

① 参见《是该修正专利制度了》，听桥译，《参考消息》2015 年 8 月 11 日第 12 版；原标题为：Time to fix patents，转自英国《经济学人》2015 年 8 月 8 日。

② 王喜满、张晓曼、苏莉佳：《国外共产党论 2008 年经济危机以来的帝国主义》，《世界社会主义研究》2017 年第 5 期。

③ 《毛泽东选集》第 1 卷，人民出版社 1991 年版，第 17 页。

角落。对一些不明就里的草根网民和普罗大众而言，无孔不入的电视广告和网络视频节目传递的是"消费至上""享乐至上"，"物质主义"膨胀到了无以复加的地步。让人们"告别革命"正成为"反革命"的伎俩。这样的舆论生态里，"文明冲突论""马克思主义已死论""共产主义过时论""历史终结论""共产主义虚无缥缈论"甚嚣尘上。在时机成熟的时候，"革命"就演变为"街头政治"运动，推特、脸书、微信、微博就释放出堪比国家主流媒体强大的宣传功效。网络意见领袖的动员和号召能力短时间内可超过军队统帅和政府首脑。所有这一切，"革命"的力量可以使用，"反革命"的势力也知道运用。一切都是静悄悄的、文质彬彬的、富有文化气息的。

但是，这样的革命结局仍然是"执政党解散""现政府更替"。从前，需要经过暴力方式长期斗争才可以实现的革命目标，仿佛一夜间即可以唾手可得。问题是，那些原先支持"革命"的普通人，得到了原先想要的"自由""民主""人权"了吗？如今，列宁、斯大林的历史功勋又重新被俄罗斯人民追忆起来。不管是草根民众、还是工厂的工人和田地里的农民，"革命"留给他们除了国家的动乱和社会的倒退，他们什么都没有得到，人民受到了欺骗。据最新解密苏联档案，关于斯大林污名化的言论彻头彻尾就是敌对势力捏造的谎言。连苏联时期被人誉为"永远的持不同政见者"的索尔仁尼琴近年也发表忏悔的言论。[1]俄、美等国历史学者经过认真研究，通过确凿的证据证明，关于列宁等布尔什维克领袖曾被德国黄金收买的所谓文件是别有用心的人伪造的。[2]

信息时代，科学辨识信息舆论的真实状况，防止信息技术异化为资本代言工具，认清"社会革命"口号中到底谁对资本有利，谁对万千普通人民大众和国家社会根本利益有利，是每一个"信息人"都应努力具备的素养。对所有标榜"革命"的政治力量和势力不仅要听其言，还有观其行。重要的是，他们能否以实际行动从根本上为人民大众、国家和社会创造福祉和促进文明进步。

---

[1] 李慎明：《苏联亡党亡国 20 年祭：俄罗斯人在诉说》，社会科学文献出版社 2013 年版，第 155—156 页。

[2] 吴恩远：《列宁是"德国奸细"的文件是伪造的》，《世界社会主义研究》（论点摘编）2017 年第 6 期。

（三） 阶级分析法仍然是认识信息社会的科学方法

关于阶级、阶级斗争以及"阶级斗争必然导致无产阶级专政"① 的观点是唯物史观核心内容之一。作为一种技术社会形态，信息技术全面塑造了信息社会的物质生产、政治生产和精神生产方式，不可避免地将引发阶级关系、阶级矛盾具体内涵和形式的变化。但是，必须明确的是，物联网、人工智能等信息技术形塑的人类社会，就其质的规定性而言，"它和历史上有过的新科技带来的生活方式和生产方式大变革相似，并不会改变现代社会的基本结构"②。从工业社会迈入信息社会以来，人类社会所面临的发展问题、和平问题、安全问题、治理问题、气候环境等问题，归根结底仍然是社会基本矛盾的反映，是发达国家与发展中国家、资本主义国家与社会主义国家、统治阶级与被统治阶级矛盾的反映。只要信息社会仍然存在资本对劳动的剥削、存在着资产阶级对无产阶级的剥削和压迫，阶级斗争就仍然是社会基本矛盾在阶级社会中的表现，阶级斗争就仍然是推动社会革命的直接表现和直接动力。

经典马克思主义从人与物质世界的辩证关系中把握人类社会发展规律。信息社会的发展，信息实践在人类社会发展中的权重意义不断增强，人与信息之间的逻辑关系，由信息方式规定的只有两种形式：信息垄断和信息共享。从理论上分析，原始人类社会既是生产资料公有制社会同时也是一个信息共享的社会。生产力的发展，生产资料私有制出现以后，信息垄断也随之产生。"只要在资本运作的信息占有权与支配权方面的不对等现象不被消除，阶级的差异就无法消除。"③ 信息技术的资本主义应用，把信息占有权与支配权的不对等局面发展到登峰造极的地步。由此，在阶级形态上就产生了两大对立的阶级：信息富有阶级和信息贫困阶级。全球信息社会的发展，信息鸿沟、信息帝国主义、信息法西斯主义以及由此衍生的形形色色的信息战、意识形态战、话语权战、专利战、贸易战、金融战等，从根本上讲，都是信息资源垄断阶级与信息贫困阶级的斗争。

"社会分裂为剥削阶级和被剥削阶级、统治阶级和被统治阶级，是以

---

① 《马克思恩格斯文集》第 10 卷，人民出版社 2009 年版，第 106 页。

② 金观涛：《反思"人工智能革命"》，《文化纵横》2017 年第 4 期。

③ 徐英瑾：《在逆全球化语境中重解"阶级"概念———一种基于信息化隐喻的解读》，《探索与争鸣》2017 年第 4 期。

前生产不大发展的必然结果。……只要劳动还占去社会大多数成员全部或几乎全部时间，这个社会就必然划分为阶级。"① 尽管信息技术对劳动过程的渗透，大大减少了人的直接的活劳动时间，改善了劳动的形态和方式，甚至造就了日益庞大的"自由劳动者"，但是，信息化、智能化的劳动只是延展了人的劳动机能。科技带来的劳动形式和劳动方式的变革不能改变资本主义私有制条件下的劳动雇佣关系的实质。从全球信息社会发展的现状来看，在相当长的时期内，信息社会仍然存在阶级和阶级之间的对立。

工业社会劳动产品表现为价值守恒性，由此决定工业时代阶级与阶级关系的斗争性和矛盾性更为突出。马克思、恩格斯也强调自己理论的阶级斗争"武器"性质和"武器"作用。信息社会是复杂的、矩阵式的分布结构社会，社会权力体系表现去中心、扁平化发展冲动。信息时代，信息化劳动产品表现出价值不守恒性，劳动资料、劳动过程和劳动产品无论是技术上还是政治的、社会的和文化的角度，更突出地表现为合作、协同、互利共享的一面，从而信息时代社会的阶级、阶级斗争更趋向于妥协和调和的关系。

但是，问题的实质在于：建构在"信息方式"上的信息社会并不能直接实现社会的普惠、协调发展。在相当长的时期内，信息社会仍然存在资本对劳动的雇佣关系、存在着信息鸿沟的发展格局、存在着信息技术异化风险、存在着由于分工造成的新的劳动异化和人的异化严峻现实。在相当长的时期内，国家仍然是国际行为主体，信息社会阶级矛盾和阶级斗争的实质仍然存在，只是在新的历史条件下具有新的表现形式。信息时代，阶级斗争的主要方面和常态化形式是以"信息方式"，即，以文化的、价值观的、意识形态的和思想舆论斗争的形式表现出来。在迎接信息文明浪潮过程中，树立开放、合作、协同、共享观念的同时，阶级分析方法仍然是认识信息社会的科学方法。

四　全球范围的信息社会化运动

信息社会化运动，是伴随着全球社会信息化进程而形成的一种信息（资源）社会公共化的现象和发展趋势。随着信息社会不断深度发展，

---

① 《马克思恩格斯文集》第 9 卷，人民出版社 2009 年版，第 298 页。

人们日益需要更多的可便利查阅、无偿利用的软件、信息、数据等各类信息资源，越来越需要实现信息资源的全社会共享。为适应这个需要，从信息社会开始形成的时候，一场促进信息（资源）社会化的运动就拉开了帷幕。信息社会化过程实质是信息资源由独占性资源演变为社会公共资源的过程。社会信息化与信息社会化是信息文明的社会之维的两个侧面，这两个侧面相互作用、相互促进，共同确证了信息文明的社会实践。

事实上，在信息资本主义欣欣向荣、繁荣发展的同时，严肃和理性的社会学者、信息工作者已经开始了信息社会主义的理论和实践活动。在信息资本主义发达的美国，先后出现的"自由软件运动""礼品经济""赛博共产主义""网络共和国""互联网共产主义"等具有社会主义价值意蕴的信息化理论和实践活动。20世纪末以来，伴随着互联网在人类社会的大规模普及应用，知情权、信息获取权利逐步成为一项受到社会广泛重视的新公民权利。全球范围的信息公开浪潮，不仅提升了普通人的政治参与度和社会透明度，还促进了政治体制自发性改革。社会权力主体（政府）秉持由管理变为服务，由统治变为善治的存在价值理念，成为信息文明发展一个重要成果。进入21世纪，随着互联网、大数据、人工智能技术的迅猛发展和普及应用，数据资源在经济社会发展中的战略性地位日趋凸显。全球范围的数据开放运动不断深入发展，不仅有力地推动了信息社会的发展，还展现了信息技术发展倒逼社会管理改革、政治体制及权力结构再造效应。

（一）自由软件运动

自由软件运动，是以反对所有形式的软件私有专利制度的社会思潮和运动。1984年由美国软件专业人员理查德·斯托尔曼倡议发起。自由与开源软件运动主要是针对美国微软和英特尔公司强大的市场垄断地位自发而起的反抗。应该明确的是，这里的"自由"代表"自由"而不是"免费"（英语里"自由的"和"免费的"都可以用"free"这个词）。这种思想是要创造稳定、灵活的、成本相对不高的软件。斯托尔曼发起的倡议得到了社会的积极响应，很多软件工作者加入了这一运动当中。1985年10月由斯托尔曼建立的一个致力于推广自由软件的美国民间非营利性组织——自由软件基金会（Free Software Foundation，FSF）开始投入运作。斯托尔曼及其支持者认为，非开源软件和专利权软件不利于人类自由，因为这样做会使人无法使用共有资源，而开放软件的源代码将能够提升社会利益。当人人都在用软件版权去挣钱时，斯图尔曼却在搞"自由软件"，并以"左版"（Copyleft）① 授权模式，允许所有用户拷贝、修改、出售软件，但所有改动后的源代码必须公开。斯图尔曼和他创建的自由软件基金会希望为社会提供更多的自由软件。自由软件挑战了既有的社会组织结构和合作的传统知识，它相对依赖于去中心化的、自愿合作的体系，在这个体系中权威只是很模糊或者说根本就不存在，而且，分工建立在个人自愿的基础上，任何人只做其想做的工作而不是被人指派给他的工作或者为了满足市场需求才去做。② 自由软件运动反映了"信息产品的社会化生产、信息共享和软件共享是社会化大生产的客观要求，这将对未来社会变革的走向产生深远的影响"③。在资本主义核心地带，自由软件运动彰显的理念和精神毫无疑问具有社会主义的价值意蕴，它既反映了信息资本主义里信息资本垄断的严峻社会危害客观存在，又暗含着信息社会主义含苞待放的前景。资本主义的自由软件运动逐渐发展出了"礼品经济（互联网互惠经济）"模式。

（二）礼品经济运动

礼品经济（gift economy），最早由英国威斯敏斯特大学的网络社会学家理查德·巴比鲁克 1999 年提出。他将网络中形成的非商品经济关系视作一种共产主义行为，即数字共产主义或赛博共产主义，也有人称为互联网共产主义。实际上，礼品经济是 20 世纪 20 年代人类学家们最初用来描述原始部落社会里人们相互赠送礼品的行为。因为原始社会里人们形成的是一种朴素的共产主义交往方式，彼此之间通过赠送"礼品"交换彼此所需，这种情形同早期的互联网服务非商业化运作极其相似。早期的互联网行为是由国家国防经费和科学基金资助的科学活动，科学家们在网络上

---

① 左版（copyleft）概念是针对右版（copyright）即传统版权提出来的。"左版"与"右版"是相互对立的一种商业模式。左版的中心思想是给予任何人运行、拷贝、修改以及发行改变后程序的许可，但不准许附加他们自己的限制，从而保障了每个人都有获得自由软件的软件拷贝自由。"左版"模式反对唯利是图，反对版权垄断获取暴利。"左版"模式体现了"自由软件"运动的非逐利性，其本质是不断扩大的共创共享与来自社会、回馈社会。参见陶文昭《信息时代资本主义的自由软件运动》，《马克思主义研究》2006 年第 2 期。

② 参见［英］安德鲁·查德威克《互联网政治学：国家、公民与传播技术》，任孟山译，华夏出版社 2010 年版，第 424 页。

③ 陶文昭：《信息时代资本主义的自由软件运动》，《马克思主义研究》2006 年第 2 期。

完全按照共享、免费、非商品化的模式提供信息服务和进行网络活动。后来随着互联网的使用人群逐渐扩大到社会公众，网络服务也渐渐商品化了。而作为一种网络社会习俗，网络中提供免费的软件下载、信息共享和信息服务却保留下来了。这种网络上的非商业化经济行为在资本主义左翼人士看来，就是一种信息资本主义社会内生的反资本主义因素。随着互联网商业形态的发展，网络企业通过网络平台为网民提供的免费信息分享、发布和交流的信息服务模式逐渐成为一种普遍的商业化模式，乃至对互联网商业化发展形成革命性变革，引起整个社会交往方式和信息流通方式发生剧烈的变化。

　　网络社会中这种"共产主义"经济根源于信息这种商品的特殊性。信息无论是作为这一种"资讯"或作为一种"技术""知识"通过互联网就能发挥它"黏合"人与人之间的社会关系的作用，并且这种信息"黏合剂"会随着信息消费过程重新产生新的价值，而不是像传统的商品，人们消费后即没有使用价值或使用价值减少。信息消费过程却在不断增加信息的价值。"网络的价值原则是，联结的网络越多，互联网就越有价值，就越有生命力。"[①] "一个人的知识加另一个人的知识，相互'送礼'——提供知识给对方共享，会产生网络效应，或者叫 $1+1>2$ 的效应。"[②]

　　数字共产主义得以形成和发展除了上述网络天然的共产主义"基因"外，还暗合了人的自身具备的"自我价值实现"的需要。即马斯洛的人的需求理论中刻画的人的一种最高需求——自我价值实现。今天的互联网空间不仅是社交的手段，更是人们展示自我、分享信息、奉献知识的平台。人们热衷于通过网络媒介传递自己知道的经验、知识和信息，更热衷于将自己所看所听的美文、美景、美食、美乐分享给别人。"维基百科"和"百度百科"正是信息社会协作的产物。很多网络企业正是利用了这种免费的信息"礼品"发掘了新的商业模式，创造了新的经济业态。大数据概念出来后，京东 CEO 刘强东提出"未来冰箱应该完全免费，而通过背后的数据和服务去赚钱"理念。[③] 这意味着"用户使用数据的价值已

---

①　陶文昭：《礼品经济与赛博共产主义》，《科学文化评论》2004 年第 5 期。

②　姜奇平：《缩小数字鸿沟的纲领性主张——社会资本·可持续发展·礼品经济》，《互联网周刊》2001 年第 4 期。

③　张楠：《未来冰箱为什么说应该完全免费》，新华网，2015 年 1 月 19 日。

经可以媲美家电硬件价值"——显然这正是基于一种"共产主义"行为而形成的新的经济关系。可以预见，未来，随着物联网技术的广泛应用以及大数据经济的发展，这种基于"互联网共产主义"的经济会成为信息社会里一种常态性经济模式。

礼品经济（网络共产主义经济）在网络社会学家看来是网络社会的一种经济行为。其实，马克思、恩格斯在《德意志意识形态》中就已经强调："共产主义对我们来说不是应当确立的状况，不是现实应当与之相适应的理想。我们所称为共产主义的是那种消灭现存状况的现实运动。这个运动的条件是由现有的前提产生的。"[①]这句话明白无误地说明：以往我们把共产主义作为远大理想的宣传模式是对马克思关于共产主义的误解。按照马克思的本意，共产主义不是理想，而是现实的运动，共产主义作为现实的运动其存在的前提条件是我们人类每天现实的生活实践、社会交往。换句话说，共产主义存在于人类的社会生活的全部历史过程和人们的每天的日常生活中，只是由于生产力水平和经济社会发展程度不同而具有不同的发展程度而已。所以有学者认为："共产主义存在于任意一种人类社会形态中，存在于一切人的共同体中。只要是人，只要是在人类社会里，共产主义的思想和行为就会存在。这是日常生活的条件决定的。无论男女、无论父子母女，人类最基本的关系是具有共产主义性质的关系的。"[②] 在信息时代，随着互联网经济的发展，这种共产主义因素会逐渐成为一种主要的社会存在方式，因为整个人类社会的发展如果不改变工业文明的理路的话，人类的可持续发展就会受到挑战，人类文明就会最终走向毁灭。当网络经济发展成为物联网经济、大数据经济，当3D打印技术和互联网融合产生智能化生产方式，改变的不仅是生产方式，而是整个社会权力组成和政治运行机制。

（三）全球范围的政府信息公开浪潮

"信息公开是指国家行政机关和法律、法规以及规章授权和委托的组织，在行使国家行政管理职权的过程中，通过法定形式和程序，主动将政府信息向社会公众或依申请而向特定的个人或组织公开的制度。"[③] 中国政府2015年新颁布实施的《政府信息公开条例》明确规定：政府信息，

---

① 《马克思恩格斯文集》第 1 卷，人民出版社 2009 年版，第 539 页。

② 韩毓海：《一篇读罢头飞雪，重读马克思》，中信出版社 2014 年版，第 96 页。

③ 刘恒：《政府信息公开制度》，中国社会科学出版社 2004 年版，第 12 页。

是指行政机关在履行职责过程中制作或者获取的，以一定形式记录、保存的信息。显然，政府信息公开是侧重提升社会公众知情权、提高群众监督政府实效的一项制度安排。从信息社会发展角度来看，政府信息公开行为本质上反映的是信息资源从垄断状态回归为社会状态的过程。因为，政府所掌握的信息理论上是一种公共资产，这些资产不属于任何一个个体的人或权力主体。政府是由人组成的，人是社会的人，政府治理国家和社会所形成的全部信息，理论上是由法律赋权，为维护公共利益暂时由政府保管的资产。随着信息社会的发展，信息获取低成本和便利性，为公众获取政府信息创造了可能的现实条件。全球范围的信息公开浪潮，正和信息社会发展同步。由信息公开，提升公众知情权进而增强社会公众对政府的监督权，标志着信息文明向更加纵深层次发展，意味着信息技术的发展不仅是一场技术的革命，还一定是一场影响深远的政治革命和社会革命。

　　在原始氏族社会，氏族成员共同分享氏族活动的信息。"一切争端和纠纷，都由当事人的全体即氏族或部落来解决，或者由各个氏族相互解决……"① 人们在原始共产主义社会里，任何社会信息都是公开的。进入文明时代后，为维护统治阶级利益，垄断信息成为统治阶级的一项权力。信息公开运动的历史意义在于，它把"知情权"（Right to Know）上升为一项公民政治权力，要求把本属于社会公众的政府信息还给公众。公民和法人有权经过法定程序获得法律许可的政府信息，而政府也有义务通过法定程序为公众提供法定的信息内容。与信息革命几乎同步，1948 年，在联合国的推动下，全球有 55 个国家达成了世界新闻信息自由流动的初步协议。遗憾的是，由于冷战格局，这个协议没能变成现实。1953 年。美国哥伦比亚大学哈罗德·克劳斯教授出版《人民的知情权》一书，为美国信息自由运动指明了方向。克劳斯认为："只有拥有信息自由，人民才能真正拥有对公共事务的发言权。"② 经过十多年的努力，美国政府颁布的《信息自由法》在 1967 年开始生效，成为第三个实施《信息自由法》的国家。此前，瑞典和芬兰已经实施了《信息自由法》。随着电子政务的发展，互联网应用的普及，社会公众希望能够扩大信息获取途径和扩展信息形式。1996 年，美国国会通过了《电子信息自由法》。该法明确规定：

---

　　① 《马克思恩格斯文集》第 4 卷，人民出版社 2009 年版，第 111 页。

　　② 涂子沛：《大数据：正在到来的数据革命，以及它如何改变政府、商业与我们的生活》，广西师范大学出版社 2013 年版，第 17 页。

"所有政府数据库的电子记录都属于信息公开范围，行政部门必须按照信息查询方要求的格式提供信息。此外，该法还建议联邦政府将公民经常查询的信息发布在互联网上，以减少公民重复查询产生的负担。"① 经过近半个世纪的发展，美国的政府信息公开原则和精神日臻完善，美国的《信息自由法》成为世界上其他国家制定类似法律的主要参照。

从 20 世纪 60 年代开始，随着信息社会的发展，全球范围的政府信息公开浪潮迅猛发展。英国、法国、日本、澳大利亚、伊朗、巴西、智利、墨西哥、印度等都先后制定和颁布了类似的信息自由法。2008 年中国实施《政府信息公开条例》，该条例开篇即明确该项立法的目的是：为了保障公民、法人和其他组织依法获取政府信息，提高政府工作的透明度，促进依法行政，充分发挥政府信息对人民群众生产、生活和经济社会活动的服务作用。条例坚持了政府信息公开以公开为常态、不公开为例外，遵循公正、公平、便民的世界通行原则。随着中国快速迈向信息社会，中国政府信息公开条例的实施不仅为完善政府治理提供了倒逼机制，还为建设服务型政府、法治政府提供了社会动力。

由于社会信息资源绝大部分是政府掌控的，信息公开运动的发展不仅促进了世界政治文明的发展，还为信息资源的共享提供了客观条件。有资料统计，截至 2015 年 10 月，全世界出台信息公开法律的主权国家有 103个。② 大多数发达国家和发展中国家正加入到政府信息公开运动中。政府信息公开从而保障公民的"知情权"作为一项推动社会正义、促进社会公平、保障社会平等的重要政治权利，成为信息时代一项重要的共识，在全球范围内获得日益广泛的认同。随着全球信息社会的发展，政府信息公开不仅成为一种新的保障人权基本要求，还成为一项推动自上而下的政府自我完善、自我改革的内在动力。政府信息公开运动，有力地促进了透明政府、廉洁政府、法治政府建设，对促进社会公正和文明进步具有不可估量的社会意义。

当然，必须明确的是，一个国家或地区政府实施信息公开法律，并不一定意味着该国就是一个民主的或法治的社会。政府信息公开制度作为一项由权力机关安排的政治法律行为，其本身受到国家制度的影响。国家的

---

① 涂子沛：《大数据：正在到来的数据革命，以及它如何改变政府、商业与我们的生活》，广西师范大学出版社 2013 年版，第 30 页。

② 应松年：《信息公开的世界经验》序言，中国法制出版社 2016 年版。

性质决定了该国的法的性质。

中国作为社会主义国家，中国的法律是中国劳动人民根本意志的体现，中国政府的信息公开法律可以在吸收和借鉴发达资本主义国家法治文明基础上进行创新，以体现社会主义法律性质，维护中国人民的根本利益。信息公开制度不仅需要结合信息社会"知情权"觉醒这一时代发展趋势，还应结合一个国家经济社会发展环境和发展水平审慎推进。

从信息角度而言，政府公开信息本质上是把公众从信息不对称状态变为对称状态，其隐喻意义在于，信息公开为社会成员的利益和权利的平等创造了条件。政府掌握的信息不属于任何一个社会个体和社会单元。任何人都是作为社会人而生存和交往的，政府行政过程中的信息来源于社会，所以政府信息的所有权本质上就应该属于社会。信息社会的到来，为信息资源的共享创造了经济和技术的条件。信息公开在人类历史中似乎完成了一个"否定之否定"，从原始社会的信息共享到阶级社会的信息垄断再到信息社会的信息公开。实现这一"否定之否定"过程，是人类社会文明跃升的表现，是确证信息文明实践形态的一个侧面。

（四）全球范围的开放数据运动

信息公开与开放数据是两个具有联系又有区别的信息活动。按照信息公开的含义，又分为公开和发布两种情形，公开（Discourse）是指政府对公民或社会组织查询信息的特定要求，给予一对一的回应，将信息公开给查询方，查询方收到信息后，有自由使用、进一步公开的权利。信息公开还有一种方式就是信息发布，发布（Distribution）是指将信息或文件登载在出版物或政府网站上，广而告之。公开，是政府和某一社会特定主体的关系，是点对点的；而发布，是政府和社会的关系，是点对面的。开放数据（Open Data）涉及的面较信息公开更大、更具有社会现实意义。数据是更基础、更原始的信息，开放数据是信息公开运动发展的必然趋势。从实际的社会意义而言，数据"只有开放，才能集聚群体的智慧、激发创新的力量、放射出更大的价值，真正推动社会的进步"①。数据是表征信息的基本单元，信息的系统化才能形成知识体系。互联网、云计算、大数据技术的发展为全球范围的数据开放、共享创造了技术手段和物质条件。

---

① 涂子沛：《大数据：正在到来的数据革命，以及它如何改变政府、商业与我们的生活》，广西师范大学出版社 2013 年版，第 191 页。

全球信息化发展，人类社会产生的数据增量速度和规模日益呈现指数级扩展。数据、信息、知识之间的有机统一关系，要求人们正确对待数据管理和利用。大数据时代的来临，通过互联网上开放本国的公共数据，以供全世界人民使用，已经成为一股世界性潮流。随着信息社会的发展，无论是发达国家，还是发展中国家，在信息公开基础上兴起的数据开放运动正成为信息时代推动经济社会发展的新动能。

从全球范围来看，开放数据正日益成为世界上大多数国家的共识。2004 年，为帮助社会公众了解美国国会立法程序和实际运转情况，美国普林斯顿大学的本科生乔舒亚·陶伯拉建立首个民间公共数据开放网站 Http：//www. TrackGov. us。网站一经上线立即就成为社会各界监督政府的利器。在美国社会各界的推动下，2006 年美国通过《联邦资金责任透明法案》，根据该法案，网站 USAspending. gov 上线成为美国联邦政府发布公共支出信息的门户网站。2007 年美国数据开放运动支持者和推动者召开会议制定了开放公共数据的八条标准和原则。①这对全球数据开放运动产生了深远影响。2009 年 1 月美国总统奥巴马签署他的首份总统备忘录：《透明和开放的政府》，为美国联邦政府建立一个统一的数据开放门户网站奠定条件。2009 年 5 月 Http：//www. Data. Gov 上线发布，成为美国全国性的政府数据开放平台，标志着美国数据开放运动发展到前所未有的高度。美国的数据开放运动很快取得了遏制腐败、促进政府决策和运转透明、改善公共安全管理、提高航班准点率等良好的社会效益。

在开放数据运动中，英国紧随美国之后。2010 年英国政府数据开放网站 Http：//www. Data. Gov. uk 上线。网站除了公布地理信息外，还公布了 3000 多项公众关心的民生数据。当时的卡梅伦政府还提出"数据权"（Right to Data）概念，强调数据权是信息时代每一个公民都拥有的一项基本权利，国家应在全社会普及和保障公民的"数据权"。在英国政府的推动下，2011 年开始，英国越来越多的商业组织、科技企业、政府部门参与到数据开放运动中。一些高科技公司根据开放数据开发数据应用程序，

---

① 公共数据开放的八大基本原则是：（1）数据必须是完整的；（2）数据必须是原始的；（3）数据必须是及时的；（4）数据必须是可取的；（5）数据必须是机器可以处理的；（6）数据的获取必须是无歧视的；（7）数据格式必须是通用非专有的；（8）数据必须是不需要许可的。

创造了新的服务业态和就业机会。英国的数据开放运动使"社会资源的配置将更加精细、更加优化，社会运行的总体成本将会降低"①。万维网之父蒂姆博纳斯—李在被任命为英国政府内阁顾问、主管数据开放工作项目主任后，成为积极推动英国数据开放运动的灵魂人物。他认识到商业领域的数据开放将创造一个新的、规模和潜力巨大的市场。他认为，开放也是一种竞争，因为开放得早、开放得多将会成为一个国家的先发优势。②

基于开放数据对推动经济社会发展的巨大潜在价值，数据开放运动迅速从个别国家行为逐步演变为世界范围的共同运动。2010 年 11 月在美国组织下，英国、新西兰、澳大利亚、巴西等十多个国家 100 多名代表出席第一次数据开放国际会议。随后在英国伦敦召开了第一次开放政府数据研讨会。2011 年 10 月开放政府数据研讨会在波兰召开，政府官员、记者、社会活动家、程序员、公益领袖等来自 41 个国家 250 多人参加了会议。会议指出，要引导开放数据运动在全球范围内的深化，应该着眼于建立全世界统一的数据开放平台和开放标准。2013 年 6 月，八国集团首脑在北爱尔兰峰会上签署《开放数据宪章》，八国承诺，在 2013 年年底前，制定开放数据行动方案，最迟在 2015 年年末按照宪章和技术附件要求来进一步向公众开放可机读的政府数据。

国际组织欧盟、经济合作与发展组织、联合国、世界银行也加入到了开放数据运动，建立了数据开放门户网站。欧盟在不断深化数据开放运动中成效卓绝。先后推动向科学界开放个人健康数据、向社会公众开放科研数据。欧委会认为，科研数据开放有利于欧盟创新和科研合作，对于科研管理公开透明具有重要意义，是减少和避免科研重复劳动的一个有效手段。欧委会此举将有助于让社会公众更深入地了解科研数据产生的机制、再利用的途径和保存传播的方式等，提高数据的使用效率，吸引更多的科研人员参与到数据开放中来。③

中国开放数据运动在中央政府的大力推动下，发展迅猛。2015 年 8月中国国务院发布《促进大数据发展行动纲要》，明确了数据开放共享的重要意义，提出加快建立数据强国战略目标、主要任务和政策保障机制。

----

① 涂子沛：《大数据：正在到来的数据革命，以及它如何改变政府、商业与我们的生活》，广西师范大学出版社 2013 年版，第 275 页。

② 同上书，第 276 页。

③ 李宗：《欧盟向科学界开放个人健康数据》，《中国科学报》2015 年 12 月 28 日第3 版。

2016 年 4 月习近平在网络安全和信息化工作座谈会上的讲话中指出，要以信息化推进国家治理体系和治理能力现代化……构建全国信息资源共享体系。2016 年 9 月中国国务院印发《政务信息资源共享管理暂行办法》，强调要"加快推动政务信息系统互联和公共数据共享，增强政府公信力，提高行政效率，提升服务水平，充分发挥政务信息资源共享在深化改革、转变职能、创新管理中的重要作用"。2017 年 5 月中国国务院办公厅印发《政务信息系统整合共享实施方案》，方案"围绕政府治理和公共服务的紧迫需要，以最大程度利企便民，让企业和群众少跑腿、好办事、不添堵为目标，提出了加快推进政务信息系统整合共享、促进国务院部门和地方政府信息系统互联互通的重点任务和实施路径。"① 2017 年 12 月习近平在中共中央政治局第二次集体学习时再次强调，要运用大数据提升国家治理现代化水平……形成覆盖全国、统筹利用、统一接入的数据共享大平台，构建全国信息资源共享体系。概言之，中国共产党、中国政府和社会各界已经形成了开放数据的高度共识，一场助力中国全面深化改革、促进社会全面发展的开放数据运动正在拉开帷幕。

　　数据开放运动的兴起既是信息社会深入发展的表现，又是信息革命推动社会关系和生产关系变革的内在要求。大数据时代来临，获取信息在经济社会和人的发展中意味着利益、权利和权力。数据开放意味着人与人之间的利益的对称、权利的平等和权力的民主化。数据开放运动深入发展不仅推动国家、社会、公民之间关系的重塑和再造，还为整个社会创新、合作、共享发展创造了经济和技术的基础。大数据蕴含的巨大经济、政治、文化价值，是各国持续推动数据开放的根本原因。诚如马克思在《哥达纲领批判》中强调的，"权利决不能超出社会的经济结构以及由经济结构制约的社会的文化发展"②。人类社会的数据开放程度、开放范围和开放手段不仅受到信息科学技术的制约，还受到社会制度、意识形态、文化习俗以及整个国际政治经济格局影响。理论上讲，在大数据时代，人类的生产、生活的一切内容和形式皆可数据化。但是，每一个国家具体应当在何种程度上开放数据，以何种手段让社会公众获取数据，需要慎重考量。实施数据开放的同时，如何维持推动社会信息化发展、鼓励社会创新与保持

---

　　① 《国务院办公厅印发〈政务信息系统整合共享实施方案〉》，《中国信息化》2017 年第 6 期。

　　② 《马克思恩格斯文集》第 3 卷，人民出版社 2009 年版，第 435 页。

社会安全和公众个体隐私之间的平衡关系是对政府治理能力的极大考验。不是数据越开放就越好，也不是数据越不开放就越不好。开放数据不一定就代表社会是透明的和民主的，不开放数据也不一定意味着社会就是黑暗和专治的。数据开放、信息透明、社会民主从来都是与一个国家的生产力水平、经济社会发展程度、民族文化习俗密切相关。

质言之，开放数据应当是信息社会长期的、历史的过程。每一个国家和地区，每一个社会主体，如果想分享信息技术的红利，就必须承认，开放、分享数据是时代潮流，开放、分享数据是取得互利共享发展的条件。人们要做的是，如何确保海量的、可便捷获取和利用的开放数据造福更多的人，从而促进人类文明发展，尽可能地减少或避免科技对人和社会的伤害。从这个意义上讲，世界上根本不存在一种绝对的统一的数据开放模式，只有遵循科学的发展与道德和意识形态、社会制度和文化习俗之间的有机协同的发展格局，文明的各个要素共同发挥其存在的正能量，人类文明历史才可以不断得到延续和发展。

第三节 人民群众历史主体地位新内涵

唯物史观认为，现实的人及其活动是社会历史存在和发展的前提。一切文明形态本质上都是人类活动的过程和结果。任何科学技术都是人的实践产物。信息技术引发的整个社会面貌的变化归根结底都是人民群众作为历史主体地位的确证。由此，信息文明的实践形态最终要体现在人的历史主体地位的变化上来。从理论上讲，信息技术对人类社会的深度嵌入，使每一个个体的人的活动对社会影响的可能性大大增强。互联网为人与人之间的连接和交往提供了强大的平台。互联网赋予了人民群众创造物质财富、精神财富和社会变革的新的路径、赋予了人民群众创造历史的新的权利和权力。人在文明创造中具有的新能力、新手段、新方法，正是信息文明实践形态的重要体现。人在信息时代具有更加充实的历史主体地位，进一步表征着新文明的特征。理解这些特征，有助于更深入地理解信息文明。

一 人民群众普遍的信息化

唯物史观视阈中的历史，是现实人的活动历史，历史中的人是现实的、具体的、从事社会实践活动的人，"不是处在某种虚幻的离群索居和固定不变状态中的人，而是处在现实的、可以通过经验观察到的、在一定条件下进行的发展过程中的人"①。唯物史观强调人民群众创造历史的主体地位，其实质在于，"它认为物质生活资料的生产活动是人类最基本的实践活动，是决定其他一切活动的活动"②。从信息的视角来看，信息实践活动是嵌入在人们的物质资料的生产实践、社会生活和精神生活实践中的。信息技术不断发展，信息实践活动对人类社会的塑造力不断上升到新的高度，乃至我们需要用"信息文明"的概念来统摄这一社会整体的进步和发展状态。唯物史观视阈考察信息文明的实践形态离不开考察人民群众的信息实践活动，考察人民群众的信息实践活动就离不开考察人们的信息化生产生活过程和动因。

（一）人的信息需求与信息技术的发展互动不断造就出"信息人"

"信息人"，通俗地讲就是信息化的人。信息技术的迅猛发展和广泛应用，对人的生存状态造成的影响直接的后果就是，人们的生产、生活和思维方式都高度信息化了。人们的劳动实践创造了信息技术。同时，由于迅猛发展的信息技术对人类社会生产、生活和思维方式的全面渗透，使人类进入信息化生存时代。据《2016 年世界互联网发展乌镇报告》披露：2016 年年底，全球移动宽带用户达到 36 亿，全球移动社交用户达 24.4 亿人，全球电子商务零售市场将达 1.9 万亿美元。"信息人"是适应信息化社会的人。由于信息技术及其应用发展非常迅猛，处在信息社会的人如果不及时接受信息技术的洗礼，及时掌握信息应用技术，就面临着发展困境。正是基于此，从计算机和互联网技术发展伊始，世界各国就高度关注开展信息技术普及教育。早在 1984 年，邓小平就指出："计算机的普及要从娃娃做起。"③ 互联网技术的发展进一步加速了人类社会信息化进程，"信息人"不仅是人自身发展的新内涵，也是信息技术不断人本化发展的必然结果。④ "信息化生存""数字化生存""网络化生存"不仅成为信息文明时代的人的主流生存方式，还是未来社会发展的主要趋势。

---

① 《马克思恩格斯文集》第 1 卷，人民出版社 2009 年版，第 525 页。

② 王伟光主编：《人类历史上新的历史观》，人民出版社 2014 年版，第 209 页。

③ 中共中央文献研究室：《邓小平思想年谱：1975—1997》，中央文献出版社 1998 年版，第 278 页。

④ 邬焜：《试论人的信息化》，《青海社会科学》1998 年第 1 期。

探寻"信息人"出现的动因，主要有两个方面的因素推动人不断信息化。

其一，是人的自身的信息需求，这是推动人走向信息化的物质动因。如前文所述，信息需求是人的一项基本需求，人类诞生以来，物质生活、政治生活和精神生活都离不开信息交流和信息资源的支撑，离不开信息技术的应用。如果把所有的信息技术分为身体的信息技术和器具的信息技术两大类的话，那么就存在这样一个事实："掌握信息技术是掌握生产技术的前提，而掌握身体信息技术（语言）又是掌握器具信息技术的前提，因为不掌握身体信息技术，人就无法交流，就无法掌握一切。"① 因此，从人的生成角度而言，人本身的形成和发展就离不开信息活动和信息技术的作用。

从人的不断发展的需要而言，人对信息的永无止境的需要推动着"信息人"不断出现。人要发展就要交往，交往就需要信息，信息需要满足的水平直接或间接地影响着人的发展水平。正因此，所以尼葛洛庞帝才指出，"人类的每一代都会比上一代更加数字化"②。从时间的维度考察，农业社会、工业社会和信息社会相比，信息社会能够为人的信息需求提供更充分的满足条件，信息社会人的交往能力和发展水平总体上就较传统社会更高；从空间的维度考察，信息技术发达的地区，人们的信息需求满足水平达到较高水平，那么，该地区的人和社会的发展水平就相对较高。

其二，信息技术的发展导致"信息人"不断生成。现代信息技术的发展把人生存的一切领域都嵌入了信息的印记。正如习近平指出："信息化和经济全球化相互促进，互联网已经融入社会生活方方面面，深刻改变了人们的生产和生活方式。"③ 正是信息技术对现代社会劳动方式的渗透使人不断信息化。马克思指出，现代劳动方式"劳动表现为不再像以前那样被包括在生产过程中，相反地，表现为人以生产过程的监督者和调节者的身份同生产过程本身发生关系。……工人不再是生产过程的主要作用者，而是站在生产过程的旁边"④。随着大数据、云计算、人工智能以及物联网等信息技术快速应用到人类社会生产生活中，人类劳动方式正日益

---

① 肖峰：《信息技术哲学》，华南理工大学出版社 2016 年版，第 217 页。

② ［美］尼葛洛庞帝：《数字化生存》，胡泳等译，海南出版社 1997 年版，第 272 页。

③ 《习近平谈治国理政》，外文出版社 2014 年版，第 197 页。

④ 《马克思恩格斯文集》第 8 卷，人民出版社 2009 年版，第 196 页。

变得智能化。马克思关于劳动方式变革的预言已经得到确证。在信息化条件下人们创造了新的生产、生活方式和思维、情感、心理模式。信息化成为自农业化和工业化、城镇化后人类新的生存方式。信息化生存改变着整个社会的经济结构、政治结构、文化结构和社会组织结构。进入 21 世纪，大数据、物联网技术的发展，信息资源经济价值不断彰显。资本对信息技术的不断推动，又进一步加速了信息技术的普及应用，信息终端和信息应用的市场成本和社会成本将不断趋于零。信息消费不仅仅是一种市场消费行为，而是一种真正的生存之道。概言之，"信息人"本身是人自身和社会发展两个因素相互作用的结果。

（二）"信息人"是建构信息文明的主体

"信息人"不是一个新的"物种"，"信息人"的本质没有超越马克思在关于人的本质是一切社会关系的总和的论断。但是，人的本质在信息化社会里得到了更充实、更丰富的彰显。人是社会的人，社会是人的社会。随着社会的发展，尤其是劳动方式信息化、智能化发展，人的本质必然随着社会的发展不断获得新的内涵。信息技术的发展，尤其是物联网、工业互联网、3D 打印等新的信息技术的发展，使得维系人和社会存在基础的物质资料的生产实践方式正不断远离了人本身的参与，日益变得电子化和智能化。在人与人之间的关系上，信息技术塑造了一个全新的媒介系统和信息化生活图景。人们在信息空间中突破了时空束缚，能够自由组织、自由交流、自由地学习和交往。全球范围的人与人之间的交流没有哪一个时代能像今天一样，能够在这样一个广泛的时空中进行自由连接和沟通。物联网和人工智能技术的发展，正推动着科学家们研究"心联网"技术。生物科学、脑科学、计算机和互联网科学的融合发展，已经为今天的人类社会描绘出了一个全新的社会生产生活图景。"信息人"既是信息文明的产物，又是建构信息文明的主体力量。

信息文明作为一种以信息技术为基础的文明形态，其所依赖的底层技术在生产生活实践中，既不断塑造信息化、知识化的人，又通过人的主观能动性塑造信息化生产方式、信息社会治理体系和治理能力，进而推动信息文明向更高层次发展。随着社会信息化深度发展，越来越多的信息不断成为有价资本，信息不仅是沟通万物的媒介，还演进为可以创造财富的资本。科学发明、软件专利、商业信誉、品牌、创意、商品供求行情等信息在市场化条件下都可以成为创造财富的源泉。在互联网、大数据等信息技术助推下，信息化资本不断介入整个社会物质生产、社会生产和精神生产领域，从而推动社会迅速向信息化生产方式变迁。

一方面，在资本主义生产方式下，为了把工人的活劳动时间越来越多地变成剩余劳动时间，资本就会竭力缩减工人的必要劳动时间。"资本唤起科学和自然界的一切力量，同样也唤起社会结合和社会交往的一切力量，以便使财富的创造不取决于（相对地）耗费在这种创造上的劳动时间。"① 大量的自动化机器、信息通信技术和媒介体系就在资本逻辑推动下迅猛发展起来了。信息文明在资本主义生产方式下表现为资本力量的推动，本质上是人在生产生活实践中把信息技术不断应用到社会生产过程中的。只要资本主义生产方式存在，包括信息技术在内的一切可提高资本运动效率的生产技术都会以加速度形式投入到资本运动过程中，从而客观上加速信息技术的发展和普及应用。

另一方面，信息文明归根到底要依赖人创建信息化生产生活方式获得。人的主观能动性不断规约信息化创建活动，从而为信息资源铸造新的文明范式创造条件。对信息技术的批判、对大数据、人工智能、互联网、计算机技术的伦理建构本身就蕴含着人类对文明进步的良好目的和愿望。"作为信息文明社会中人和自然、人和社会、特别是人和人之间的关系的量化，大数据是信息文明的信息关系的基础。"② 随着大数据技术的发展和广泛应用，大数据日益成为人们认识事物、改造事物的新方法。但是，无论是物的数据化还是人的存在方式的数据化，对于社会生活来讲，所有的数据都是建立在人的赋意基础上的，离开人的赋意，任何数据就不具有信息的意涵，也就谈不上知识和科学技术革新的意义。因此，信息高速公路、数字地球、智慧社区、智能化生活设施等信息化、智能化工程，如果离开人的主体向度，就谈不上"文明"了。数据化、信息化、智能化工程、电子政府、数字化生活等信息社会基础设施的发展只有依靠人、为了人并最终为所有人的全面发展创造条件，才具有信息文明的意义。离开作为主体的人的向度，纯粹为了信息化而信息化或为了资本增值的信息化以及违背人的便捷、自由、幸福和尊严的信息化，既不能持久推进，也最终丧失其"文明"的光环。

---

① 《马克思恩格斯文集》第 8 卷，人民出版社 2009 年版，第 197 页。

② 王天恩：《从信息文明基础层次研究大数据》，《中国社会科学报》2017 年 9 月 26 日第 2 版。

二　人类历史上的蔚为壮观的大迁徙

在人类文明生成历史中，迁徙始终是永恒的活动。从河海湖泊旁迁向大陆腹地，从乡村迁向城镇，从山区高原迁向平原，人类的每一次迁徙都伴随着文明的变迁。对美好生活的向往，对新世界的好奇心，推动着人类不断地迁徙。有迁徙就有交流。"文明因交流而多彩，文明因互鉴而丰富。"① 在迁徙的过程中，各种文化不断得到交流、交往和交融发展，文明也得以不断丰富和多彩。信息文明也同样离不开人类的一次壮观迁徙。这一次迁徙和以往不同，信息技术建构了一个新的人类生存空间——网络虚拟空间。人类从现实世界向虚拟世界的迁徙，就其对人类社会的影响深度、广度而言，完全能与500多年前航海家哥伦布的那次远航相提并论。计算机和互联网技术建构了一个几乎与现实世界平行的信息世界。"数据可以复用，信息可以共享，这是网络空间超越实体空间的本质特征，也是可以撬动人类走向新文明的最大杠杆。"② 人类向信息空间迁徙的过程正不断创造着信息文明形态，丰富着信息文明内涵。如果细分下这次壮观的迁徙，大致可以分为经济、政治、文化三个方面的迁徙。

（一）经济迁徙

信息技术的发展，人类的经济活动正全面地融入信息文明浪潮。如前所述，信息文明时代与农业文明、工业文明时代的区别，表现为生产要素的不同：信息文明时代，人类经济行为与信息（数据）的创造、传输和使用直接相关。全球互联网经济的发展、互联网经济在 GDP 中的比重不断增加意味着人类的经济活动正与信息活动效率呈现高度正相关关系。根据阿里研究院的分析，"面向 2020 年，互联网经济体正成为全球新的增长极"③。互联网经济体正发展成为一种继农业和工业时代基于地域概念的国家或地区经济的集合基础上形成的新的人类经济活动主体。从发展趋势上分析，互联网经济体最终将发展为全球经济体。信息技术的发展最终将实现"一切在线化"。人与人、人与物、物与物的连接已经成为现实。互

---

① 《习近平谈治国理政》，外文出版社 2014 年版，第 258 页。
② 郑必坚：《网络化大潮与中国和平发展的新机遇》，《人民日报》2016 年 11 月 25 日第 7 版。
③ 阿里研究院：《互联网+：未来空间无限》，人民出版社 2015 年版，第 15 页。

联网跨界渗透功能不仅穿透了延续几千年的物理时空界限，还正把每一个个体的人的活动、人的思想、情感迁徙到一个新的疆域——网络虚拟空间。

互联网经济的出现及其迅猛发展是信息文明实践形态的又一表征。互联网+农业、互联网+工业、互联网+商业、互联网+金融……"互联网+"行动计划成为传统经济产业转型升级的最重要的新引擎。某种意义上，信息文明时代与"互联网+"时代成为同义词。"互联网+"是指，以互联网为主的一整套信息技术（包括移动互联网、云计算、大数据技术等）在经济、社会生活各部门的扩散、应用过程。这个过程即是人类所有的经济社会生活向网络空间迁徙的过程。这个过程塑造的社会面貌不是简单的工业文明的改变。随着互联网由消费领域向生产领域的不断深入拓展，整个社会信息化生存的量变发展为质变，一种新的文明形态就实实在在地亲临人们的生活现场了。

全球电商业和基于信息技术的共享经济迅猛发展可以看作信息文明切近的两个突出表现。以网购为例，数据显示，2017年"双十一"（2017年11月11日），天猫（Tmall）网络购物平台提供了1500万种商品，产生了8.12亿个快递，成交额高达1682亿人民币，共有14.8亿笔支付，每分钟有1.17亿成交，最高25.6万笔/秒，与其2009年刚上线时的"双十一"成交额相比，增长了3000多倍。伴随着巨量的消费需求被电子商务平台激活而起的是，全社会的物流业、制造业的繁荣发展。共享经济在全球范围内的发展展现出一切可共享的都将走向共享的趋势：共享正从一般的消费资料领域向生产资料、产能、知识、信息和时间等各种生产要素领域渗透。全球共享经济从西方国家起源后，呈现出经济规模日益扩大、覆盖领域不断扩展的态势。[①] 依靠互联网创造新动能，通过网络平台寻找新的合作对象和分享闲置产能，通过大数据建立新的产业形态，向网络空间迁徙，借力信息技术不仅创造了新的经济增长点，还成为各国政府推动经济结构调整的新选择。

物联网、3D打印、大数据、云计算和人工智能与实体经济的深度融合生动地说明了信息文明不是一种虚拟的文明。恰恰相反，人们向信息空间拓展发展机遇、发展动力和发展路径，生产更符合人们需要的产品和服

---

① 许荻迪：《分享经济发展：全球态势与政策建议》，《经济体制改革》2017年第4期。

务，创造更大的价值，形成更好的发展格局，彰显了信息文明坚实的经济实践形态。它为信息文明更加丰富的内涵奠定了无限可能的基础。

（二）政治迁徙

"互联网+"时代，政治活动不再是少数社会精英的专属领域。互联网创造了一个全新的政治参与生态。每一个人的政治愿望、每一个政治团体和组织的政治诉求，都能够在网络空间得到表达。信息与政治的强关联关系在信息时代人类社会生活中正空前地凸显出来。信息的创造、传播和利用不仅意味着经济利益的变化，还是一种政治权力的表现。

基于信息活动与政治活动的天然关系，信息文明的政治侧面就是政治的信息化。所谓政治的信息化就是说，政治活动本身就是信息的活动，政治活动必然伴随着关于政治信息的获取、控制、加工与传播和利用的过程。① 互联网作为一种战略性信息资源，在当今人类政治生活中正迅速扮演中决定性、关键性角色。信息文明时代，政治活动已经与互联网高度融合。科学的政治决策、政治方案的执行和政治效能的评估都建立在互联网技术上的。理论上，信息技术的发展，为政治活动的每一个宏观、中观和微观的政治行为创造了在线的条件。实践表明，政治活动在线化程度不仅仅取决于信息技术水平，更取决于政治当局的意识、决心和政治价值追求。在线政府（数字化政府、互联网+政务）的发展程度成为衡量一个国家信息文明程度的重要维度。

政治迁徙突出现象是世界各国政治组织、政党活动的网络化。政治组织、政党活动本质上是争取群众认同自己的政治纲领和政治斗争策略，进而动员群众去实现政治目标的过程。随着信息技术的对群众生活的渗透，随着群众的网民化，政党的群众基础如果不能延展到网络中，政党的合法性资源、政党的群众基础就会不断流失。

20 世纪 90 年代以来，世界各国的主要政党为适应信息化浪潮，都纷纷开启了"向网络迁徙"的步伐。政党信息化建设已经成为当前世界各国主要政党加强政党自身建设，提高执（参）政能力的重要内容。一些政党还把信息化运用到了基层党的建设和活动之中，他们在网上设置在线入党申请表，办理入党手续和党费交纳，开展"虚拟的网络组织生活"等。德国社会民主党还提出"网络党"的设想。澳大利亚工党还在其新

---

① 肖峰：《信息主义：从社会观到历史观》，中国社会科学出版社 2010 年版，第 157 页。

党章中专门论述了发展政党网络建设的重要性，积极推动党的各项活动和组织形态朝"电子化"方向转变。美国四年一次的总统大选活动正日益凸显出信息技术的巨大影响。能成功应用网络社交媒体力量、成为"网红"的总统候选人，往往最终能够获得大选胜利。信息技术与政治活动的合谋塑造了全新的政治生态。

对于执政的中国共产党而言，信息革命既为中国共产党长期执政带来了巨大挑战，又为全面提升党的执政水平、创新党的执政方式、增强党的执政能力创造了新的历史机遇。中国共产党十四届四中全会提出"用改革的精神加强党的基层组织建设，对党组织的设置、活动内容、工作方式加以调整和改进""保障党员主体地位和民主权利""进一步提高党员对党内事务的参与度"等要求。2002 年，中国国家信息化领导小组《关于我国电子政务建设指导意见》提出"党的工作业务系统建设"，标志着电子党务建设开始起步。2009 年，《人民日报》提出了"在互联网时代，我党有必要进行一次新的'三湾改编'，从'支部建到连上'发展到'支部建在网上'"的时代命题。随后，在山东、江苏、浙江等地出现了"网上党支部"建设的实践探索。①

党的十八大以来，习近平更进一步明确互联网对党的建设的重要意义，强调："过不了互联网这一关，就过不了长期执政这一关。"② 习近平还明确提出"走好网上群众路线"命题，号召"各级党政机关和领导干部要学会通过网络走群众路线，经常上网看看，潜潜水、聊聊天、发发声，了解群众所思所愿，收集好想法好建议，积极回应网民关切、解疑释惑"③。"善于运用互联网技术和信息化手段开展工作"④ 成为新时代中国共产党全面增强执政本领的一项重要指导意见。总之，政党政治活动向网络空间迁徙正成为塑造政党新面貌、增进政党政治利益的重要选择。

此外，在互联网+立法、互联网+司法等领域各国在探索新的政治实践中积累了越来越多的政治智慧和经验。2017 年职能定位为"网上案件网上审"的互联网法院在中国杭州诞生。这些实践，都标志着人类的政

---

① 历彦林：《以信息化推进党员教育一体化》，《党建研究》2011 年第 12 期。

② 中共中央文献研究室：《习近平总书记重要讲话文章选编》，中央文献出版社 2016 年版，第 421 页。

③ 《习近平谈治国理政》第 2 卷，外文出版社 2017 年版，第 336 页。

④ 《党的十九大报告辅导读本》，人民出版社 2017 年版，第 67 页。

治行为都在向功能强大的互联网空间迁徙。向互联网迁徙，成为全人类共同的政治选择，这一过程将随着信息技术的深入发展及广泛普及应用而不断推进。

从全球政治格局层面考量，人类的政治活动内涵也因信息技术的发展而悄然发生着变化。约瑟夫·奈指出："信息革命正在使一些跨国问题，如金融稳定、气候变化、恐怖主义、流行病和网络安全等纳入全球议程。"① 政治主体多元化、信息化的政治活动以科学决策、公开透明、高效治理、互动参与等显著特征全面增进人类政治文明发展程度，成为信息文明不断发展的新确证。

（三）文化迁徙

"人类必须先获得文明的一切要素，然后才能进入文明状态。"② 从文化的维度审视信息文明的生发机理，最为壮观的迁徙就是人们的文化活动、文化表现形式和文化本身的内容都随着信息技术的发展向着信息化的道路、网络空间的迁徙。

文化是人特有的活动和现象。唯物史观视阈，人的"思想、观念、意识的生产最初是直接与人们的物质活动，与人们的物质交往，与现实生活的语言交织在一起的。人们的想象、思维、精神交往在这里还是人们物质行动的直接产物"③。马克思、恩格斯在《德意志意识形态》中，揭示的关于精神生产与物质生产关系的原理，为我们理解信息文明的文化迁徙历史提供了方法论的指导。计算机和互联网技术的深度发展和广泛普及应用，人们的物质生产方式的变迁，使得整个社会生产方式、政治生产方式和精神生产方式都或快或慢地发生着变迁。信息社会的迅速形成，在文化上，人类也开启了一个新的征程。与计算机融合、向网络空间转移，人们创造了新的文化形式和文化内容。"人是符号和文化的动物"，"文化的创造在某种程度上说就是符号的创造"。④ 人们在实践中创造了语言、图像、

---

① ［美］约瑟夫·奈：《自由主义秩序会幸存下来吗？——一种思想的历史》，尹宏毅译，《外交》2017 年第 1 期。

② ［美］路易斯·亨利·摩尔根：《古代社会》，杨东莼等译，中央编译出版社 2007 年版，第 21 页。

③ 《马克思恩格斯文集》第 1 卷，人民出版社 2009 年版，第 524 页。

④ ［英］尼克·史蒂文森：《认识媒介文化：社会理论与大众传播》，王文斌译，商务印书馆 2013 年版，第 1 页。

文字等符码系统来表达意义。

以文字的表达方式为例，在文化领域，信息文明首先发生的文化现象就是，信息介质从固态的文字向电子介质迁徙。今天，凡是要进入信息文明世界的国家和民族，如果不想抛弃自己的民族文化之根——本民族的文字，就要创造使本民族文字向计算机和互联网迁徙的技术。为了在网络空间自由地使用世界各国的语言和文字，信息技术企业还开发了供各种文字和语言相互翻译的软件和信息系统。随着这些翻译软件和系统的广泛应用，世界范围内的文化交流和融合得到了进一步发展，这些都在一定程度上加速了人类文明交流融合的进程，也丰富着人类文明的内涵。可以预见，随着人工智能技术的发展，未来人们相互交流中的各种语言障碍会消失，移动互联网和智能终端将为需要的人提供全天候的语言交互翻译的帮助，信息文明以其绚丽多姿的文化形态已经出现在人们的现实生活中。

信息技术的发展，带来的文化迁徙不仅只有人类文化的符码的文字，还包括新的文化生产方式、文化传承方式和文化的传播方式。互联网+教育，互联网+科技、互联网+出版、互联网+旅游、互联网+恋爱……互联网为人类的一切社会活动创造了新的迁徙目的地。每一个行业、每一个社会单元，都面临着迁徙的选择。这个迁徙的过程同时伴随着蔚为壮观的文化创造活力和文化景观。"技术的每一次进步都会带来新的知识传播形式。收音机发明之后产生了广播函授方式；电视发明之后有了广播电视大学；互联网特别是移动互联网的发展，创造了跨时空的生活、工作和学习方式，使知识获取的方式也发生了根本变化。"① 随着全球范围的在线教育蓬勃发展及其相应的管理制度的不断完善，越来越多的人将选择和参与接受在线教育。在线教育的发展正全方位塑造着人类知识和文化的生产和传播方式，成为互联网时代新的文明景象。

综上，为了满足人类的虚拟化、数字化生存需要，信息技术不断得到创新发展。信息需要→信息技术→信息产业→信息新的消费需要正形成了一个良性的社会经济发展态势。与以往的人类大迁徙不同，这一次人类的迁徙不是从分散走向集中，不是从家庭走向工厂。互联网使得人们可以离开大都市、离开工厂而自由创造属于自己的生活。纪录片《互联网时代》

---

① 信息社会50人论坛：《未来已来："互联网+"的重构与创新》，上海远东出版社2015年版，第127页。

披露，2015 年美国就有 1600 万人成为更彻底的自由工作者。他们不再和某一个组织保持归属性的关系，他们为互联网带来的所有机会而工作。互联网创造了一个居家办公的环境。网络技术突破了物理时空的限制，通过互联网，世界各地的人可以同时做一项工作。工业社会集中营式的生产模式不再是唯一的选择。向网络空间迁徙、与互联网融合正成为万千传统行业不断创造新动力的根本路径。

　　与过往人类社会的迁徙不同，这次全人类的迁徙活动不仅意味着信息文明的强大动能，还预示着人类在信息技术条件下不断加速走向一个共同的时空中。基于信息网络的共同的经济社会活动，"对世界和对人类自身的共同认识，必然会促成大致相同的世界观和价值观、人生观"①。走向信息文明不是局部、少部分人的选择，而是我们这个社会整体的文明转向。信息文明不仅表现在技术的、经济的层面，更加突出的表现在人类的精神文化层面。信息文明以超越过往文明的范式真切地呈现在现实的物质生活、社会生活、政治生活和精神生活中。

三　信息时代群众史观的新内涵

　　群众的观点，是唯物史观的重要内容。信息时代，人民群众创造历史的观点获得了新的内涵。信息技术的发展和对经济社会的全面嵌入，人民群众创造历史的主体力量、中介手段和客体范围都得到了极大的丰富和发展。社会的物质生活、政治生活和精神生活呈现出新的内涵。信息社会的发展，不仅把每一个个体人的力量空前地凸显出来，还赋予群众组织和团体比以往时代更加强大的能量。与过往时代相比，人民群众创造历史的能力、速度、广度和深度达到了新的水平。

（一）信息技术为人民群众创造物质财富提供了新的手段

　　唯物史观强调人民群众是历史的创造者，其"实质在于，它认为物资生活资料的生产活动是人类最基本的实践活动，是决定其他一切活动的活动。因此，人类的历史首先应当是直接从事生产实践的人民群众的历史"②。信息文明不是由脱离人的智能机器建构的。是人而且最终要依赖

①　洪晶芝：《从工业文明到信息文明：中华复兴的历史机遇》，世界知识出版社 2016 年版，第 45 页。

②　王伟光主编：《人类历史上新的历史观》，人民出版社 2014 年版，第 209 页。

人才能制造智能机器。信息社会，人与智能机器之间的关系不会也不可能发生颠覆性变化。信息文明核心是在工业文明基础上形成的新的物质生产方式。人民群众在社会生产中创造了信息技术，在丰富的信息实践活动中不断更新着物质资料生产方式。恩格斯指出："自从阶级产生以来，从来没有过一个时期社会上可以没有劳动阶级而存在的。……无论不从事生产的社会上层发生什么变化，没有一个生产者阶级，社会就不能生存。"① 人民群众创造了信息技术。信息技术作为人的理性的力量被全面应用到社会物质生产过程中，不仅改变了人们创造历史的进程，还塑造了新的文明形态。信息技术的广泛应用，人们的物质资料的生产不再局限在一个狭小的区域，信息化创造了一个真正的全球化生产条件。

信息文明是一个在全球范围从事物质生产的文明。电报、电话、计算机和互联网等信息通信技术的不断发展，不仅为人们开展物质资料的生产提供了愈加丰富的劳动资料和劳动对象，更空前扩大了人们的劳动范围。全球电子商务的发展，早已突破了人类物质交换的时空限制。"生产者和企业可以直接面向全球市场，针对每一个潜在的客户。同时互联网克服了时差带来的国际商务谈判的不便，为企业不间断交易提供了可能，交易时间理论上可以无限延长。"② 信息文明发展体现在今天人们吃、穿、住、行的物质资料不仅不是人直接生产出来的，还可能不是直接在本地区、本国生产的。信息文明为人民的物质资料生产方式创造了全新时空环境和技术条件。

信息文明是智能化的文明。信息化、智能化技术的发展，大规模智能机器人的应用，创造出日益增长的物质生产效率，直接从事物质资料生产的劳动阶级人数不断减少。人与智能机器之间建立长期的、稳定的合作和协同关系是常态。社会将主要依靠知识、信息和科学从事物质资料的生产。绝大多数人将从事非物质资料的生产和劳动，即，信息的生产和再生产成为人民群众创造信息文明的基础性活动。据《全球信息社会发展报告 2016》披露，全球范围发展信息经济是大势所趋。2016 年全球信息经济指数为 0.5508，比 2015 年增长 0.95%，比 2011 年增长了 4.79%。随

---

① 《马克思恩格斯全集》第 25 卷，人民出版社 2001 年版，第 534 页。

② 阿里研究院：《互联网+：未来空间无限》，人民出版社 2015 年版，第 58 页。

着信息经济的发展和日益成为主导经济形式，全球劳动力结构也在发生变化，接受过高等教育的劳动力人数不断攀升，劳动的主要形式也主要是脑力劳动。

信息技术的发展，不但深刻改变着劳动的内涵，还改变了劳动的形式。数字经济的发展，特别是移动互联网、大数据、云计算、全球信息社会加速成熟，人们创造了新的劳动形式。根据阿里研究院 2017 年发布的《数字经济 2.0 报告》，未来 20 年，工业时代的八小时工作制将被打破，越来越多的人将通过网络自我雇佣和自由就业，仅中国将会有 4 亿的劳动力成为自由职业者，占中国全部劳动力的 50%。社会信息化创造了"自由劳动"和"劳动自由"的技术条件和社会条件。人民群众创造物质财富的主要资本不再是机器、设备、厂房和土地，而是知识和信息。移动互联网、大数据、云计算技术全球范围的发展和应用不仅让知识和信息得到充分的流动和分享，还最大限度地让社会化生产和社会化需求精准对接起来了。信息技术的发展、信息社会的加速形成，不仅迅速降低了人类劳动转化为脑力劳动的门槛和条件，还削弱和消解了工业社会长期存在的资本对劳动的束缚力量。阿里研究院 2017 年发布的《数字经济 2.0 报告》显示，未来 30 年，80% 的全球贸易不再是由跨国公司、资本大鳄主导，而主要由小企业和个人主导。

信息社会的发展，不但在时间和空间维度改变了人们的物质生活资料生产方式，还再造了物质资料生产的流程，形成了新的物质生产过程。移动互联网、大数据、云计算和人工智能技术对制造业的全面塑造，就是信息社会发生的一场新的生产方式革命。与工业时代的大规模、延展人的肢体功能的机器投入生产过程不同，信息技术的发展，特别是物联网、工业互联网和工业大数据技术的发展，机器变得更加智能化了，智能化的机器不仅延展了人的肢体功能，更重要的是延展了人的大脑功能。信息时代，"科学成为直接生产力具有普遍的社会形式。科学不再是纯粹的知识体系，而主要是人类的基本实践，科学应用活动的方式是一种基本的劳动方式，人类的劳动从它作为自发的自然过程的助手地位上升为自为的自然过程的设计者，创造性真正成为劳动方式的第一个特征"①。人工智能、3D 打印等信息技术在生产过程中的应用，使"智能制造"成为全球制造业

———————————

① 潘叔明：《现代技术革命与劳动方式变革的几个问题》，《哲学研究》1985 年第 7 期。

发展的大趋势。工业时代劳动者在机器旁，成为劳动过程的监督者和旁观者。信息时代，劳动者和智能机器共同成为劳动过程的有机组成部分，机器与人成为相互监督者和旁观者。

以小米手机的商业模式为例，小米手机从产品的早期概念设计、功能研发、产品预售和售后服务等各个环节，都允许用户全程参与其中。通过企业的互联网建立的虚拟开发者社区和用户社区，小米能够24小时不间断地收集和提取到全球范围的"手机发烧友"关于产品和应用的设想及用户的使用体验。小米以此引导、创新产品的生产、销售及售后服务和产品的升级换代。小米手机成为基于互联网思维的产业创新的典范而引领了中国智能制造的浪潮。① 小米根据市场的需求精准安排研发、生产和销售全过程，实现了库存极低或零库存生产和销售，极大地提高了产品的生产效率，极大地规避了市场价格波动风险，同时也极大地减少了无效生产从而最大限度地减少了生产成本。如果从信息角度分析，小米为代表的智能制造浪潮，意味着一种全新的物质生产方式已经形成。信息资源的获取、分析和应用，最大限度地实现了需求与生产的对接，需求对生产的引导、最大限度地减少了生产的盲目性和随意性，颠覆了工业社会由生产决定需求、生产引导需求的状况。

"在工场手工业中，社会劳动过程的组织纯粹是主观的，是局部工人的结合；在机器体系中，大工业具有完全客观的生产有机体，这个有机体作为现成的物质生产条件出现在工人面前。"② 信息时代，在智能机器体系中，马克思指明的"具有完全客观的生产有机体"才真正成为一种现实。信息技术应用在物质资料的生产过程，使得人们在劳动过程中的协作不再仅仅是偶然现象，恰恰相反，协作劳动已成为真正的"技术必要了"。这种必要不仅受到大机器作为劳动资料的劳动方式的制约，还成为信息化劳动方式所决定的技术上必要了。质言之，信息资源应用到物质资料生产过程创造了新的生产力，再造了新的生产关系。

（二）信息技术为人民群众创造精神财富开辟了新的空间

信息文明的发展不仅表现在物质生产方式变化中，还体现在精神生产方面。唯物史观认为，社会存在决定社会意识，物质资料的生产方式决定

① 阿里研究院：《互联网+：未来空间无限》，人民出版社2015年版，第56页。
② 《马克思恩格斯文集》第5卷，人民出版社2009年版，第443页。

精神资料的生产方式。唯物史观不仅强调，人民群众是一切物质财富的创造者，还强调一切精神财富也是由人民群众创造的。"推动人们创造历史的思想动机归根到底是由人们物质生活资料生产的实践决定的。"① 信息时代，人民群众的精神生产活动随着物质生活资料生产方式的变革，也发生了惊人的变化。信息文明表现在精神生产维度主要体现在三个方面。

第一，信息技术的发展，极大地改变了精神生产的主体。从文字诞生、人类进入文明时代开始，精神生产一直是由处在社会上层的少部分人掌握的。互联网时代，精神生产的格局与农业时代、工业时代相比变化是颠覆性的。信息技术的全面普及和应用，尤其是移动互联网和大数据技术的普及和应用，客观上每一个现实的人每时每刻都在生成数据、创造数据，理论上使整个社会的每一个人都成为精神生产的主体。知识、文化、精神、观念和意识形态，从信息角度而言，它们都可以归结为信息的形式。所以，从一般意义上而言，所谓知识的、文化的、精神的、意识形态的活动，都可以认定为是信息活动。知识的、文化的、意识形态的生产及其传播，都可以看作信息的生产和传播。因此，作为信息载体的符号和符号系统在现代信息技术迅猛发展的背景下，就上升为精神生产的最主要、最广泛的生产资料了。互联网创造的虚拟空间为每一个人生产、传播自己的所思、所想、所感提供了日益便捷的途径。精神的生产没有哪一个时代能像今天这样人人可以参与。千百年来由社会知识精英和占人口少数的知识分子阶层垄断的精神生产格局已经瓦解殆尽了。人类进入到一个空前的文化大发展大繁荣时代。

第二，信息文明发展的另一个表现形式，是精神文化的载体空前扩大了，精神文化传播的途径空前丰富了。按照卡尔·波普的三个世界理论，在客观物理世界和人的主观世界之外，还存在着一个客观的知识世界，即"世界三"。所谓客观的知识世界，就是人的思想的内容世界，思想的内容可以被物质化，成为人造物品和文化产品，如语言、艺术品、图书、机械设备、工具、房屋建筑等；思想的内容也可以是用语言表达出来的人的意识的固定对象，如问题、理论、猜想，等等。② 如果承认"世界三"存在话，那么，现代信息技术，特别是大数据、云计算、物联网技术，就赋

---

① 王伟光主编：《人类历史上新的历史观》，人民出版社 2014 年版，第 209 页。
② 赵敦华：《现代西方哲学新编》，北京大学出版社 2001 年版，第 230 页。

予了人们揭示、表达"世界三"极大的力量了。基于互联网的大数据和云计算技术的应用，赋予越来越多的"物"走向"智慧"，赋予"物"的自主学习能力，把越来越多的、原先处在隐藏状态的知识世界揭示出来，用以服务人的物质生产生活。随着物联网和人工智能技术的发展，智能化学习活动正走向现实。文化、知识的学习和传播不再是纯粹的人脑活动。脑科学和信息技术的相互融合发展，正在努力创造出人机接口和人机互动技术。

第三，信息技术的发展，塑造了全新的精神生产格局。"互联网+教育"引发的知识革命，不仅全面塑造了人类知识的生产和传播模式，还创造了网络文化这样的新文化形态。理论上，互联网时代，每一个人的人生体验、知识和经验，都可以通过互联网无限期分享给其他全世界的每一个人。每一个教师所讲授的课程、传授的知识可以被地球上有互联网的地方的学生无数次学习。互联网为每一个人创造了学习、传播、创造知识的开放的、门槛极低的条件。

纪录片《互联网时代》披露，一家微博网站一天内发布的信息就超越了《纽约时报》辛勤工作60年的发布量；全球最大的视频网站，一天之内上传的影像可以连续播放98年。微博、微信、百度、谷歌、雅虎、脸书、推特、电子书、网络虚拟博物馆、数字图书馆、知乎、豆瓣等，依靠网络平台人们创造极其丰富多样的思想传播系统。亿万互联网用户不仅是网络文化的创造者，自身也被网络文化重塑。向数字化、网络化方向发展，人类的精神文化生产几乎都不约而同地选择了新的发展方向。可汗学院没有大笔的资金和大量的教职员工，更没有规模巨大的校园场地，但是，它的学生却在三年里发展到一个亿。它的教学视频已经有五千多个，并被翻译成西班牙语、俄语、汉语、法语等十余种语言，课程种类涵盖了从幼儿园到高中的所有教学科目。由斯坦福大学教授创建的 Coursera 在线教育平台2015年便拥有770万遍布全球各地的注册用户。一堂大型开放式网络课可以同时为几万人提供学习机会。工业时代只有大资本所有者和少数社会权贵和知识精英能够触及的《不列颠百科全书》每一次新版，需要历经10年规划，花费250吨金属印刷。今天，网络维基百科全书 Nupedia 网站开设287个语言版本，全世界总共有近10亿民众使用它。而它没有专业的编纂队伍，来自全球的1600万志愿者为其提供词条或更新词条。自2001年1月15日正式上线，至2014年维基百科已成为全球第五大网站，拥有词条 3124 万条，是《不列颠百科全书》的 269 倍，总编辑次数超过 7 亿 1800 万次。

　　知识和文化的创造不再是少数社会权贵和精英的专属权利。各式各类的在线学习平台，为每一个人在每一个碎片时刻创造知识、传播知识和学习新的知识提供了现实的可能。建设学习型社会、实现个性化、终身化的学习在互联网时代不再是遥不可及的理想，而是现实的选择。"从来没有一种技术能够像信息技术、虚拟技术这样迅速、彻底、深刻地改变人类的生产与生活方式，改变人们的文化生产与文化消费活动，改变着整个世界文化面貌和文化格局。"① 随着全球信息社会的发展，越来越多的人参与到数字化学习、数字化教育过程中。所有人、所有碎片的时间都可以参与到文化的生产、传播中来。

（三）信息技术为人民群众推动社会变革赋予了新的力量

　　唯物史观认为，人民群众是社会变革的决定力量。人民群众不仅推动社会生产力不断向更高水平发展，还不断推动变革不适应生产力的生产关系，变革不适应经济基础的上层建筑，从而实现历史的进步。人民群众作为社会变革的决定力量在不同的时代具有不同的表现形式和内涵。

　　纵观人类历史，每一次社会变革作为社会发展进步的阶梯和关键点，都离不开广大人民群众的参与和支持。人民群众是社会变革的决定力量，其根本原因在于，人民群众是一切物质财富、精神财富的创造者。人民群众对社会物质生活、政治生活和精神生活的支持与否、参与与否，支持的程度、参与的程度，决定了历史格局或历史发展趋势。人民群众推动社会变革的形式、手段和途径，是随着科学技术的发展而不断发展的。

　　信息技术的发展赋予了人民群众的社会物质生活、政治生活和精神生活新形式和内涵。互联网的发展，空前拓展了人民群众政治参与的途径。每一个网民随时随地都可以对政治、对政府进行监督和提出意见和建议。互联网不但能够汇聚亿万群众的力量，还加速推进了政治的透明和公开。互联网形成的舆论力和动员力不但空前地提高了普罗大众变革社会的能力，还在政治民主化、政治民本化方面具有"倍增器"的作用。

　　以政权变革为例，审视现代信息革命与社会变革的关系，可以发现，信息技术、特别是移动互联网技术的发展和普及应用，对政权变革都具有

---

① 孙伟平：《信息时代的社会历史观》，江苏人民出版社 2014 年版，第 419 页。

重要的影响。20 世纪 90 年代以来随着互联网国际化发展步伐加快，资本主义阵营对社会主义阵营的"和平演变"战略中，互联网也彰显了重要的政治影响。一些国家发生的"颜色革命"，信息技术都发挥了重要影响。"今天，政治势力之间的斗争方式和结果，越来越取决于对先进信息技术的运用，这就是信息媒介对政治模式的形塑作用。"① 质言之，信息技术为普通的社会大众参与政治变革提供了技术的、社会的和组织的条件。

信息技术的发展日益降低信息网络技术使用的门槛，亿万人民群众日益网民化，为人民群众参与社会变革提供了物质和技术的基础。新兴的信息技术，尤其是互联网，以不同的方式改变了国家与社会之间的互动。如果承认信息代表权利和权力，那么，互联网的普及应用就极大地增强了人民群众的个体的权利和权力，网络能为每一位网民提供一个讲坛、提供政治参与的平台。互联网不但增强了个体人的社会存在感，还极大地增强了人民群众的自组织能力。互联网"打破了国家对信息的垄断，并因此为数字化公民参与政治提供了可能性。……数字化公民社会的形成有着重要的政治结果。它为公民提供了一个公共空间来参与政治"②。互联网的这种自组织能力对社会变革具有重要作用。亿万人民群众只有组织起来才能够发挥对社会变革的决定性作用。互联网为人民群众提供了一个极其便捷组织联系手段。全球范围的网络社交平台狂飙发展，展现了网络的巨大自组织力和社会动员能力。

社会变革不仅包括一种政治制度或政权组织发生变革和更新，还包括一个国家的法律、政治制度和政治文化的动态性改良和完善过程。社会变革不仅包括激进的、暴力方式的变革，还包括渐进性的、温和的改革过程。"网络问政"是互联网大众化以来出现的一种新的社会进步现象。总体而言，与前互联网时代相比，互联网是社会公众利益表达和聚合的更有效的渠道，群众依托网络平台行使和实现其批评与监督政府的权利更安全、便捷和高效。人民群众获得了当家作主的直接有效的实现途径。互联网对政府的监督效能的实现本质上是人民群众监督政府权力的实现过程。在这一过程中，政治权力的运行受到来自网络社会的全方位的监督和舆论

---

① 肖峰：《信息技术哲学》，华南理工大学出版社 2016 年版，第 208 页。

② 郑永年：《技术赋权：中国的互联网、国家与社会》，邱道隆译，东方出版社 2014 年版，第 138—139 页。

影响，促使政治运行必须更加透明化、公开化和民主化。在这样的政治生态下，过去长期存在的或政府刚刚出台的一些不合理的制度、法律和规章制度在现实执行过程中都可成为网络舆论关注的焦点。网络舆论持续关注所产生的压力传导至政治权力体系中，就必然引起政治决策体系检视政治决策过程、政治议题，从而可能对原有政治决策、政治议题做出修改和完善。在反腐败斗争中，"网络反腐"也成为全球信息社会政治生活的新文明现象。所谓"电子民主""数字民主""网络民主"，就其实质而言，都是人民群众分享了过去由少数人代理或独享的权力，从而实现个体对社会政治变革的参与作用。

概言之，与以往的时代相比，信息时代人民群众获得了新的生产力、新的政治权利和权力、新的道德生活和精神生活。如果要用一个新的概念来描摹基于现代信息技术所形成的新的社会经济、政治、文化和社会发展成果，"信息文明"是恰如其分的。随着信息文明的不断发展，人民群众获得更加真实的、巩固的历史主体地位，人的自由全面发展获得更加充实的条件。

小　结

本章聚焦"信息文明的实践形态"，从生产力范畴内涵的嬗变、信息社会来临和人民群众的信息化生存方式三个层次加以阐述。唯物史观认为，社会存在决定社会意识，社会意识对社会存在具有反作用。信息文明的实践是以物质生活生产方式内涵的信息化变迁为起点的。信息时代的生产方式是对工业时代的生产方式的扬弃。随着信息技术的发展及其对人类社会物质生活、政治生活和精神生活的全面渗透，信息文明的面貌必将越来越清晰地呈现出来。

从生产力形态上分析信息文明的实践形态，马克思主义"生产力"范畴面临着物质生产力向信息生产力内涵嬗变的现实。工业时代的生产力形态主要是人们对物质资源的利用能力，利用有形的自然物质资源，生产有形的物质产品，满足人们物质层面的需求。在长期的物质生产力发展的基础上，人类进入信息时代。基于信息科学技术，大规模利用数据、信息、知识和人的智慧等无形资源成为驱动生产发展的重要动力。信息生产力作为信息文明的决定因素，其本身是一个内涵不断丰富、不断发展的、历史的范畴。信息生产力不仅是简单的信息获取、处理的能力，也不仅是信息创造力，其核心意涵应该是一种社会主体之间的协作和共享能力。只有把信息生产与一定是社会关系加以结合考察，才能解释为什么相同的人、财、物在实践中会产生不同的实践效用？为什么拥有发达的信息技术，却不一定能够建立普惠共赢和谐发展的理想信息社会？解放和发展信息生产力不仅是由信息科学技术决定的，还需要依赖恩格斯指明的"历史合力"。

从生产关系层面考察信息文明的实践形态，信息社会的来临和迅速走向成熟的现实是信息文明实践形态的一个重要确证。信息社会是建构在信息科学技术基础上的技术社会形态。基于信息化生产方式和信息以社会共享方式实现自身存在价值的内在机制，信息社会要求人们自觉形成开放、合作、互利、协同等核心观念。

问题在于，信息社会不是从一开始就能够取得全面、普惠、均衡发展的。计算机、互联网核心技术等信息资源在相当长的时期内仍然是由少数国家和局部地区垄断和掌握的。客观而言，先期发展的工业文明优势背景下，西方在计算机、互联网等现代信息技术领域仍将长期保持诸多优势地位。全球信息社会治理主导权激烈博弈情势短期内难以改变。因此，信息社会既要倡导网络空间命运共同体和人类命运共同体意识，又要深刻认识到主权国家仍然是当今时代维护阶级利益、国家利益和世界和平发展利益的重要力量。相当长的时期内，国家仍然是国际行为主体。信息社会仍然存在阶级、阶级矛盾和阶级斗争，只是其表现形式和发生机理出现了"信息方式"的明显变化。信息社会发生社会革命的条件仍然存在。阶级分析方法仍然是人们认识信息社会的科学方法。

信息社会来临，信息技术的发展，一场要求社会解放信息生产力、释放信息技术蕴含的经济和社会价值的运动从局部发展为世界范围的宏大进步运动。自由软件运动、礼品经济、信息公开、开放政府数据，信息蕴含的价值正逐渐被一浪高过一浪的信息社会化运动展现出来。数据、信息、知识正从由少数人垄断状态变为造福全社会的无尽资源，由此引发的人类文明进步是不可估量的。信息文明的实践是全方位的，不仅是技术层面的，还包含着政治和文化层面的。归根到底，信息文明的实践体现着不断巩固和充实人民群众历史主体地位的过程。

信息技术的不断发展，为人类建构了一个全新的活动空间——网络空间。网络经济、网络政治、网络文化是信息文明的三个鲜明的侧面，它们共同推动着人类向网络空间迁徙。同人类社会历史中的每一次迁徙不同，这一次迁徙，人类通过信息互联网、物联网、工业互联网建构了一个更加便捷的交往方式、更加高效的生产方式、更加智能的生活方式。人人可参与、人人可表达、人人可分享、人人可创造，移动互联网、社交媒体技术对人类个体生活方式的颠覆性变革从未有这样空前的力度。随着人民群众普遍地实现信息化生存，人民群众的历史主体地位形成了新的内涵和新的特征。

作为一种信息化生产方式建构的新文明，信息技术、信息化社会工程以及信息社会治理体系只有依靠人、为了人，并最终为所有人的全面发展创造条件和增加福祉，才能体现其"文明"的意义。在信息技术的发展和人对信息的无限需求互动中，人民群众的生产生活方式熔铸为数据化、信息化、智能化方式。大数据技术的发展，物的数据化和人的生存方式的全过程数据化，为人的本质赋予了更丰富、更充实的意义。越来越多的普通人、信息化的人不仅创造了日益丰富的物质财富和精神财富，还在社会变革的历史进程中，彰显了更加充实的历史主体地位。

对人的信息活动进行哲学的审度，可以发现，信息社会来临，整个物质生产方式、社会存在方式和人的存在方式都发生了巨大变化。信息活动重构了人的实践方式。借助信息技术，作为实践的主体人的功能大大延展了。人工智能、物联网、大数据等信息技术与社会生产生活的深度融合，不仅延展了人的认识能力，还延展了人的实践能力。人工智能不断由弱变强，并获得一定的"人"的属性、"人"的权利，进而形成人—机协作的劳动关系和社会关系，意味着人通过自己的创造物延展了人认识和改造自然与社会的能力。

信息及信息技术创构的网络空间，空前丰富和拓展了实践的主客体和中介系统的内涵和形式。信息实践标志着人们在通过物质实践方式改造主、客观世界的基础上，获得了以"信息方式"认识和改造世界的途径。信息科技的发展表明，信息实践对现实世界影响正不断塑造着新的世界图景和观念体系。信息方式创造着新的文明范式。信息文明的发展创造的新的物质生活资料生产方式、社会存在方式，彰显了科学技术蕴含的强大革命性力量和人民群众无限的创造力量，要求人们更加自觉地坚持人民历史主体地位，更加自觉地坚持以人民为中心的发展思想。

第三章

逻辑形态：信息文明的生发机理

逻辑形态的信息文明主要回答信息文明"如何是"的问题。劳动的观点是唯物史观的核心观点。人们的劳动创造了一切物质财富和精神财富。人们的劳动改造了客观世界和主观世界。唯物史观视阈，人类劳动工具的每一次变革必然带来劳动方式的变革。劳动方式的变革又将引起社会文明形态的变革。信息文明，通俗的理解就是信息化劳动产生的文明。信息化塑造了新的劳动者、劳动对象和劳动资料。物联网技术的发展，万物互联技术的出现意味着人类对自然物质的信息化改造和利用能力达到了新的高度。在信息资源中，最具有革命性意义的劳动工具——互联网——的发明和应用，为信息文明的形成奠定了关键的物质基础。基于互联网在信息文明中基础地位，信息文明一定程度上与"互联网文明"是同义词。信息文明的"逻辑形态"不只是停留在信息劳动方式层面，更为重要的信息文明"逻辑形态"还体现在基于信息技术而涌现的共享经济。共享经济形成的协同互利经济关系内蕴着"使用而不占有"的价值观念，体现了新文明的基因。伴随着信息技术的大规模应用，人们的思维领域相继形成了三大新的思维方式：信息思维、互联网思维和大数据思维。它们贯穿在人们的信息实践过程，是信息文明逻辑形态的高级表现形式。

第一节　信息资源对劳动过程的全面塑造

"各种经济时代的区别，不在于生产什么，而在于怎样生产，用什么劳动资料进行生产。劳动资料不仅是人类劳动力发展的测量器，而且是劳动借以进行的社会关系的指示器。"① 当人们用信息化手段进行物质生产、政治生产和精神生产，各种生产的成果也是信息化产品的时候，我们就进入了不同于工业文明的新文明时代。信息文明最确切、最根本的基础在于人们创造了一种新的生产力形态——信息生产力。从具体内涵上讲，信息生产力，既包含了"创造、采集、处理、使用信息并获得信息资料的水平和力量"②，又包括"信息（或知识）劳动者，以信息技术和信息网络作为劳动工具，以信息资源作为劳动对象的协同生产能力"③。信息生产力的生成发展过程，本质上是科学、技术、知识融合在生产力系统中演变为生产力的过程。信息生产力中，计算机和互联网是最主要的劳动工具，数据、信息、知识是最重要的生产资料（注意，强调知识、信息是最重要的生产资料，并不是说自然物质属性的生产资料不重要了，而是指，在高度智能化、信息化生产条件下，自然物质生产资料的地位和作用不再是最重要的生产资料），知识化、信息化的劳动者是最活跃、最能动的力量。信息技术正是通过劳动者的活劳动渗入劳动过程中，把科学技术、知识和信息中蕴含的潜在的、可能的生产力变成为现实的生产力。

一　互联网的劳动资料属性

马克思在《资本论》中指出："劳动资料是劳动者置于自己和劳动对象之间、用来把自己的活动传导到劳动对象上去的物或物的综合体。"④劳动资料是在劳动过程中用以改变或影响劳动对象的物质资料或物质条件，是人和劳动对象之间的媒介体。劳动资料的形态、范围随着社会实践的发展而经常发展变化。在劳动资料中，劳动工具是人们在劳动生产过程中对劳动对象进行加工的事物，它直接传递人对自然界的作用。信息时代，最具代表意义的信息资源是互联网。互联网正发挥着传递人作用自然界的媒介体的功能。

（一）互联网对劳动方式变革的影响

"撇开每一种特定的社会的形式来加以考察。……劳动是人和自然之

---

① 《马克思恩格斯文集》第5卷，人民出版社2009年版，第210页。
② 肖峰：《信息主义：从社会观到世界观》，中国社会科学出版社2010年版，第118页。
③ 杨培芳：《挽在一起的手：协同互利信息经济哲学》，人民邮电出版社2016年版，第8页。
④ 《马克思恩格斯文集》第5卷，人民出版社2009年版，第209页。

间的过程，是人以自身的活动来中介、调整和控制任何自然之间的物质变换的过程。"① 互联网技术的发展及其在人的劳动过程中的应用，使人的劳动方式发生了惊人变化。

首先，互联网改变了人的劳动空间格局。互联网创造了一个不受空间局限的劳动条件。在有互联网的任何一个地点，具备互联网应用知识的人就可以开展工作。这是互联网时代劳动方式最为鲜明的特征。互联网的出现，解构了工业革命以来的人们在特定的地点、集中工作的机械化工厂劳动方式。借助互联网传递物质和能量的强大功能，人们的劳动空间要求发生了变化。理论上，任何有网络的地方，就具备了一定的劳动条件。在信息互联网基础上发展起来的物联网将进一步推动劳动条件的变革。依托互联网形成的各种互联网企业是信息经济的重要推动者。与工业文明时代的企业相比，信息互联网企业不一定需要庞大的厂房和巨额的资本，而主要依靠创始人的创意和所掌握的信息和知识。信息时代诞生的虚拟企业完全颠覆了过往的企业形态，虚拟企业"没有统一的总部办公室，也没有正式的多层次的组织机构，更不存在传统企业那种严格的、自上而下的金字塔式的等级管理"②。

其次，互联网改变了人们的劳动时间格局。互联网时代，劳动工作时间和生活闲暇时间的界限正变得日益模糊。互联网技术创造了一个无时无刻都可以工作、学习、娱乐休闲的社会生存环境。当智能手机（微型计算机）等信息处理终端广泛普及应用后，人们已经感受到上下班的时间界限不复存在了。物联网和大数据技术赋予每一个人每时每刻既生产数据、又消费数据的信息生态。实际上，"弹性工作制"正是基于信息技术的发展和应用而形成的一种新的工作制度。工业时代形成的统一的劳动作息时间制度正在变得过时和僵硬。共享经济涌现背景下，这种情形表现得尤为明显。在基于信息技术的共享经济模式下，"它可以让人根据自己的日程自由安排自己的工作，而不是让工作限制了自己的日程安排"③。2008 年国际经济金融危机以来，在移动互联网技术不断助推下，由欧美一些发达国家兴起的共享经济获得迅猛发展，原先大量存在的、由不同社会主体所有的闲置时间通过互联网配置变成可创造新的生产力和财富的生

---

① 《马克思恩格斯文集》第 5 卷，人民出版社 2009 年版，第 207—208 页。
② 孙伟平：《信息时代的社会历史观》，江苏人民出版社 2010 年版，第 179 页。
③ 蔡余杰、黄禄金：《共享经济》，企业管理出版社 2015 年版，第 67 页。

产要素。共享经济业态创造的越来越灵活的劳动时间格局，正日益受到众多就业人群的青睐。

最后，互联网改变了劳动内涵。信息社会的发展，人们的劳动日益呈现出一个清晰的发展趋势：一般的、程序性的劳动将被越来越普遍的创造性劳动取代。"作为得到创造性成果的劳动，创新劳动必定涉及新的观念和信息，必定是一种主要以信息为对象的劳动。"① 信息时代，大规模信息技术的应用，智能化无人工厂的出现，物质生产率空前提高，社会经济结构发生了深刻变化，人们用于生产生活资料的必要劳动时间正不断缩减，代之而起的主要是生产享受资料、发展资料的劳动。信息革命引发的第一、第二产业占比不断减少，第三产业迅猛发展的世界产业结构变化趋势正是信息技术改变劳动内涵的确证。由此，劳动岗位、劳动条件、劳动环境等劳动的内涵也在发生着全方位的变革。体力劳动正不断缩减到社会劳动中的一些特殊行业，脑力劳动正不断成为主要的劳动形式。随着智能计算机和互联网的深度融合，越来越多的工作可以由智能机器来完成。2016 年里约奥运会期间，美联社和新华社就派上机器人编辑和记者进行采编工作。有研究显示，数码机器人将在不久的将来代替人开会。数码替身能够知道它的所有人的意见、语言习惯，甚至可以帮助所有人敲定最终的方案。一种名叫"灵魂机器"的数码替身可以与他人进行交谈或和一群机器人在真实或虚拟的会议地点开会。② 大数据、云计算、移动互联网、人工智能等技术的发展使得互联网能赋予越来越多的物品智慧和知识，尤其是能够学习的能力。越来越多的工作可以被智能化机器代替或者辅助完成。互联网为解放人的体力和脑力创造了越来越多的条件和可能。"在劳动过程中，人的活动借助劳动资料使劳动对象发生预定的变化。……劳动与劳动对象结合在一起。劳动对象化了，而对象被加工了。"③ 可以预见，随着基于互联网技术的物联网、大数据等信息技术对人类社会全部生产领域的渗透，万物互联互通，在信息化基础上形成智能化，越来越多的物将通过人的信息创建性活动纳入到劳动对象中。人类的劳动内涵必将朝着越来越数字化、信息化、智能化方向发展。信息社会的

① 王天思：《创新劳动价值论与劳动价值论创新》，《学术月刊》2012 年第 12 期。

② 苗涛：《数码替身将代人开会》，《环球时报》2017 年 2 月 3 日，转引美国福克斯新闻网，2017 年 2 月 1 日。

③ 《马克思恩格斯文集》第 5 卷，人民出版社 2009 年版，第 211 页。

发展，不仅使人类劳动过程愈加信息化，而且劳动产品也日益信息化、智能化。创造性劳动已经成为信息社会劳动的常态。

（二）作为劳动工具的互联网所有权问题

劳动工具，是人类实践活动作用于世界的中介。唯物史观认为，人类历史就是一部生产劳动的历史。人要生存下来，就首先要解决自身物质需要问题。自然界不会自动地满足人的物质需要。这样就必然发生人与自然之间的对象性活动，即人的生产实践活动。人们要进行生产实践就必须借助一定的劳动工具。劳动工具的发展不断满足人的需要的同时，又在新的基础上产生新的需要。从物质的需要发展至精神需要，从新的物质需要发展至新的精神需要，这个过程至今仍在发展中。"已经得到满足的第一个需要本身、满足需要的活动和已经获得的为满足需要而用的工具又引起新的需要，而这种新的需要的产生是第一个历史活动。"① 劳动工具发展的根本动力在于人的生存和发展需要与自然之间的矛盾。人的身体，人的手、耳、眼、鼻、大脑和神经系统等身体器官构成了人们生产劳动实践的最基本工具。在漫长的原始社会，人类的信息交流主要依赖人的身体作为媒介来传递和处理的。"人类历史上曾经历过主要依赖身体技术的时代，表现在信息交流上就是主要依赖身体信息技术的时代，这就是原始部落时代的以身体为原媒介的叙事方式。"② 人们在劳动过程中，创造了语言系统、文字系统以及各种符号系统，这些符码系统资源共同构成了今天意义上的信息资源。为了创造更多的物质生活资料和精神生活资料，人们迫切需要突破身体的信息技术的物理极限，发明出能够延展人的手、眼、耳、脑等信息处理和传播的劳动工具。文字和纸的发明解决了信息长时间存储的困难，印刷术的发明和发展解决了信息快速传递的需要，电报、电话、广播和电视技术的兴起开创了信息长距离传输的新时代。计算机和互联网的形成创造了一个人类历史上从未出现过的全新的信息技术平台，它不仅能够及时传递信息、还能够存储信息、处理信息，创造出新的信息。互联网将人类的信息技术发展到一个新的高度。如果说蒸汽机是工业时代最为重要的劳动工具，那么互联网就是人类在工业文明基础上创造的最伟大的劳动工具，它开创了信息文明新时代。

---

① 《马克思恩格斯文集》第 1 卷，人民出版社 2009 年版，第 531—532 页。

② 肖峰：《信息技术哲学》，华南理工大学出版社 2016 年版，第 43 页。

　　在互联网技术基础上发展起来的物联网技术在实践中介系统中发挥着日益使实践主体和客体相互转化的趋势。互联网作为信息传播、生产和信息共享的工具，不仅延展了单个人的肢体和大脑的功能，还创造了一个全新的人人可以共享的超级"类人脑"的智能工具系统。云计算、大数据、物联网和移动互联网等信息技术的发展及其在经济、社会生活各领域的广泛扩散和应用，正创造着有别于传统工业文明不一样的新文明形态。"互联网作为一种通用的目的技术（General Purpose Technology），和100年前的电力技术、200年前的蒸汽机技术一样，已经对人类经济社会产生了巨大、深远而广泛的影响。"[1]

　　唯物史观认为，人类的任何生产劳动活动都是在一定的社会中进行的。正是由于生产劳动形成了一定的社会关系。即，一定生产力的获得必须依赖人们之间建立一定的生产关系。生产关系包括生产资料所有制关系，人们在社会生产中的地位作用和相互联系，劳动产品的分配关系三个方面。劳动工具作为生产资料的重要组成部分，其归谁所有问题（是归集体所有还是归私人所有，是归多数人所有还是归少数人所有）就直接决定了社会性质和社会进步状况。

　　互联网在信息社会中的劳动工具地位，当然也存在归谁所有的问题。对互联网的认识，不能仅仅停留在作为物化的工具意义的客观存在物层次上，"互联网不是一个实体而是一个实体的集合，是相对去中心化的网络之网络。这个网络之网络集合了亿万各种型号的计算和传播设备，运行着各种各样的软件程序"[2]。互联网作为信息时代的社会基础设施，如同工业时代的公路、铁路、油、气、自来水管道等公共设施一样成为现代社会的基本的基础设施。

　　但是，互联网远不是网线、路由器、电子元器件的物的集合，相对网络的物理硬件设备而言，更具有决定性意义的是网络上的内容，网络上的数据、信息、数据库以及多种多样的网络应用系统。如果网络上没有人们需要的信息、数据以及传播和存储数据的应用系统，那么网络就是一堆对人类毫无意义的电子垃圾集合。如果把互联网比作一个人的话，那么互联网的物理系统就好比人的骨骼，而互联网上的内容就是人的血肉和神经系

---

　　① 阿里研究院：《互联网+：未来空间无限》，人民出版社2015年版，第3页。

　　② ［英］安德鲁·查德威克：《互联网政治学：国家、公民与传播技术》，任孟山译，华夏出版社2010年版，第5页。

统。离开骨骼系统和离开血肉神经系统的人都是不存在的。所以，互联网本质是一个物质系统和人的精神（以信息方式表征的）系统的集合体。互联网的物理系统是工业社会的产物，是工业技术发展的人造物。它可以归属某个国家、组织、集体或个人。互联网上的信息、数据等内容是由全球网民创造的，互联网的开放性、共享性决定了网络上绝大多数信息资源是以免费或无主形式存在的。互联网的发展日益彰显出它的社会公共性，乃至像空气一样成为数字化生存的人们的生产生活必备品。

问题的关键是，网络硬件系统和网络的软件系统只有融合在一起，网络才能称为网络。因此，作为信息时代最重要的劳动工具的互联网，不能笼统地说是归谁所有。可以说，互联网既属于每一个人，又不属于任何人。互联网只有使用权而不存在所有权。作为互联网的物理设施，如果是由国有企业或集体企业出资建立，那么它所管理的互联网就属于公有的生产资料；如果是由私人出资建立的，那么互联网物理设施就是属于私有的生产资料；如果既有集体或国家出资又有私人出资共同建立，那么就是一种混合所有制度。但是，无论是谁所有，都只对互联网的物理设施存在意义。对互联网具有决定意义的网上的信息内容只能属于全人类（全部网民）。这就在一定意义上，形成了"信息共产主义"。互联网作为劳动工具的公有属性不仅是对工业社会私有产权制度的技术消解，更在文化观念、思维方式上对人类社会产生了深远影响。正如习近平所指出的，"随着世界多极化、经济全球化、文化多样化、社会信息化深入发展，互联网对人类文明将发挥更大促进作用"①。这个影响才刚刚显现。随着互联网对人类实践活动的深度影响，一种基于互联网的新文明——信息文明——正逐渐清晰地呈现在人们的面前。

二　信息资源是信息社会的主要生产资料

"是从物质的、经济的因素出发，还是从精神、思想的原因出发说明社会历史问题，这是历史唯物主义和历史唯心主义在方法论上的根本区别。……一切社会问题都根植于最深厚的经济事实之中，一切社会现象最终都受到一定经济原因的制约和影响。"② 信息文明深厚的基础在于它的

---

① 《习近平谈治国理政》第 2 卷，外文出版社 2017 年版，第 532 页。

② 王伟光主编：《人类历史上新的历史观》，人民出版社 2014 年版，第 52 页。

经济的、物质的因素不同于工业文明和农业文明。信息文明的经济基础是信息经济。信息经济的主要资源是信息资源。根据阿里研究院研究，大约公元前 4000—公元 1763 年，是人类农业经济占统治地位的时代，推动经济社会发展的主要动力是农业革命，主要的生产要素是自然物质资源。农业化的生产方式塑造了人类的农业文明形态。蒸汽机的发明和应用，将人类推进到工业社会，推动经济社会发展的主要动力是持续的工业革命，工业社会主要的生产要素是能源，主要的经济形态是工业经济，对应而形成的文明形态是工业文明，时间跨度为 1763—1970 年。信息革命推动了社会文明形态朝着信息文明转型，时间从 1946 年开始至今仍在持续发展中，信息社会主要的生产要素是信息和知识，主要的经济形态是信息经济和知识经济。①

（一） 信息何以成为重要资源

人类的进步是与对各种资源的开发和利用同步发展的。农业时代，囿于对自然物质世界认识的局限，人们的生产活动主要依赖自然界直接提供的物质资源的利用，所进行的生产活动除了利用少量的风力、水力、畜力外，基本上是用人的体力。近代科学技术和工业革命的发展，蒸汽机等机械化的劳动工具开始出现，人们的劳动方式逐步实现了从手工劳动逐步向机器生产变迁。机器劳动代替人体劳动在解放人的体力的同时，创造了工业时代先进的生产力。蒸汽机、电动机、核能等为工业生产力提供的动力源自储存在地球上的石油、天然气、煤炭、矿藏等各种能量资源。随着人们对地球资源和环境保护意识的觉醒，人们开始意识到化石形态的能源是有限的。为了实现可持续性发展，信息资源开始受到人们的青睐。随着信息革命对人类社会的深度影响，信息作为生产资料的地位逐步显现出来。信息资源与物质资源、能量资源一同支撑起现代经济与技术的发展，在社会活动的各个环节发挥着重要作用。如果说物质向人类提供了劳动的材料，能源就提供了动力，而信息就向人类提供了知识与智慧，信息资源是非物质的社会财富。② 信息作为能够被人们感知和认识到的物质存在方式、状态的显示，在其他生产要素的支持、作用下，通过具备一定信息知识素养和技能的劳动者的利用，就可以创造出人类需要的物质财富和精神

---

① 　阿里研究院：《互联网+：未来空间无限》，人民出版社 2015 年版，第 2 页。

② 　骆正山等编：《信息经济学》，机械工业出版社 2013 年版，第 157 页。

财富。信息转化为信息资源主要由三个方面的要素推动的。

第一，信息需要是人的本性。人的需要包括了物质需要、能量需要，还包括信息的需要。唯物史观认为，需要是人们活动的原动力。正是人有需要与自然界不能直接满足人的需要的矛盾，使得生产劳动成为人的存在方式。人的需要创造了生产劳动的动力。"没有需要，就没有生产。"① 人的需要具有广泛性。人要生存下来，要不断提高生存的质量，在不断满足肉体需要的同时，还会产生精神的需要，包括安全、被爱以及受到尊重等心灵上的需要。这些需要简单地说就是赋予人的生命和生活具有意义的需要。早在西欧工业化勃兴之时马克思就提出"报纸就包括在英国城市工人的必要生活资料之内"②。从信息的角度而言，信息需要就是人之为人的需要。"人以其需要的无限性和广泛性区别于其他一切动物……"③ 随着经济社会的发展，人们在社会生产生活过程中，信息的需要与信息的供给达到了极大的规模，人们对信息的组织和开发有了现实的需要。在生产力水平低下的人类社会早期阶段，人们在生产生活中获得的信息是非常有限的，有限的信息不仅制约了人们改造世界的能力，还制约了人们创造新的信息的能力，整个社会的信息供给也非常有限和不足。显然，在生产力落后的社会发展阶段，信息不可能成为信息资源并为人们大规模加以开发和利用。随着社会生产生活的不断发展，人们的社会交往、经济关系不断由简单趋向复杂，信息的供给和需求都呈现迅速增长态势，在社会上开始出现一部分人专门从事非物质的、精神生产活动，这些非物质的、精神的劳动产品就是以信息形态而存在的劳动产品。信息产品逐渐走向商品化，这就为信息向信息资源的转化提供了可能。

第二，现代科学技术的发展尤其是信息技术的发展，为大规模的信息流动和发挥作用提供了可能。人类生产实践的发展，人们对客观世界和主观世界认识的不断深化，人们的知识水平在世代积累的基础上不断提高，信息源就不断出现激增，这就为信息资源的大规模利用提供了可能。电学、磁学、无线电广播、电报、电话、电视等现代信息和通信科技的发展，尤其是计算机和互联网技术的发展，使人们快速、准确传递信息的能力极大地提高了，这就为信息转化为信息资源提供了技术保障条件。科

---

① 《马克思恩格斯文集》第 8 卷，人民出版社 2009 年版，第 15 页。

② 同上书，第 514 页。

③ 《马克思恩格斯文集》第 1 卷，人民出版社 2009 年版，第 531 页。

技、教育、文化事业的发展，人们的信息接收、处理和整合能力也不断增强，人们能够对可获取的大量信息加以分析、研判和整理利用，以服务于现实的生产生活，创造出新的物质财富和精神财富，或者在原有基础上创造出新的有价值的信息，从而推动信息不断进入新的资源范围。质言之，社会经济科技的发展，为信息的快速流动创造了条件。信息的生产、传递和处理的全流程环境都发生了质的变化，这就为信息转化为信息资源开辟广阔空间。

第三，随着社会经济政治文化的发展，人类创造的生产力不断提高，整个社会的经济、政治、文化结构逐步由简单状态向复杂状态、由低级阶段向高级阶段演进。社会的复杂性、交互性增强进一步凸显了信息的重要性。"人类需要的层次越高，越具有信息的性质；需要越具有信息的性质，其相互性就越强。"① 没有信息，物质和能量就是无序、庞杂和混沌的，这就大大削弱了人类利用物质资源、改造自然和社会的能力。现代社会的发展日益证明，离开信息的指引，整个社会生产生活就会陷入混乱、停滞甚至倒退的状态。任何一个社会单元，如果掌握的可利用信息越多就越能够获得良好的发展，反之，发展就会削弱或停滞。正是信息在社会生活中的作用日益重要，使得信息转化为信息资源的社会条件逐步成熟，最终导致信息资源的形成和发展。

（二）信息资源作为生产资料的独特性

生产资料是生产过程中的劳动资料和劳动对象的总和，它是任何社会进行物质生产所必备的物质条件。信息虽然普遍存在，但是，不是所有的信息都是资源。信息成为信息资源既是经济社会发展的结果，又是人类社会物质生产方式发生变革的重要标志。狭义的信息资源是人类社会中经过加工处理的信息的集合，指的是信息本身或信息的内容，一般就是指经过人们加工处理，对决策有用的数据。广义的信息，凡是人类实践创造的各种信息、知识、科学、技术、经济、文化、政治等社会生产生活中的各种信息及其载体都构成信息资源，不仅包括信息生产者、信息本身，还包括信息技术。信息资源是信息社会重要的生产资料。与传统的物质型生产资源不同，信息资源具有三个方面的突出特点。

---

① 王天恩：《通过大数据研究澄清 agent 的地位》，《中国社会科学报》2017 年 10 月 24 日第 2 版。

第一，信息资源具有可共享性。这是信息资源最突出的特点。工业文明中使用的石油、煤炭、厂房、土地等物质资源在使用中具有排他性，一些人使用，另一些人就不能使用，一些人使用后就会耗损掉其价值。而信息资源在使用中，不仅不会减少信息量，反而会因为信息资源的使用产生更多、更有价值的信息资源。信息资源可以同时供全球的人使用，也可以供不同的人先后使用，信息资源的多次、反复使用过程不仅不会损失信息本身的价值，还会使信息不断地衍生出新的价值。理论上讲，信息资源的可共享性，决定了信息资源可以实现按需分配、多次交换。

第二，信息资源既有无限丰富性又存在稀缺性。从来源上讲，信息资源是伴随着人们社会实践活动而形成的一种人们认识世界的反映及其显示，只要存在人类社会实践，就存在可以被人认识和感知的信息和信息资源。因此，信息资源不会出现物质资源那种枯竭的情况。但是，就具体的社会主体而言，信息资源总是存在于一定的时空的，获取信息资源的条件总是有限的和有代价的，信息资源对社会的效用会随着经济社会的发展而不断衰退直至完全丧失价值和使用价值，因此，对某一具体的社会主体而言，信息资源又是一种稀缺性的资源。

第三，信息资源具有引领性。信息资源是一种渗透和嵌入在人类社会各个领域和各个方面的资源，它具有引领社会其他资源的功能。基于互联网的共享信息一旦与社会生产、生活主体需求成功匹配和对接，就可以激活闲置和隐性的资源，引领其他各种资源运动，优化资源配置效率。淘宝、货车帮[1]、爱彼迎（Airbnb）、小猪短租[2]、优步（Uber）、滴滴出行等互联网企业充分挖掘和整合了社会的信息资源，使用这些资源不但创造了新的物质财富和精神财富，还促进了各种生产要素的有序流动和科学配置，促进了经济社会的发展。

（三）作为生产资料的信息资源所有权问题

在唯物史观视阈下，"劳动作为生产劳动的特性只表现一定的社会生

---

①　中国公路物流互联网企业、大型货车综合服务平台，致力于做中国公路物流基础设施。产品主要功能包括：查找货源、订阅货源、发布货源、找货找车、停车场、新车二手车交易等，提升司机找货效率，减少空驶，保证货主能够及时调配车辆，保障运输。货车帮开放平台极大地提升了中国物流效率。

②　中国国内最早依托于共享经济为用户提供短租住宿服务的互联网平台，于2012年8月正式上线，是中国房屋共享经济领域的代表企业。

产关系"①。"劳动生产力是由多种情况决定的，其中包括：工人的平均熟练程度，科学的发展水平和它在工艺上应用的程度，生产过程的社会结合，生产资料的规模和效能，以及自然条件。"② 信息资源是信息社会战略性资源，其战略性体现在信息资源的应用程度和应用水平直接影响整个社会的"生产过程的社会结合"和"生产资料的规模和效能"。信息资源在生产劳动中运动状况本质上反映的是"社会生产关系"。"生产者相互发生的这些社会关系，他们借以交换其活动和参与全部生产活动的条件，当然依照生产资料的性质而有所不同。"③ 信息资源的应用状况直接与其作为生产资料的所有权问题相关。

理想的情况是，信息资源能像空气一样公开、自由流动和共享，由全社会共同占有并免费使用。但是，在社会实践中，实现信息资源真正完全作为公共的生产资料和免费使用的条件还有很多具体的困难。如果把信息资源分为硬件资源和内容资源两部分，其中前者大概可再分为国有部分和非国有部分，通常一些信息技术的基础设施是国有的，是全民可用的，但也不是无偿的，需要交纳"使用费"，就像即使是国家投资的有些高速公路也要交过路费一样，更不用说属于私有的硬件资源了。

至于内容方面，当然也有属于公共的部分和属于知识产权保护的部分，前者可以共享（如网上的新闻、可免费查阅和搜索的资料），后者则属于产权者所有，需付费使用。在这个意义上，网络空间的信息资源作为生产资料并非都是全社会公有的，相当多的是被垄断的，所以才有亚伦·斯沃茨④的"偷盗"行为。由此可以认为，就某一具体的信息资源而言，需要有政治、法律和社会意识的多种因素协同参与才可以不断地实现免费共享使用。

信息资源在信息社会面临的使用状况表明：信息社会尽管是一种技术形态的社会，它仍然存在着生产力与生产关系、经济基础和上层建筑的社会基本矛盾。那种企图或者依靠科学技术的进步（包括信息技术在内）

---

① 《马克思恩格斯文集》第 8 卷，人民出版社 2009 年版，第 219 页。
② 《马克思恩格斯文集》第 5 卷，人民出版社 2009 年版，第 53 页。
③ 《马克思恩格斯文集》第 1 卷，人民出版社 2009 年版，第 724 页。
④ 亚伦·斯沃茨是美国年少成名的计算机天才，被人们誉为数字时代的罗宾汉。他致力于网络信息开放，却因涉嫌非法侵入学术期刊的在线系统被指控犯罪。2013 年 1 月 11 日亚伦·斯沃茨在纽约其寓所内上吊自杀，年仅 26 岁。

超越社会基本矛盾的"信息文明观""科学技术决定论""技术至上主义"是不可取的。随着信息技术对整个社会生产的渗透，信息资源表现出为日益强烈的公共性、社会性发展趋势。全球社会信息化进程以及与之相伴的信息公开、数据开放运动正是信息资源所有权不断社会化的确证。

三 信息劳动者成为信息社会的主要劳动者

唯物史观认为，劳动者是劳动过程中最能动、最革命的因素。劳动者的面貌、结构不仅影响着劳动对象和劳动资料的范围，还反映着一个社会生产发展的面貌和结构。信息技术的发展及其对社会生产、社会实践的全面嵌入，劳动者也受到信息技术的塑造。信息化劳动和劳动的信息化正成为信息时代劳动内容和形式的整体变迁趋势。在信息技术介入的背景下，社会物质生活资料的生产率不断提高，社会产业结构随之也不断发生急剧的变化，越来越多的劳动者可以不再从事实体性物质资料的生产和劳动，代之而起的是从事加工、处理和创造非物质性的、信息资料的劳动。

（一）信息劳动者的形成及其基本特点

从信息视角上划分，整个社会生产可以划分为物质生产、能源生产、信息生产三大类别。由于信息技术的渗入，尤其是基于物联网技术的工业互联网、能源互联网的发展，社会的物质生产、能源的生产也趋于信息化，这样就导致信息劳动者队伍不断壮大的局面。质言之，随着"造信息"比"造物"更重要和更有价值，"造信息的技术比造物的技术更重要"[1]，专门的信息劳动者就形成和发展起来了。一般而言，信息劳动者指一切从事信息工作的，即创造、处理、加工、分配信息的人。他们包括科学家、工程师、软件设计者、律师、医生、经济分析师、心理咨询师、教师、图书情报管理人员等。在高度信息化社会，"信息的生产逐渐出现专业化的趋势，越来越多的人开始从事信息生产，作为总体工人一部分的信息工人阶级也日渐形成"[2]。随着移动互联网、大数据、云计算和人工智能与实体经济不断融合发展，数据分析师、软件工程师、网络管理人员等信息劳动者队伍迅速扩大。劳动者队伍的信息化过程将随着人类社会各

---

① 肖峰：《信息主义及其哲学探析》，中国社会科学出版社 2011 年版，第 161 页。

② 刘震、曹泽熙：《信息生产中工人阶级的形成和发展》，《马克思主义与现实》2015 年第 4 期。

行各业劳动过程数字化、信息化、智能化发展而不断发展。

信息劳动者与以往时期的劳动者相比，最主要的特点在，信息劳动者具有较高的文化素养，尤其是从事信息收集、加工等工作的劳动者，他们通常都具有丰富的知识，有较强的接受新知识的能力，有比较丰富的依靠信息技术手段开展工作的学习经历和经验，具有较强的社会活动能力以及对信息的正确理解、分析、判断能力和观察力等。信息劳动者不仅具备良好的信息素养，同时也有全球化的视野，信息的全球快速流动性和便利的可获取性，为信息劳动者涵养全球视野提供了条件。

（二）信息劳动者在生产关系中的地位问题

唯物史观认为，在生产关系中，劳动者在生产劳动中经济地位决定了其社会地位和政治地位。劳动者的经济地位归根结底取决于生产资料与劳动者之间的关系。劳动者在多大程度上占有生产资料就决定了劳动者在多大程度上具有相对独立的经济地位、政治地位和社会地位。

有观点认为，信息劳动者具有高度富集的知识和信息资本，随着信息资源生产的零边际成本时刻的到来，不需要依附任何劳动资料所有者，信息劳动者可以获得劳动的条件，成为真正"自由劳动者"和"劳动自由者"。更为坚实的根据还在于，信息是一种非物质性资源，是一种无穷无尽的、永不可能会枯竭的资源，对于信息劳动者而言，不存在没有劳动资料的问题，因此，信息劳动者可以成为真正独立的劳动者。

更多的学者没有这么乐观，应该说，信息技术、信息产业、信息经济的发展确实在社会实践中造就了日益庞大的"自由职业者"，他们乐于在自己的生活空间开展创业活动。网店从业者、短信写手、游戏陪练、游戏体验者、淘宝店的模特、视频直播者、网络教育培训人员以及众多依托互联网创业的人，他们可以在自己的生活中工作、在工作中生活，没有工业社会的工厂制度的羁绊。但是，正如马克思所指出的，"人们不能自由选择自己的生产力……因为任何生产力都是一种既得的力量，是以往的活动的产物"[①]。信息劳动者的富集的信息、知识资本不是从一开始劳动就有的，信息劳动者的信息资本的获得是要经过一定时间的积累、通过社会习得的，在这个习得过程中他（她）还不能成为一个信息劳动者，那么这个时候就不存在独立自由的劳动者地位。因

---

① 《马克思恩格斯文集》第 10 卷，人民出版社 2009 年版，第 43 页。

此，如果没有先前的或其他社会成员的生产资料和生活资料的支持，所谓独立自由的信息劳动者是无法形成的。所谓独立自由的信息劳动者，是建立在前面的不独立、不自由基础上而形成的一种社会条件。就其本质而言，那种完全脱离社会物质生产资料条件而真正独立、自由的劳动者是一种表象的、虚假的存在。

在资本主义生产方式条件下，信息资本不断趋向垄断的发展现实表明，信息劳动者的经济地位没有随着信息技术的迭代发展而根本改变。真正的"无人工厂"是不存在的。劳动方式的智能化，只是延展了人的劳动机能，不能从根本上消灭私有制条件下的雇佣劳动关系。从根本上讲，科技的发展，进一步凸显了人的活劳动在价值创造中的唯一源泉地位。1880年马克思在《法国工人党纲领导言（草案）》中就明确强调："生产者只有在占有生产资料之后才能获得自由。"[1]质言之，单靠技术对劳动方式的革新作用无法改变劳动者在社会生产关系中的地位问题。劳动者实现真正自由劳动还要依赖整个社会在生产力发展基础上建立新的生产关系，进而实现劳动者对生产资料的占有才能实现。科学技术的资本主义应用无论怎样发展都不能改变资本主义雇佣劳动的本质，只有社会主义才能为劳动者的自由解放创造条件。

第二节　共享经济确证信息文明在场

智能化计算机和互联网为代表信息技术的发展，尤其是物联网和移动互联网的发展，在社会经济实践动中逐渐自发形成了一种新的经济模式：共享经济。共享经济也称分享经济，是利用互联网等现代信息技术整合、分享海量分散闲置资源，满足多样化需求的经济活动总和。[2] 从社会存在与社会意识之间的辩证关系出发，共享经济不仅是一种基于互联网的物质生产方式——这一最基础的社会存在，它还在人们的经济生活、政治生活和精神生活等层面带来了新的社会意识。

---

① 《马克思恩格斯文集》第3卷，人民出版社2009年版，第568页。
② 在学术内涵上，"共享经济"与"分享经济"描述的是同一种经济形态。从当前学术文献上分析，"共享经济"与"分享经济"同时被学者们使用，而且前者使用得更为广泛。

一　共享经济的涌现

信息网络技术的迅速发展正重塑社会的经济形式。参与日益丰富的共享经济活动已经成为人们在信息社会的生活常态。基于信息技术的现代共享经济鲜明地表征了信息文明的逻辑形态。唯物史观认为，人类社会生产力的发展贯穿人类全部历史的过程。生产力的持续发展逻辑决定了人类社会的生产关系以及由这种生产关系确立的人们之间的关系必然也会发生改变。"人们借以进行生产、消费和交换的经济形式是暂时的和历史性的形式。随着新的生产力的获得，人们便改变自己的生产方式，而随着生产方式的改变，他们便改变所有不过是这一特定生产方式的必然关系的经济关系。"① 互联网作为一种新的生产工具标志着人类获得了新的生产力。随着"互联网+"的迅猛发展，人类社会的整体面貌都在发生变化。"互联网绝不只是一种信息传播工具，而是继蒸汽机、电力革命之后，刚刚开始的一场更广泛、更深入的生产方式和生活方式的变革。"② 随着越来越多的人将自己闲置的车子、房子以及其他生产生活用品，包括个人的时间、知识和其他信息资源通过互联网分享而获得经济回报的时候，一种基于互联网的协同共享经济模式就出现了。具体而言，共享经济大体上由三个方面的因素推动形成。

（一）共享经济是在信息技术迅猛发展与普及应用的大前提下出现的

共享经济行为要运行，一要有可共享的产品、服务或信息等，二要有可以迅速共享信息的技术平台或信息传播网络。第一个条件，随着社会生产力的提高，一定会存在一些人有可供共享的、闲置的生产生活用品、资金、时间和信息、知识等，这是共享经济的物质前提，即要共享首先要有可共享的东西。这个条件就其本身而言，在人类社会生活中很早就出现了。"经济人类学的考察告诉我们，在不存在私有财产的原始氏族社会，劳动产品的流通就是以使用权交换的模式运转的。进入文明社会后，以货币借贷为代表的金融市场，也是一种典型的共享经济。"③ 确切地说，这个意义上的共享不是本书所指的基于互联网平台的共享行为。但是，它表

---

① 《马克思恩格斯文集》第 10 卷，人民出版社 2009 年版，第 44 页。
② 杨培芳：《挽在一起的手：协同互利新经济哲学》，人民邮电出版社 2016 年版，第 7 页。
③ 计海庆、成素梅：《分享经济的 STS 探源》，《自然辩证法研究》2016 年第 7 期。

明了共享经济的实践是一种客观存在的历史活动。第二个条件，人类社会在漫长的发展过程中，追求信息便捷的分享和交流始终存在于人们的意识中。正因为有着这样的社会需要和社会意识，信息革命不断演进，最终才出现了今天意义上的国际信息互联网平台。基于信息技术的信息分享满足了人们便利化的信息交流、沟通的需要，同时也催生了现代共享经济形态。一言蔽之，没有互联网，就不可能会形成现代意义上的共享经济。现代共享经济的出现是在互联网，特别是移动互联网、云计算、物联网、移动支付等信息技术迅速发展和普及应用的基础上建立起来的。现代共享经济是信息文明经济形态的重要表现形式。

（二）　人类社会对工业文明的反思催生了共享经济形态出现

与传统的工业文明相比，信息文明在追求物质财富和收益的同时，更加注重人与自然的和谐、注重人的生存意义、追求人的精神需要的满足。总体上，信息技术广泛的社会应用，形成了通过信息消费从而减少物能耗费的社会发展格局。信息文明与生态文明具有内在的一致性和关联性。从一定意义上讲，信息文明和生态文明都是对传统工业文明的发展方式的矫正。经过近300年的工业文明的发展，人们在获得充裕和丰沛的物质生活资源的同时，也导致了生态环境恶化、人际关系紧张、信仰迷失和精神空虚等许多工业文明时代难以克服的社会问题。放眼寰宇，工业化生产方式在资本逻辑的助推下，不断形成了"温水煮青蛙"的人类生存境遇。一方面，社会生产单元为了获取产品的市场地位和获取更多的利润，不断消耗自然资源制造了越来越多的物质型商品；另一方面，越来越多的物质商品又处在使用效率低下、闲置、浪费状态。"目前发达国家家庭拥有的物品的实际使用率不到60%。"[①] 科学技术的发展一方面将工业生产率提高到了空前发达的高度；另一方面又被资本裹挟，制造了日益严峻的贫富分化、劳资关系紧张的局面。物质消费过度和精神消费缺失成为工业文明发展中遇到的一个普遍的社会问题。归根到底，人们的生存境遇并没有随着物质资料生产率的提高而改善。相反，工业化生产方式还在气候、环境、能源、人类健康、社会稳定、精神文化等方面不断累积危机。基于互联网技术的现代共享经济与传统工业经济相比，最根本的区别就在，传统工业

---

① 张孝德、牟维勇：《分享经济：一场人类生活方式的革命》，《人民论坛·学术前沿》2015年第6期（下）。

经济是通过对自然资源的消耗（减量）获取最大化的价值增量，共享经济是通过激活现有的资源存量获得最大化的价值增量。"工业文明主要是'尚物'的文明，其衡量社会进步的标尺是对物质的拥有数量和对能量的驾驭程度，所奉行的是'征服自然'的理念，而信息文明和生态文明都对无止境追求与占有物质财富的'物欲'价值观或'物质主义'人生观加以否定，倡导信息的价值重于物质的价值，以及回归自然、身心和谐、注重精神的生存方式。"① 美国共享经济协会数据显示，每共享 1 辆汽车，可以减少 13 辆汽车的购买行为。② 随着共享经济不断充分发展，人类生产生活中绝大多数物品都可以实现共享，这必将有助于形成绿色低碳环保的生产生活方式。基于信息化、网络化技术的共享经济是一个"全新机制"，选择互利共享是人类摆脱传统工业文明危机的必然选择。

（三）人不断发展的需要催生了共享经济

唯物史观认为，人的需要与客观世界不能直接满足人的需要的矛盾是推动生产力不断发展的内在原因。"需要是人们活动的原动力。"③ 人的需要又是广泛的、历史的、具体的和不断发展的，是一个随着经济社会生活不断丰富的、发展的体系，既包含了无限发展的物质需要又包含了无限发展的精神文化需要。物质需要是人类的基础需要，追求自由、独立、人格、尊严、价值实现等精神需要构成了人的高层次需要。在资本力量的推动下，传统工业文明创造了越来越多的物质财富和人造物品，为满足人的吃、穿、住、行等肉体的、物质的需要提供了日益坚实的保障。但是，物质的富足不能代替精神的满足，物质的充盈，不能替代人对生命意义、实现更高的人生价值的追求。人类社会历史发展实践表明，离开科学的社会理论指导和崇高的精神文化滋养，工业文明造就丰沛的物质财富本身的同时，又会使人沦为受物欲奴役的奴隶。随着工业化生产方式的发展，在满足人的物质需要的基础上，如何满足人追求独立、自由、人格、尊严、审美等精神需要问题逐渐凸显出来。如果说工业文明一定程度上满足了人的物质需要，而共享经济建构的信息文明就在一定程度上既满足了人的物质需要又满足人的精神需要。现代共享经济不仅是人们通过分享有形的物质资源（车、房等生产生活资料）追求物质利益的过程。从根本意义上讲，

---

① 肖峰：《论信息文明与生态文明的内在关联》，《洛阳师范学院学报》2015 年第 1 期。

② 阮晓东：《分享经济新业态：共享汽车成长之路》，《新经济导刊》2017 年第 9 期。

③ 《马克思恩格斯全集》第 3 卷，人民出版社 1995 年版，第 514 页。

人们是通过分享无形的信息资源（知识、信息、能力、经验等）从而分享自己的人生体验、分享某种文化。在工业文明的逻辑下，人们只能通过市场交换才能分享其他物的使用权。信息文明建构的共享经济在不触及所有权的条件下，尽可能便利地让消费者分享对其所需要的物品使用权利。"协同共享已经对经济生活产生了深远影响。市场正止步于网络，所有权正变得没有接入（使用权）重要，追求个人利益由追求集体利益取代，传统意义上由穷变富的梦想转变为对可持续高质量生活的渴望。"① 美国学者杰里米·里夫金预测，到 21 世纪下半叶，协同共享很可能在全球范围内成为主导经济体制。尽管共享经济发展还面临着各方面的挑战，但是，全球范围的共享经济迅猛发展态势正预示着里夫金的预测具有现实性。

二　共享经济中资本与劳动的关系及其发展趋势

共享经济行为从最初的生活日用闲置资源的共享，发展为由资本运作，通过互联网环节完成租赁而形成新的产业模式。资本在共享经济发展过程中，地位越来越强大，资本不仅能够把人们生产、生活的一切资料都纳入共享经济行列，还在共享经济发展过程中为社会造就了一种新的观念：按需使用（消费），不求占有。那么资本的命运是越来越成为劳动的对立面，还是最终会被劳动者支配？还是与劳动成为协同互利的关系？信息文明的逻辑形态不仅体现在信息化劳动过程中，还弥散在更多的新的经济行为、新的生产关系中。认清共享经济是理解信息文明、理解信息文明生发机理的重要维度。

（一）共享经济中资本与劳动的对立统一关系

恩格斯指出："资本和劳动的关系，是我们全部现代社会体系所围绕旋转的轴心。"② 这个论断至今仍然有效。信息社会的发展，异常活跃的共享经济业态淋漓尽致地表现了资本与劳动的关系。共享经济从最初的共享闲置生活资料发展到依托互联网、通过资本运作形成租赁产品使用权的模式，离不开资本与劳动的协同合作。共享汽车等共享经济业态中，资本

---

① ［美］杰里米·里夫金：《零边际成本社会——一个物联网、合作共赢的新经济时代》，赛迪研究院专家组译，中信出版社 2014 年版，第 16 页。

② 《马克思恩格斯文集》第 3 卷，人民出版社 2009 年版，第 79 页。

通过实体产业形成商品投放市场后，与商品生产企业、互联网平台、软件生产商、金融、保险、风险投资机构之间形成了一个完整的利益链。劳动的一方通过资本实现了自身的价值，资本的一方通过上述各环节的劳动获取了投资的回报。这一过程中，资本只有不断地投入，不断地通过占领更大规模的市场，才可能获得更多劳动创造的剩余价值，从而实现资本的增值。反之，如果资本不能源源不断地投入，共享经济企业投放的商品获得的市场占有率就可能会因竞争而逐步降低，最终共享经济企业就面临破产的局面，由此将导致上述各环节的劳动一方无法继续进行生产劳动。劳动无法继续下去，资本也就自然失去了继续生产自身的基础。资本无法吸纳劳动创造的新的价值，失去运动的动力，最终就会沉滞、演变为消费资料，丧失作为资本的特性。在资本主义生产方式下，由于资本属于私人所有，共享经济的发展，大资本逐渐在自由市场中形成垄断地位，资本逻辑必然形成一家或几家独大的局面。一旦形成大资本垄断市场格局，劳动与资本的博弈局面就会出现有利于资本一方的情形。共享经济中信息技术的资本主义应用，发展的结果就是资本与劳动的日益分化和对立。信息技术就异化为资本奴役劳动者的工具。只要资本主义私有制还存在，建立在资本主义生产资料私有制基础上的共享经济无论怎样发展也无法解决资本主义面临的基本矛盾。资本主义信息社会仍然会发生周期性经济危机和社会危机。

信息时代，由于高附加值的信息资本对生产系统全面渗透，资本有机构成提高，资本主义经济危机的烈度必然会进一步增强，最终导致资本主义社会全面的政治、文化和社会危机。进入 21 世纪以来，随着全球信息社会的发展，资本主义经济全面"脱实向虚"发展，一定意义上讲，正是信息技术不断异化的结果。正如马克思阐明的：资本主义生产方式下，"资本本身是处于过程中的矛盾……"① 马克思这一论述对共享经济的哲学审度具有重要意义。资本本身的矛盾主要体现在：一方面，发展生产、推动经济运动，包括共享经济，需要资本力量的介入。没有大量的资本推动，共享经济就不会迅猛发展起来，发展起来以后也不一定能够正常运行下去。资本对劳动过程介入，"资本唤起科学和自然界的一切力量，同样

---

① 《马克思恩格斯文集》第 8 卷，人民出版社 2009 年版，第 197 页。

也唤起社会结合和社会交往的一切力量……"① 另一方面，在资本主义生产方式条件下，资本越想控制生产，资本就越将自身限制在劳动的异己位置，而不能成为劳动的主体位置。但是，科学的发展，智能机器的应用，资本对科学的介入，越来越表明，科学技术已经"在多大程度上变成了直接的生产力，从而社会生活过程的条件本身在多大程度上受到一般智力的控制并按照这种智力得到改造"②。就是说，科学技术的发展，不仅要求资本介入到劳动过程，而且，如果资本不持续介入到劳动过程，资本就无法运动下去，资本无法运动就意味着资本获取剩余价值的使命的完结。正是在这个意义上，马克思、恩格斯在《共产党宣言》中才强调，"资本是集体的产物……资本不是一种个人力量，而是一种社会力量"③。在资本主义生产方式下，资本既要求资本所有者占有资本获取的剩余价值，同时，又必须使自身成为社会的资本，从而成为社会化进程中的一部分。基于信息技术的共享经济发展启示人们：资本只有与劳动合作，按照劳动社会化方向发展，在劳动过程中共同分享劳动创造的价值，资本和劳动才能回归它本来的面目。资本作为一种力量，如果掌握在社会手中，通过有计划、有组织地安排社会生产过程（实现共享），资本将从一种统治劳动的异己力量变成发展劳动、造福劳动者的力量。全球共享经济深入发展，万千生产、生活资料都能够分享使用的时候，也必然是资本回归社会的时候。

当代中国社会主义市场经济体制条件下，信息技术的社会主义应用，既在社会制度层面为私人资本参与共享经济提供了制度保障，最大限度地实现了社会零散、闲置生产要素的再利用，为财富涌流提供了坚实保障，又在宏观层面始终坚持以人民为中心的发展思想，坚持虚拟经济服务于实体经济，推动互联网、人工智能、大数据和实体经济深度融合，实现了对信息资本的社会主义方向的治理和管理，因而使社会主义条件下的共享经济能够造就资本与劳动协同互利的演进和发展格局。

共享经济运行中的资本与劳动博弈状况表明，资本与劳动之间既对立又统一关系不仅存在于资本主义生产方式，也存在于社会主义生产方式。

---

① 《马克思恩格斯文集》第8卷，人民出版社2009年版，第197页。

② 同上书，第198页。

③ 《马克思恩格斯文集》第2卷，人民出版社2009年版，第46页。

建立在生产资料公有制主体基础上的社会主义国家，如果能够进行有效的统筹安排，实现对信息资本的正确引导，完全可以通过发展共享经济加快推动实现劳资两利、社会和谐发展，从而有利于加快实现社会共同富裕，增进社会主义根本利益。

（二）共享经济中资本社会化和生产社会化的双重过程

"资本不是一种物，而是一种以物为中介的人和人之间的社会关系。"① 实际上，即使在资本主义条件下，基于信息技术的共享经济的发展，尤其是原先处在闲置、低效使用的、作为私人所有的生产资料的智能设备（如智能机床、智能机器人、智能仪器设备等生产工具）加入到共享经济浪潮中的时候，就意味着科学创造的生产力，直接以共享的形式转化为社会的生产力，从而资本的性质也发生变化：资本在"赋予生产以科学的性质"的同时，也使科学从单纯的价值增值手段变为创造价值的主体力量，资本不再是传统的与劳动对立的异己力量。资本主义自由市场体制下尽管会形成资本寡头，最终在资本主义共享经济中形成"独角兽"企业，并由此取得市场垄断地位乃至对资本主义国家政治生活形成影响。但是，客观上，由于共享经济遵循的是淡化所有权、注重实现使用权原则，共享经济迅猛发展，意味着越来越多的社会主体获得了以更低的成本获取更多、更优质的生产、生活资料使用的机会，从而有利于加速降低资本的社会平均利润率，有助于缓和劳资矛盾。

共享经济的发展，信息技术对整个生产系统的渗透，不仅高效配置了闲置的生产资料，还以分时租赁方式实现了对具有明确产权的生产资料社会化使用。以共享大型生产设备、精密仪器为例，共享产能的模式客观上有助于降低生产资料"排他性"使用门槛，提高生产资料社会化使用程度，从而有助于推动社会生产的发展、科学技术的应用。对于近年来异常活跃的数据、信息、知识等非物质形态的生产要素的共享经济业态，尤其是具有高技术技能的人力资源的共享经济业态，在移动互联网、社交媒体等平台助力下，这种业态的竞争性发展有助于缓解因客观存在的信息鸿沟而造成的发展鸿沟，有助于降低因优质信息资本的垄断性、排他性使用攫取的超额利润，有助于增强信息、知识等非物质资源的社会流动性和共享性，从而有助于为更多的人、更多的处在弱势地位的社会主体提供发展机

---

① 《马克思恩格斯文集》第5卷，人民出版社2009年版，第877—878页。

会，进而形成社会协同共享发展格局。

质言之，共享经济的发展呈现的是资本社会化和劳动社会化的双重建构过程。总体上，基于信息技术的共享经济时代来临，资本与劳动之间的对立关系松动了，在网络透明环境下，整个社会只能选择走协同互利的道路，这就是新文明基因产生的内在机制。这个机制是在过往时代不曾有过的互联网技术条件下产生的。滥觞于资本主义社会的共享经济在全球范围的蓬勃发展，预示着资本主义生产方式创造的生产力已经"达到了同它们的资本主义外壳不相容地步"①。人类社会是人的交互活动形成的各种关系的总和。信息技术的发展造就的共享经济，始终是围绕人的活动的经济，它以物为中介建构了社会的生产关系。"社会生产关系，是随着物质生产资料、生产力的变化而变化和改变的。生产关系的总合起来就构成了所谓社会关系，构成所谓社会……"② 当共享经济成为社会统治地位的经济形态的时候，也就意味着人与人之间在共享基础上形成共享社会。共享经济日益发展，就是共享社会的日益发展。共享经济是信息文明突出的经济形态，共享经济的蓬勃发展是信息文明逻辑形态的鲜明表现。从这个意义上讲，发展共享经济，就是迎接新文明。共享经济是信息文明的亮丽名片。信息文明的另一个名称可以称作共享文明。

三　共享经济蕴含的新文明基因

唯物史观认为，社会生产方式的矛盾运动是推动社会历史发展的终极原因。从技术形态上讲，信息化生产方式是对工业化生产方式的扬弃。从时代的经济活动变迁中把握信息文明的生发机理是认识信息文明的一种方法论。信息时代最活跃的经济形式是共享经济。从人类社会发展的理论逻辑和历史逻辑上分析，共享经济毫无疑问代表着一种发展趋势、一种发展方向。与传统的工业经济相比，共享经济蕴含的新的经济活动规律和新的哲学、伦理、价值观念。这些都在一定程度上建构了新的文明基因。尽管共享经济的发展还存在这样那样的问题和挑战，还会遇到来自传统的农业社会、工业社会积习千百年的传统制度、观念等方面的掣肘，但是，人类社会的活动本身是一种合规律性和合目的性相统一的客观的发展过程。在

① 《马克思恩格斯文集》第5卷，人民出版社2009年版，第874页。

② 《马克思恩格斯文集》第1卷，人民出版社2009年版，第724页。

原始部落社会，人类本身就是依赖共同分享生产、生活资料，分享共同的生存空间，分享人们彼此间世代相传的生活经验、阅历而获得不断进步发展的。正如摩尔根在《古代社会》中指出的，"只要是大陆相连的地方，所有的部落都必然会多多少少共享彼此的进步成果。所有的重大发明和发现都会自行向四方传播"[①]。生产力的发展，生产资料私有制出现，人类进入"文明时代"后，对物质财富和精神财富的贪欲、阶级利益的对立不仅深刻影响了人类社会的历史面貌，还深深地遮蔽了本身就存在于人的内心的共享生存、共享发展的精神基因。在唯物史观视阈中，现实的人在本质上是一切社会关系的总和。随着社会深度信息化，"一切社会关系"也赋予了信息化内涵，因而，人的本质也赋予了信息化内涵。人本质上是人与人之间相互分享彼此的物质、能量和信息的产物。一定意义上讲，没有分享就没有人本身，就没有人类社会。基于信息技术的共享经济在新的信息生产力基础上形成了新的经济范式、价值范式，蕴含着丰富的新文明基因。归纳共享经济内蕴的新文明基因主要表现为：协作生产力、共享发展和绿色发展三个方面。

（一）共享经济凸显了协作形成的新社会生产力的重要意义

唯物史观认为，生产力是一个由生产者、生产资料和生产对象以及作用于生产过程中的科学技术、信息、管理、社会和自然条件等多重要素构成的系统。生产力系统内各要素本身又是不断发展的、相互作用的。人类社会经历的渔猎经济、游牧经济、农业经济、工业经济共同之处在于，它们都是主要依靠消耗物化的生产力要素取得生产力发展的。基于信息化、网络化技术的共享经济中共享的生产要素除了物质生产资料，还包含了精神、信息、知识、能力等非物质资料。与传统的经济方式相比，共享经济主要依赖生产力要素的协作和共享来推动价值实现。

工业化生产方式的发展孕育了信息化生产方式。经过两百多年的演进，社会生产力发展到一个新的高度。人类文明进程正遇到一个新的拐点，是进一步强化私有制度、强化劳资双方的对立，从而继续维持迟早要崩溃的经济社会发展方式，还是选择走互利共享、协同共赢的道路，实现经济社会的可持续发展，走向人类共同进步的光明前景，正是当下人类面

---

① ［美］路易斯·亨利·摩尔根：《古代社会》，杨东莼等译，中央编译出版社 2007 年版，第 26 页。

临的选择。"手推磨产生的是封建主的社会，蒸汽磨产生的是工业资本家的社会。"① 现代社会生产力的发展，产生了更先进的电子磨、数字磨、更智能的"物联网磨""虚拟磨"，那应该产生什么样的社会与之相适应呢？现实逻辑是，信息生产力发展，又出现了信息资本家的社会。"技术结构决定经济结构和社会结构，网络新经济正把人类社会从集中化、被组织化推向分布化、互组织的社会阶段。"② 理论逻辑是，随着生产力社会化发展，必然会产生互利共享、合作共赢的社会。信息文明所以被视为一种新文明，其深厚的经济根源体现在，它是建立在社会协作而形成的新的生产力基础上的。共享经济不仅仅依赖对实体性生产要素的消耗创造价值，还把经济增长方式转型升级到主要依靠科技进步、通过互联网精准地匹配生产要素，使生产力系统内各要素协作共同创造新的价值。在市场经济铺天盖地的广告营销手段助推下，工业社会造就了一个资源闲置与浪费日益普遍的存在，闲置的房屋、汽车、车位、玩具、服装、劳动工具、时间、资金、知识等，共享经济就是通过网络把海量、分散的各类资源整合起来，最大限度地发挥其应有的价值，满足人们多样化需求。实践证明，通过发展共享经济，人们的物质文化需要可以得到远比传统经济形式更好的、更充分的保障。全球共享经济正朝着"共享就是创造""共享比创造更重要"的方向发展。

（二）共享经济在一定程度上缓和了生产资料私有制与社会化大生产的矛盾

资本主义生产资料私有制与社会化大生产之间的矛盾是资本主义社会的基本矛盾。资本主义发展到互联网时代，一方面创造了越来越高的生产力水平，另一方面巨大的社会生产力创造的社会发展成果只被占人数少部分的资本家占有了。资本主义经济危机爆发就成为不可避免的制度性运动的结果。为缓和危机，作为生产资料所有者一方的资本家阶级和作为受资本家雇佣的工人阶级都不会坐以待毙，解决矛盾的方法要么是消灭生产资料的资本主义私有制，让劳动者成为生产资料的主人，要么是通过建构信任机制使社会生产资料的所有者能够暂时让渡生产资料的所有权，劳动者以此重新获得劳动的条件，生产资料所有者以此重新获得资产性收益。前

---

① 《马克思恩格斯文集》第 1 卷，人民出版社 2009 年版，第 602 页。
② 杨培芳：《挽在一起的手：协同互利新经济哲学》，人民邮电出版社 2016 年版，第 46 页。

一种情况，可以预见在相当长的时期内都不会成为现实；而互联网平台的出现为后一种情况的产生奠定了物质的、技术的基础。随着信息社会日益成熟，基于网络信息技术的信用评价机制建设日臻完善。互联网逐渐展现出建构人与人之间相互信任和透明的社会交往环境与机制的功能（如，网络信用评价机制、网民信用积分机制、公民信用信息联网奖惩机制等）。信息社会越发展，越要求社会主体增强信用意识。社会主体信用意识普遍提高，就意味着社会具有了更高的文明程度。2008 年国际经济金融危机爆发后，借助智能计算机和移动互联网技术的发展，共享经济各种业态在欧美各国迅猛发展，进而席卷全球，既表明了信息技术对人类经济社会活动的介入程度进一步加深，又表明了全球范围的生产社会化趋势进一步增强。① 共享经济的蓬勃发展既得益于经济社会中人们内在的利益需求推动，又得益于资本力量的不断投入。质言之，在信息时代，资本主义的生产资料私有制与社会化大生产的矛盾的不断运动和发展，在资本主义社会肌体里面催生了新的经济行为和社会观念。

互联网的生产资料社会化属性的增强，进一步凸显了资本主义生产资料私有制度与社会化大生产之间的矛盾，在一定程度上反映了资本主义制度确已无法容纳它自身创造的巨大的生产力了。在《互联网时代》纪录片中，《纽约时报》专栏作者托马斯·弗里德曼提出了一个问题：全美国共有 8000 万个电钻，平均每个电钻使用时间只有 13 分钟。美国真的需要8000 万个电钻吗？显然，在传统的、私有制社会所有权或者财产权观念中，这是一个无解的问题。如果再审视下我们周遭的一切人造物，何止仅仅只有美国的电钻存在这样的问题，从一般的人们日常生活用品，到汽车、住房、土地、机器、厂房……有数不清的物品因为需求与剩余的信息不对称造成了闲置和低效率使用。进入互联网时代，全社会碎片般的需求和碎片般的剩余可以实现自由和便利地对接。基于互联网平台的信息交流和共享的现代共享经济本质是闲置资源使用权的暂时性转移，这个转移过程就是使那些原本无效的、被闲置的生产力要素重新进入社会生产系统，从而重新获得新的价值。共享经济的发展实践表明，通过网络平台能够分享的闲置资源正不断从生活资料发展至生产资料，从物质型生产要素发展至知识、信息、科学技术、管理经验等非物质性要素。众筹股权、共享工

① 刘云：《欧美国家对制造业分享经济的探索与实践》，《中国工业评论》2017 年第 6 期。

厂、共享产能和设备、共享房屋产权等日新月异的共享经济活动实践的发展，已经触动生产资料所有制问题。共享经济既克服单纯了利己主义的不足，又克服了完全利他主义的缺陷，选择走互利主义，展现出一种全新的价值选择取向。

2008 年国际金融危机爆发以来，共享经济迅猛发展，在一定程度上消解了生产资料私有制与社会化大生产之间的矛盾，缓和了资本主义社会的基本矛盾。从共享信息资源到共享整个社会的生产资料资源，共享经济创造了一个新的观念："使用而不占有。"互联网技术的发展正造就"使用超越占有"的价值观念。[①] 这种观念正是区别于旧文明范式的新文明基因之一。社会存在决定社会意识。当整个社会全面走向基于信息的共享而实现经济共享的时候，共享经济行为和由此形成的"共享重于占有"的观念对社会制度的变革意义就出现了。人们越来越便利、迅捷地实现对生活、生产资料使用权利的时候，占有它就不再显得重要了。信息文明的力量赋予了人们以更加高效的方式共享生产生活资源。信息文明条件下形成的共享经济蓬勃发展，正创造出解决生产资料私有制与社会化大生产之间矛盾的路径和办法，预示着走向共享、互利、互惠发展的社会机制正在生成，彰显了人类社会新文明因素正在蓬勃生长的美好图景。

尽管共享经济在发展中还存在治理体系缺失、治理机制不够完善、社会诚信体系建设不到位等诸多不确定性因素，但是，信息技术的发展、人口和自然资源关系的压力以及人们对更多的经济利益、更优质的生活的需要使得共享经济在未来社会具有越来越广阔的发展前景。杰里米·里夫金认为，作为一个强大的技术平台——互联网正在突破第二次工业革命的范畴，加剧资本主义内在的核心矛盾，进而将资本主义经济体制推进到衰亡的境地。在 21 世纪，随着物联网技术与信息互联网和能源互联网的融合发展，第三次工业革命已经能够大幅度提高生产率，越来越多的商品和服务的边际成本将趋于零，越来越多的商品和服务业几乎可以免费。最终的结果就是所有的企业利润会趋于枯竭，全社会的所有权概念将淡化，人类社会将步入协同共享的新经济时代。零边际成本社会之所以是未来社会的一种发展方向，其重要的技术基础在于智能技术的发展。"IT、电脑、自

---

① 肖峰：《信息文明与共享发展的内在关联》，《长沙理工大学学报》（社会科学版）2017年第 6 期。

动化、大数据、算法和人工智能嵌入互联网，正在使生产过程和提供丰富多样商品及服务的劳动力边际成本快速下降，直至近于零。"① 应当指出，里夫金的观点认识到了物质生产方式的变革在人类社会发展中的决定性作用，从唯物史观视阈分析，有其合理的地方。但是，就信息技术本身来讲，它能否直接催生出超越资本主义生产资料私有制与社会化大生产之间的矛盾的新的社会制度，从而克服资本主义社会的基本矛盾，还需要实践的检验。

从现实的共享经济实践考察，除了部分社会生产主体的仪器设备、车辆、厂房等生产资料的共享外，共享经济共享的主要是社会上闲置的个人和家庭剩余的消费生活资料，包括"知识技能、生活服务、医疗服务"等非物质形态的资源。② 当前共享经济主要发生在消费和商业领域，共享经济还没有从国家和社会根本经济制度层次触动生产资料所有制问题。正如马克思在《哥达纲领批判》中强调的："消费资料的任何一种分配，都不过是生产条件本身的分配的结果；而生产条件的分配，则表现为生产方式本身的性质。"③ 因此，共享经济要成为资本主义制度的一种否定性的、替代性的经济发展方式仍然要依赖人（劳动者）自身的选择和行动，依赖工人阶级对自身阶级意识和阶级使命的觉醒。

共享经济的本质是所有权与使用权的分离，在不涉及所有权的前提下所有者通过有偿让渡使用权，从而使其他人或社会单元可以共享使用或消费某种商品或服务。这种经济模式与马克思主义主张的消灭资本主义生产资料私有制、实现社会主义生产资料的公有制，从而实现生产资料所有权的根本变革还不具备同等层次的意涵。"共享"不等于"共产"。概言之，共享经济能在一定程度上延宕资本主义社会危机的爆发，但不能从根本上消除和解决资本主义社会的制度性危机。

（三）共享经济内蕴的资源集约使用机制，张扬了绿色发展理念

作为一种新文明范式，信息文明之所以具有重要意义，突出地表现在，基于信息技术的共享经济形成和发展出了资源集约使用机制。在实现

---

① ［美］杰里米·里夫金：《零边际成本社会——一个物联网、合作共赢的新经济时代》，赛迪研究院专家组译，中信出版社 2014 年版，第 133 页。

② 张新红、于凤霞等：《中国分享经济发展现状、问题及趋势》，《电子政务》2017 年第 3 期。

③ 《马克思恩格斯文集》第 3 卷，人民出版社 2009 年版，第 436 页。

人与自然和解的过程中，实现了对工业文明的超越。"共享经济发展的目标就是通过对资源的分享和重复利用来减少资源的浪费，从而有效地保护环境。"① 共享经济推动的绿色、和谐发展正是新文明基因的精彩表现。"互联网+交通" 催生的共享单车、共享汽车、顺风车等新交通业态涌现，其魔力体现在能全面精准匹配出行需求与闲置运力，从而提高社会资源使用效率，从而缓解人与自然资源的紧张关系。2017 年中国春运高峰中，跨城顺风车春运期间共运送 420 万人次，相当于在铁路既定的运力基础上，增开了 1909 列绿皮车或者 5874 列 8 节动车组。而且这一数字比 2016 年同期还增长了 4 倍。② 滴滴媒体研究院与第一财经商业数据中心发布的中国《2016 智能出行大数据报告》显示，顺风车和专快车（含拼车）为节能减排的贡献，直接或间接使 2016 年二氧化碳排放量减少 144.3 万吨，相对于 91 万辆小汽车一年行驶排放的二氧化碳量，或相对于 4811 万棵树一年吸收的二氧化碳量。共享经济在交通领域正日益凸显出绿色出行新文明景象。"互联网+制造" 通过工业互联网实现了对既有生产设备的全方位、全生命周期的监测和维护，最大限度地发挥了设备的生产效能，实现了设备的生产能力与生产需求的最大限度对接，从而在完成生产任务的同时，实现了生产设备价值最大化实现和分享。③ 此外，基于互联网的物流运力、房屋住宿、知识和教育资源、医疗等各种资源的共享已经在实践中彰显出良好的生态价值。

概言之，共享经济通过互联网实现对既有资源的最大化利用，这种资源集约使用的模式实现了多方共赢，本身就蕴含了低碳、绿色、普惠发展意蕴。更为重要的是，发展共享经济过程中，基于共同的信用需要，政府和社会都努力通过治理完善信用制度从而改善整个社会的信用环境，并为此加强制度的顶层设计、加强数据共享，从而最大限度减少无效生产和无效、无谓的人流、物流耗费，这种制度设计及其有效实施过程蕴含着无限丰富的生态价值。作为一种对传统经济模式产生颠覆性影响的全新经济形式，共享经济的健康发展依赖于不断优化的社会治理环境。治理共享经济的过程，是不断完善信息社会治理的过程，是不断克服信息技术异化、实现信息资本和信息生产力社会化的过程，是信息化生产方式不断朝着以人

---

① 蔡余杰、黄禄金：《共享经济》，企业管理出版社 2015 年版，第 84 页。

② 石菲：《共享经济催生信用约束》，《中国信息化》2017 年第 2 期。

③ 张通：《沈阳机床：制造业分享经济的路线图》，《中国工业评论》2017 年第 6 期。

为本方向发展的过程。借此，共享经济的发展，也是实现人与自然和解、人与人之间在信息共享基础上结构为经济共同体、政治共同体和文化共同体的过程。共享经济孕育着无限丰富的新文明基因。

第三节　信息文明思维方式的演进

如前所述，物质生产方式的信息化是信息文明的核心。但是，如果仅仅从物质生产方式上分析信息文明，还只是看到了问题的一个侧面。正如1890 年恩格斯在致康拉德·施密特的信中指出，"物质存在方式虽然是始因，但是这并不排斥思想领域也反过来对物质存在方式起作用"①。信息技术的迭代式发展与大规模社会化应用日益深刻影响人们现实生活，在人们的思维领域也相应地出现了新的思维方式。这些思维方式一旦熔铸在人们的思维习惯中，对人们的现实物质生活生产方式就会发生反作用。这种反作用开始的时候，是自发的、无意识的，经过科学的总结和提炼，就可能成为人们的自觉的行为。随着网络化、智能化技术的发展，信息文明的新思维方式日益清晰地呈现在人们的日常生活中。

一　信息思维

信息思维是相对于物质思维而言的。信息思维是随着信息技术的发展而形成的一种新的思维方式。在计算机和网络技术为代表的信息革命发生前，信息思维只是局部的、零散的，对物质生产方式没有根本性影响。当信息革命的影响扩散到物质生产领域时候，人们的生存方式发生了颠覆性变化，这时候信息思维就浮现出来，并且逐渐成为信息文明时代占统治地位的思维方式。当人们足不出户可以维系物质生产、社会生产以及精神生产的时候，信息思维就成为我们这个时代的新思维。任何一个社会单元不具备这个思维方式，就意味着就落后于时代的发展。统治人们几千年的物质第一、物质至上的物质思维开始松动了，不再是唯一、不可或缺的思维方式了。

（一）物质思维的局限

物质思维，简单的理解就是以物质为手段、方式、途径去解决问题的

---

① 《马克思恩格斯文集》第 10 卷，人民出版社 2009 年版，第 586 页。

思维方式和方法。譬如，"眼见为实""GDP崇拜""路堵就修路、治安不好就增加警察"等。即使在现代信息社会，许多现象仍然能够说明物质思维的局限性和尽快树立信息思维的紧迫性。例如，报纸上经常出现这样的新闻，某银行为证明储户信息的真伪，除了要求储户本人到银行大厅验明正身以外，概不承认储户家属提供的现场视频等证据。为了兑付账户，储户亲属不得已将年迈卧病在榻的老人抬到银行。此外，还有一些养老金管理机构，每年要求退休老人现场进行验证的做法。高校的科研管理部门为了验证科研人员的科研成果，只承认纸质的论文期刊，对网络作品一概不承认的做法，等等。这些都说明在现实生活中大量的物质思维在阻碍着社会的进步和发展，也影响着人的自身的发展。

就单个人的全面发展来说，物质、能量和信息都是不可或缺的基础资源。人的日常生活经验足以说明，如果仅仅要维持人的肉体的存在，有维持人基本的物质、热量即可。但是，如果离开了社会信息的输入，人的发展就会受到不可逆转的消极影响。从信息的视角分析，"狼孩"之所以不能成为正常的人，就在于其仅仅只获得了自然界物质和能量的支持，却唯独少了来自人类社会的信息资源的滋养。所以，信息不仅是构成人之为人的充分条件，还是人之为人的必要条件。遗憾的是，由于长期的工业社会物质至上的物化世界观遮蔽了信息对人的发展重要意义，导致信息思维长期被忽略或轻视。正如许多的留守儿童和空巢老人，仅有物质需要的满足，却得不到来自亲人和社会的情感交流、心灵的抚慰这些精神上需要，而这些都表现为一种"信息需要"。质言之，获取信息是人有意义地存在的需要，更是人全面发展的需要。物质思维的局限就在于以物质的堆积来代替精神的需要，以物质的富足来代替精神的高尚。所谓"宁愿坐在宝马车里哭，不愿坐在自行车上笑"就是这种物质思维的经典表现。

就整个社会和国家来说，见物不见人的发展模式，就是一种缺乏信息思维的发展思路。如果长此以往，最终的结果就是：社会和国家的发展虽然在一定时段会产生较多的GDP，但是，思想、文化、信念这些使国家和社会能够形成共识的东西如果缺失，那么这个国家和社会就不是稳态的和可持续的，更遑论是有意义与和谐幸福的。

物质思维的局限性还可以通过实体经济和信息经济的关系、物质文明和精神文明的关系、硬实力和软实力的关系来加以说明。发展实体经济、抓物质文明建设、提高国家硬实力本身没有问题。但是，如果只注重实体经济、物质文明和硬实力建设，无视或轻视信息经济、精神文明和软实力发展，就会产生大而不强、大而不富、富而不优、优而不可持续的发展局面。一个社会、一个民族和国家，如果仅仅有强大而发达的实体经济和硬实力，没有发达的服务业、良好的精神风貌和共同而崇高的社会价值观念，还能说这个社会、民族和国家是可持续发展、和谐幸福的吗？"在一定的社会阶段，如果信息消费太少，就会过多地消耗物能、资源；反之，信息消费强度提高了，有利于加大对传统产业的技术改造，淘汰高耗低效产品，提高资源、能源利用效率，相应减少物耗、能耗。"① 几百年的工业社会形成的物质思维使人们对物质的过度崇拜和依赖，导致物质思维统治人们的观念，过分强调物质对精神、物质文明对精神文明、硬实力对软实力的决定作用，轻视或否认精神对物质、信息经济对实体经济、软实力对硬实力的反作用，忽视物质与精神、实体经济与信息经济、硬实力与软实力之间的辩证关系，从而导致错误的、偏颇的价值选择。正如今天的中国共产党面临的治国理政挑战，从信息视角上讲，既要走好中国道路，又要讲好中国故事，既要搞好经济工作，又要做好意识形态工作，既要"务实"又要"务虚"，不能偏颇一方而削弱另一方，在特定阶段，务虚更加重要，甚至决定全局成败得失。

（二）信息思维的基本内涵及其对物质思维的扬弃

"信息思维是将信息作为一种区别于物质和能量的基本存在，以及对其本质、存在方式、运行过程、意义和价值等相关因素所做的一般性理解和规定，并在此基础上分析和解决问题的思维方法和方式。"② 作为一种对"物质思维"实现了一定程度扬弃的新思维方式，其内涵"不仅仅是指思维的手段需要信息，或思维的过程是信息过程，思维的结果是信息产品"③。就本书的主旨而言，信息思维可以简单地理解为：以信息视角认识和改造世界。其基本内涵可以归纳为：（1）从世界观上讲，信息、物质和能量都是现实世界的客观存在形式，并且三者之间具有相互置换的功能；（2）从价值观上讲，信息的价值等于、一定条件下甚至高于物质和

---

① 杨培芳：《挽在一起的手：协同互利新经济哲学》，人民邮电出版社 2016 年版，第72 页。

② 邬焜 、[法] 布伦纳 、王哲等：《中国的信息哲学研究》，中国社会科学出版社 2012 年版，第 174 页。

③ 肖峰：《信息主义及其哲学探析》，中国社会科学出版社 2011 年版，第 84 页。

能量价值；（3）从实践观上讲，当信息技术发展到已经能够解决问题的水平时，信息方式应该是解决问题的首选方式；（4）从人生观上讲，接受、生产、加工和输出信息能够赋予人存在的意义和价值，离开信息和信息化生存，就人的精神存在而言，仅有肉体的存在是非人的存在，即是无生命意义和价值的存在，就如同"植物人"的存在。

信息革命产生的影响从科学技术层面辐射到经济、社会发展层面，引发了从世界观到价值观的巨大变革。信息思维，"是人类进入一个信息经济甚至可以称作信息文明的新时代在观念上的体现，较之系统思维显然具有更广泛的社会基础与研究前景，更能够在经验层面体现时代精神"①。人们生活在智慧地球、智慧城市、无线泛在智慧网络里，随时随地就触网与世界沟通。劳动依靠网络，劳动的产品也嵌入了网络信息的元素，衣、食、住、行都与网络产生交集，信息化影响人们的生存方式，进而决定了人的价值实现和价值判断。信息文明既创造着信息实践方式，又建构了信息思维方式。它要求人们从经济、政治、文化、社会的整体出发，学会以信息的方式认识和改造人们自身以及外部世界。

信息思维克服了物质实体思维仅仅注重事物的在场、时空规定的局限。信息思维认为，信息化手段可以让事物以虚拟、超越时空规约的羁绊而存在，并且能够嵌入人的意识、按人的需要加以加工、改造。信息思维力求最大限度地减少物质、能量的消耗实现预期目标。信息思维既承认物质的基础性，又超越物质存在的时空局限，谋求独立的运行能力和反作用效果。我们承认电子签名、电子视频、信息证据、数字财富的合法性并为此修订相关法律条文，意味着信息思维获得了某种程度的社会认同。② 实际上，随着信息社会的深度发展，信息思维不仅在人们日常生活经验层面得到认同，还在国家法律的高度得以应用，这表明人们不再追求物质实体

---

① 邬焜 、[法] 布伦纳、王哲等：《中国的信息哲学研究》，中国社会科学出版社 2012 年版，第 175 页。

② 由中国最高人民法院、最高人民检察院、公安部联合印发的《关于办理刑事案件收集提取和审查判断电子数据若干问题的规定》于 2016 年 10 月 1 日起正式实施。按照该规定，法院、检察院和公安机关办理刑事案件有权依法向有关单位和个人收集、调取电子数据。所谓"电子数据"包括但不限于以下信息、电子文件：网页、博客、微博客、朋友圈、贴吧、网盘等网络平台发布的信息；手机短信、电子邮件、即时通信、通信群组等网络应用服务的通信信息；用户注册信息、身份认证信息、电子交易记录、通信记录、登录日志等信息；文档、图片、音视频、数字证书、计算机程序等电子文件。

的唯一法律效力。"酒好不怕巷子深"到"酒好也要会吆喝","实体经济"一统天下到"信息经济"占比不断增加,"工业经济"向"知识经济"变迁等现象表明,信息对国民经济社会发展的突出作用和重要意义正日益彰显。随着 21 世纪信息技术的发展和信息社会的全面成熟,越来越多的"信物"可以代替"实物",人们的思维和观念必然迎来更新的变化。

信息思维克服了工业文明中形成的线性、机械和简单性思维方式的局限,在工业实体思维的基础上实现了超越。信息思维既强调线性,又注重非线性;既承认机械性,又注重随机性;既强调简单性,又承认复杂性,既坚持历史继承性,又强调未来与历史的融通性,既强调物质实体的基础性,又突出精神、意义的相对独立性。正如邬焜认为的,信息思维是和世界多样性、随机性、组织性、突变性和无序性等概念相对应的一种微观可变性的复杂性科学思维方式。"信息思维认为多样性与统一性、差异性与同一性、不确定性与确定性都是事物内在的不同方面,不能人为地抬高一方、压制另一方。"① 随着物质生产方式全面信息化、智能化,人们终将摆脱物质短缺、单一的束缚,追求更有意义的、多姿多彩的生命存在和生活将成为社会的主流价值观念。信息社会,绝大多数信息是可流动共享的。在信息自组织社会里面,信息活动镶嵌了人的多样化需要和价值诉求。质言之,信息革命变革的物质生产方式已经成为一种强势社会存在,这就决定了信息思维已成为一种值得倡导的、主流的社会意识。信息思维一旦成为主流社会意识,反过来必然又会对整个社会物质生活生产方式产生深刻影响。

二 互联网思维

唯物史观认为,社会存在与社会意识是辩证统一的。随着社会存在的发展,社会意识也相应地会发生变化和发展。信息技术发展到 20 世纪后半期的时候,人类创造了一种全新的技术存在——互联网。随着互联网技术的发展,人类社会的经济、政治、文化方方面面都围绕互联网、依托互联网发生了奇妙的甚至是颠覆性的变化。反映在人们的意识和思维领域,

---

① 邬焜、[法]布伦纳、王哲等:《中国的信息哲学研究》,中国社会科学出版社 2012 年版,第 197 页。

一种新的思维方式——互联网思维——成为一种新的社会意识。互联网思维是步入信息社会人们信息实践活动的产物。互联网思维的提出及其被社会广泛接受和应用，标志着在信息文明思维领域，人们取得了新的进步和发展。

（一）互联网思维的基本内涵

"发展着自己物质生产和物质交往的人们，在改变自己的这个现实的同时也改变着自己的思维和思维的产物。不是意识决定生活，而是生活决定意识。"[1] 计算机技术的发展和应用在实践中面临着一个重要问题是，如何使单机的计算能力和信息处理能力在各计算机之间进行共享，以及如何最大限度地利用全球不同地点、不同工作时间的计算机资源从而最大限度地发挥电脑的效力问题。信息实践向信息科学技术研究提出了建立全球共享的信息网络要求。"建设全球计算机网络的最终目标是，通过高度发达的信息共享和人机合作，使人的智慧充分得到解放。"[2] 美国心理学家和计算机科学家 J. C. R. 利克莱德的这一思想为互联网的设计原则奠定了基础，也预示着一个真正超越国家和民族，超越历史的为天下人谋永福的技术文明将要诞生。

习近平在中共中央全面深化改革领导小组第四次会议上，谈到推动传统媒体和新兴媒体融合发展时，提出要"强化互联网思维"的思想。归纳互联网思维基本内涵，主要包括四个方面：（1）互联网思维是一种开放的思维。互联网的技术架构决定了开放是原则、不开放是例外。与农业文明、工业文明相比，信息文明更具有开放性。（2）互联网思维强调共享的思维。互联网是信息交流和互动的技术平台，基于互联网的信息共享越充分就越能实现信息的价值。（3）互联网思维是一种平等的思维。互联网是一个矩阵式、分布式的通信"网络"，理论上，任何一个网络节点都具有相同的存在价值，任何一个现实的人面对网络都要遵循共同的技术协定和规则，没有例外。与传统的文明社会相比，信息文明更需要倡导平等观念。（4）互联网思维是一种尊重创新的思维。互联网技术不断发展和应用的根本动力是人们的信息需要与现实信息技术之间无法满足这种需求的矛盾。解决这个矛盾只有通过不断创新互联网的技术形态、产业形

---

[1]　《马克思恩格斯文集》第 1 卷，人民出版社 2009 年版，第 525 页。
[2]　胡启恒：《互联网精神》，《科学与社会》2013 年第 4 期。

态，从而为人们提供更高水平的信息服务。因此，信息文明更要求社会主体树立创新思维。概言之，互联网思维就是运用互联网解决和思考问题的思维。它是信息技术和人的信息实践活动发展过程中人的思维方式演化的反映，是信息技术发展到互联网时代人们新的认识方式。

（二）互联网思维对既有观念变革的意义

互联网时代来临，人们面临的信息网络化社会生活图景。思维方式的革命是人们观念革命的先导，互联网思维的形成和发展对整个社会的世界观、价值观都产生了深刻影响。

在世界观上，存在着现实世界和虚拟世界的相互融合问题。计算机和互联网技术发展创造出了一个虚拟的世界。虚拟现实呈现的客观现实从哲学的角度看，颠覆了我们传统的世界观。在传统的世界观看来，世界是物质的、物质是永恒发展运动的。时间和空间是物质世界的存在方式，传统的时空观认为空间是三维性、时间是一维性。而在电子信息技术创造的虚拟世界里，时空物理限制是不存在的，存在的只是信息的多寡。人们在虚拟空间里形成了新的社会组织和身份。虚拟的社团和网络自组织成为虚拟世界的重要主体。在强大的虚拟技术支持下，人类的生产、生活、政治、经济、社会活动越来越走向信息化、网络化了。虚拟技术创造的虚拟世界拓展了我们人类的生存空间，丰富和发展了人的精神和心理活动。因为这种技术的高度发达和对现实世界的全面嵌入，两种世界有逐步融合的趋势。人们购物、办公、政治参与、学术会议、社会交往等许多活动都可以依托网络解决，现实世界的问题可以通过网络虚拟世界完成。这种生产生活方式的变化给人们的思想、情感和心理活动都带来了深刻变化。每一个生活在网络时代的民族、国家、企业事业组织、团体、个人都面临着这种双重世界融合、转换的问题。树立虚、实两种世界观是互联网时代需要面对的客观问题。任何一个社会主体，要想获得交往的机会和更多的信息支持，除了在现实物理世界要维持存在，还要建立自己在网络虚拟世界的存在，否则就会影响主体的发展。

互联网思维颠覆了传统的"物质—精神""时间—空间"二维论物质观。信息的独特性，决定了信息不能单纯地以物质或精神来归类。互联网思维带来的这种世界观的变化，必然会引起诸如资源、时空、财富、安全等观念的变化。互联网时代，信息资源成为最重要的资源。搜索、开发和利用好信息资源成为关乎社会主体兴衰成败的关键因素。信息网络跨越时空同步呈现客观现实的功能，意味着人类突破了传统的时空物理限制，在网络空间里人们获得了时间空间的集约和节省。互联网时代财富主要不再是具体的物质实体，而是以信息形态表现的技术标准、发明专利、知识、品牌、信用、口碑、信誉等非物质形态的无形资产。① 互联网时代信息安全的意义更加凸显。一定程度上可以说，没有信息安全，国防意义上的主权安全就没有意义了。在信息时代，严格意义上讲，领土、空域和海域的安全都离不开国家网域的安全。

互联网思维确证和丰富了马克思主义辩证法，契合了人类社会全球化发展趋势。互联网思维进一步展现了辩证法关于世界普遍联系永恒发展的客观存在性。互联网不但在技术上确证了世界处于普遍的联系，而且可以感知、运用和操控到这种联系。虚拟技术把不同场域的主体联系在一起，丰富和发展了辩证法联系观。互联网虚拟现实作为中介存在的，网络中介功能成为人们建设"地球村"的钥匙和纽带。在虚拟技术高度发达和发展的背景下，如何建设和管理这一巨大的信息技术文明，使其最大限度服务于"地球村"的人，值得自然科学界和社会科学界共同关注。

互联网思维凸显了所有社会主体的平等、自由和和平的价值诉求和时代要求。社会存在决定社会意识，物质生产方式决定精神生产方式。在信息经济的社会生产方式上必然会产生民主、平等、开放、参与的观念。互联网的技术架构及其对现实社会的深度嵌入使互联网思维早已超越了商业营销技术层面的意义，而是我们这个时代应该遵从的思维准则。社会更加平等、更加开放、更加民主、更多的人参与到社会中来，是信息化、全球化时代所有民族、国家政治、经济、社会稳态、可持续发展的决定性因素。弱肉强食的丛林法则不可能带来可持续的和平和安宁，更不会为人类带来美好未来前景。我们只有一个地球，每个地球的人都具有大致相似的诉求，平等地联系和交往都是我们人之为人的根源和路径。当我们理性客观地审视今天人类面临的问题时，我们会发现，在科学和技术高度发达的信息文明时代，人类已经找到了摆脱"对物的依赖""受自然界奴役"的钥匙，更大的程度上，人类是受到来自人类同类的奴役。资本主义和社会主义是今天这个地球上两种根本对立的社会制度，一切科技文明实际上都

---

① 孙伟平：《信息时代的社会历史观》，江苏人民出版社 2010 年版，第 162 页。

面临着两种命运：是为地球上多数人谋福利，还是为少数人谋福利。从这个意义上讲，互联网思维必将获得世人的认同，信息文明高度发展的必然结果一定是社会主义文明的复兴和对资本主义文明的全面超越。从根本上讲，互联网思维内蕴的核心价值和马克思主义理想的人类高级文明形态——共产主义文明——具有高度的契合性。

互联网思维对马克思主义价值观提出了新的课题。经典马克思主义哲学关注的价值基本含义是客体满足主体的需要的属性。客体的这种价值属性（大小、多少）随着价值的使用而逐渐减少直至消失。马克思主义经济学中的价值关注的是凝结在商品中的一般人类的劳动。商品价值是随着商品的消费和使用逐渐减少和消亡的。在信息时代，信息资源的价值是对现实传统的物质资源价值的超越，信息分享越充分，其价值反而更大。明确了这一点，我们就不难理解为什么互联网时代会迅速造就新的商业生产业态和创造财富新人。关键在于互联网提供了一个信息共享和价值不断增值的平台，生活在信息时代的每一个人无时无刻不在生产信息、消费信息和传播信息。信息资源的价值不仅不会因为使用而枯竭，反而得到不断增加和扩大。毫无疑问，这就要求我们构建新的价值观以适应时代发展的需要。

互联网思维发展了马克思主义实践观的内涵。"实践是人类社会的存在方式。""现实生活本质上是实践的。"实践的观点是马克思主义哲学根本的观点。信息网络技术发展到今天，为我们创造了足够逼真甚至超越现实存在的虚拟现实图景。人们可以利用这种技术代替先前的实践过程。虚拟国家、虚拟婚姻、虚拟学校、虚拟驾车、虚拟战争、虚拟原子弹爆炸试验、虚拟商场、虚拟医疗、虚拟宇宙飞行……总之，现代网络信息虚拟技术完全突破了我们传统马克思主义哲学的实践含义。在互联网平台上人们可以获得完全超越自身物理时空的缺位而实现"亲临"现场的身心体验。网络虚拟空间尽管是现实技术创造的，但是这种技术真真切切地带来了有别于现实实践的生活生产图景。我们可以感觉到现实世界的确分化为两个既有联系又有区别的世界。人们在两个世界的实践互有交集，但是却完全有着迥异的实践体验和心理感受，甚至遵从着不同的规则体系。如何有机地实现虚实空间之间的联系和衔接是互联网时代每一个人、国家和政府面临的重大课题。

三 大数据思维

大数据是数据的集合，数据是记录信息的载体，信息是知识和智慧的源泉。"大数据"概念早在 20 世纪 80 年代就被美国人提出，随着学术界、产业界的关注讨论热度不断提升，逐步成为一种国家和政府的发展战略。人们的信息经济、政治和文化等信息实践活动每时每刻创造着海量的可存储和可挖掘的数据。通过互联网人们可以快速地把各种数据汇集到大型网站和信息中心，从而不断地满足经济、政治、文化、军事方面的应用需求。数据量的激增，为大数据的形成创造了客观条件。当人们可以挖掘到足够量的事物量化数据的时候，意味着人们能够更加客观地感知事物的历史、现在和未来之间的关系，这个时候数据记录和表现的不仅是事物的某一属性，而是事物的本质特征。"大数据是人们获得新的认知、创造新的价值的源泉；大数据还是改变市场、组织机构，以及政府与公民关系的方法。"① 大数据开创了信息文明新高度，如果说互联网解放和发展了人类的大脑功能，那么大数据则延展了知识的边界。

（一）大数据思维的基本内涵

大数据思维的内涵，通俗地讲就是以数据为手段分析、认识和解决问题的思维方法。大数据思维：（1）强调数据资源的价值；（2）强调对事物发展各阶段数据的总体把握和量化分析；（3）强调以数据呈现的事物之间的相关性并以此分析、研判、预测事物的性质、趋势和发展方向。大数据思维本质上是一种科学思维。随着"数据资源正和土地、劳动力、资本等生产要素一样，成为促进经济增长的基本要素"②，"大数据，将成为全世界下一个创新、竞争和生产率提高的前沿"③。

高性能、智能化计算机和泛在智慧网络技术形成的云计算、大数据技术，为社会生产生活过程中形成的海量数据的应用提供了科学基础。大数据思维正是在大数据技术基础上发展起来的一种科学思维，它强调从总体、全貌上分析、认识事物，从数据量化的角度预测和研判事物发展的历

---

① ［英］维克托·迈尔-舍恩伯格、［英］肯尼思·库克耶：《大数据时代：生活、工作与思维的大变革》，盛杨燕、周涛译，浙江人民出版社 2013 年版，第 9 页。

② 陈潭等：《大数据时代国家治理》，中国社会科学出版社 2015 年版，第 6 页。

③ 涂子沛：《大数据：正在到来的数据革命，以及它如何改变政府、商业与我们的生活》，广西师范大学出版社 2013 年版，第 58 页。

史和未来发展趋势，强调在海量数据分析基础上分析事物之间、事物内部各要素之间的关联性，突出强调用数据进行决策、以数据的动态变化进行动态管理和优化管理，达到大幅度提高组织的运行效率和科学性，最大限度减少决策的盲目性和随意性，提高人、物和事的和谐性、融洽性。大数据思维的出现，标志着人们对客观世界的理性认识能力，借助信息技术达到了一个新的高度。它是信息文明发展在思维领域的新成果。

（二）　大数据思维对社会实践的重要意义

大数据思维正成为信息实践过程中人们认识世界、改造世界、创造新知识、增强新能力的重要思维方法。大数据思维的全面、规范、深度应用对经济社会发展将产生深刻影响。

在经济领域，习近平指出，要构建以数据为关键要素的数字经济。建设现代化经济体系离不开大数据发展和应用。对政府经济管理部门而言，运用大数据思维，进行科学决策，用数据研判、评估经济运行发展规律，科学配置各种生产要素，合理预测、引导人们的经济消费、生产和生活行为，可以有效提高生产率，保持经济社会平稳发展。大数据产业的形成有助于挖掘新的社会需求，促进形成新的商业业态，产生新的经济发展动能。对企业而言，贯彻大数据思维，对企业人、财、物和全生产流程的数据化管理，可以有效降低生产成本，节约人力资本，科学应对市场风险，及时改进企业内部管理规章制度，实现企业转型升级。

在政治领域，大数据思维的贯彻，将有力地推动政府决策的科学性。通过大数据的可量化分析和预测，改变长期以来政府决策过程中实际存在的盲目性和随意性，最大限度避免无效决策和错误决策。"大数据的应用可以大幅度提升政府部门的生产力、工作效能和影响。"[①] 实际上，大数据技术已经在政府应急管理、城市规划与管理、教育、医疗、金融、房地产、交通、环保、食品药品安全管理等各个领域彰显了科学辅助决策功能。大数据时代，使用大数据的交叉复现的特征，从大数据中预测社会需求，预判治理问题，从大数据中探索国家治理的多元、多层、多角度特征，满足不同时期、不同群体、不同阶层人民群众的需求。概言之，大数据技术和大数据思维在国家和社会治理中具有广泛的应用前景，是信息文明时代政府、社会组织和个人应当热情接受和积极学习应用的一种思维，

---

① 陈潭等：《大数据时代国家治理》，中国社会科学出版社 2015 年版，第 9 页。

积极加以理解和运用，它对人们的社会实践必将产生重大影响。

　　在社会领域，大数据思维极大地扩展了人类对客观世界和主观世界的认识能力。大数据技术的应用引发的样本思维向总体思维、精确思维向混杂思维、追求因果关系向更关注相关关系思维方法的转变。大数据思维"将改变我们理解和组建社会的方法"①。通过大数据挖掘技术，人们可以制定更加个性化的教育方案，把古老的"因材施教"教育理念付诸实施。因为运用了大数据分析，商场销售的商品可以更科学地布局从而提高商场的销售量、减少货物库存量。通过分析安装在桥梁上传感器监测到的数据，人们能准确评估桥梁的运行风险，提前做好桥梁维护保养措施，从而减少安全事故。

　　质言之，大数据思维赋予了现实生活世界事物之间更多的"意义"和"价值"。大数据技术的应用，一定程度上颠覆和改变了人类对意义世界的判断标准，进而为人类创造了新的生产、生活图景。社会的全面信息化和智能化，推动大数据思维的大规模应用，不仅为新的教育、新的商业、新的科学文化活动的涌现创造了技术条件，还将塑造社会新的舆论生态和新的文化环境。大数据思维对科学研究、文化生产和教育活动带来了全新的观察视域和完善路径。"大数据思维最关键的转变在于从自然思维转向智能思维，使得大数据像具有生命力一样，获得类似于'人脑'的智能，甚至智慧。"② 如果说显微镜和望远镜的发明，极大地提升了人类感知微观世界和宏观世界的能力，大数据技术的应用则极大地拓展了人类对社会的能见度，尤其是对人的心理、观念和思维等心灵层面的认知能力。

小　结

　　唯物史观视阈下的信息文明的逻辑形态，突出的表现就是知识、信息、计算机和互联网等信息资源全面地渗透到人们的劳动过程中。信息时代来临，劳动资料、劳动对象和劳动者都全面地被信息技术塑造了。互联

---

　　① ［英］维克托·迈尔-舍恩伯格、［英］肯尼思·库克耶：《大数据时代：生活、工作与思维的大变革》，盛杨燕、周涛译，浙江人民出版社 2013 年版，第 17 页。

　　② 张义祯：《大数据带来的四种思维》，《学习时报》2015 年 1 月 26 日第 4 版。

网等信息资源不仅成为解放和发展社会生产力的重要元素，随着互联网+制造、互联网+农业、互联网+商业、互联网+教育、互联网+政务、互联网+司法、互联网+医疗、互联网+交通……互联网已发展成为一个能够连接一切的、日益具有社会公共属性的智能型劳动工具。随着互联网越来越把人类工业时代创造的一切文明成果都加以重构和塑造，计算机和互联网为代表的信息技术本身已发展为直接的、现实的生产力。"当智能化发展到一定程度，当社会总劳动时间持续下降，进入富裕阶层的人群日益增加，非物质产品的需求在将来某个时间段一定会超过对物质产品的需求，这时，有多少纯信息产品和服务会整体性或大部分呈现免费模式，这是值得重视的课题，既是实践的，更是理论的。"① 随着社会不断深度信息化，信息劳动者成为社会主要劳动者。劳动方式不断信息化、智能化，只是延展了人的劳动机能，提高了劳动生产率，不能改变私有制条件下的雇佣劳动关系。信息化劳动方式创造的极致生产力，迫切要求生产资料由全社会所有，要求实现社会化协作生产。

基于信息技术的共享经济在全球范围迅猛发展，不仅创造了新的经济发展方式，还创造了新的文化、新的社会风尚。从共享一般消费资料发展到共享生产资料，从共享空间到共享时间，从共享物质资源到共享精神资源，共享经济蕴含着新的文明基因。从一定意义上讲，信息文明就是一种建构在利益共享基础上的共享文明。

共享经济是信息文明最活跃的经济形态。移动互联网、大数据、物联网、云计算等信息技术塑造的"共享经济"在全球范围的迅猛发展，使资本与劳动的博弈态势出现了新的格局。资本主义社会的共享经济发展既在一定程度上有助于缓和生产资料私有制与社会化大生产不断发展的基本矛盾，又在更深度、更广阔的层面累积了资本主义的社会矛盾。物联网、大数据、人工智能等信息资本的资本主义深度应用，资本有机构成的提高，必然导致更严重的社会贫富分化，更激烈的资本与劳动矛盾，更空前的政治危机和社会危机。因此，无论是信息文明的经济形态，还是其政治形态和文化形态，资本主义主导的信息文明都是具有历史局限的文明、是有待进一步发展和超越的文明。

因始终坚持信息资本服务于实体经济、始终坚持网信事业以人民为中

---

① 张新红：《分享经济　重构中国经济新生态》，北京联合出版公司 2016 年版，第 3 页。

心的发展思想，共享经济在中国的发展，能够克服信息技术异化的风险，能够加速各种生产要素的社会流动与分享进程，有助于提高整个社会生产要素的使用效率，有助于加快消除基于生产生活资料排他性使用而形成的社会发展不协调性和不平衡性，有助于稀释客观存在的社会发展不平衡、不协调导致的社会公众获得感的差异性，有助于巩固社会主义的物质基础、社会基础和思想基础，促进社会主义本质的实现。共享经济内蕴的信息化生产方式是一种适应社会化大生产的生产方式。发展共享经济客观上有利于发展社会化大生产，有利于解放和发展生产力，有利于形成绿色发展方式和生活方式，有利于更好更快地满足人民群众对美好生活的需要。共享经济的发展标志着人类创造了新的更文明的生产方式和生活方式。社会主义信息文明已经塑造了新的物质文明、精神文明、政治文明、社会文明和生态文明景象。信息文明的发展是人类各种文明要素的发展，是人类对更理想的文明生活的真实体验。

"每一个时代的理论思维，包括我们这个时代的理论思维，都是一种历史的产物，它在不同的时代具有完全不同的形式，同时具有完全不同的内容。"[①] 现代信息革命爆发以来，中外思想界、理论界形成的信息社会、知识社会、网络社会、情报社会……各种思想理论，毫无疑问都是人们在信息时代收获的思想菁华。人们对信息文明的认知还会随着信息技术、信息实践活动的发展而不断发展。人们对现在所处的时代——电子时代、信息时代、信息文明时代、网络时代、互联网时代、"互联网+"时代、大数据时代、智慧时代、智能时代……千姿百态地描摹和刻画意味着我们的思维认知上对时代的面貌不断地取得新进展，也为迎接信息文明的生存实践做着心理和思想的准备。

一定程度上讲，思维领域的发展才真正标志着新文明基因的形成。习近平指出，"要跟上时代前进步伐，就不能身体已进入 21 世纪，而脑袋还停留在冷战思维、零和博弈的旧时代"[②]。信息科学技术的发展，不仅在人类社会物质资料生产方式上产生重大影响，还对人们原有的思维方式产生重大影响，进而形成新的思维方式。信息思维、互联网思维和大数据思维分别扬弃了物质思维、线性思维和机械思维。信息思维是一种以信息

---

① 《马克思恩格斯文集》第 8 卷，人民出版社 2009 年版，第 436 页。

② 《习近平谈治国理政》，外文出版社 2014 年版，第 354 页。

视角认识和改造世界的思维。互联网思维是信息思维发展而形成的信息文明新思维方式。网络虚拟世界的客观存在及其对人类社会的影响表明，互联网思维对马克思主义世界观、价值观、实践观等许多方面产生了重大影响。基于互联网技术和互联网思维而形成的大数据思维的出现，标志着人们对客观世界的理性认识能力借助信息技术达到了一个新的高度。大数据思维是信息文明发展在思维领域的最新成果。

信息文明时代，生产力在质和量的两个维度的发展都是惊人的，重要的是人们的思维方式要跟上时代的步伐。只有在思维方式上革故鼎新，才能创造出新的理论和新的知识。只有产生新理论，才能指导人们不断推进新的社会实践活动。"我们要警惕、反思工业思维带来的毒害，我们要排除笛卡尔主义的毒害。……有赖于我们将灵性重新注入我们庞大的、庞杂的知识体系和学科体系中。"① 作为新文明形态——信息文明，既创造出了新的物质生活生产方式，也创造了新的思维方式。它必然与过往的、传统的经济范式、理论范式有所不同，只有用开放的、前瞻的心胸和眼光迎接它、面对它，我们才能在新的历史起点上不断创造出新的文明。

---

① 信息社会 50 人论坛：《未来已来："互联网+"重构与创新》，上海远东出版社 2015 年版，第 211、215 页。

第四章

制度形态：信息文明的社会趋向

信息文明将"走向何处"是本章讨论的要旨。由工业资本主义走向信息资本主义[①]、进而发展为信息帝国主义[②]；由工业社会主义走向信息社会主义[③]、进而发展为信息共产主义就成为信息文明未来的两个侧面。实际上，包括信息科学技术在内的所有科学技术都被嵌入到当下两种基本社会制度中。一种是建立在生产资料私有制基础上的资本主义制度，一种是建立在生产资料公有制为基础的社会主义制度。信息文明的未来面貌取决于这两种社会制度的发展状况。追问信息文明的发展前景和未来走向，关键要阐明：资本主义和社会主义哪一种社会制度更适合信息方式的内在逻辑。信息技术是人发明和创造的，信息技术塑造的社会显然也是人自身实践活动的产物。人的实践活动本质上是由人的物质的和精神的需要规约和指引的。基于人的实践活动和人的信息活动的高度同一性和融合性，信息技术的发展必然遵循着人的合目的性和社会发展的合规律性。如此，唯物史观认为，信息文明的未来就在人的全面发展的愿景上，扮演着与共产主义社会共同的趋向。信息文明的发展将为共产主义文明的发展创造现实的条件。这个条件不仅是理论的、逻辑的论证呈现出来的，更是信息化物质生产方式决定的现实。

---

① 美国社会思想家彼得·F. 德鲁克首先提出"信息资本主义"术语，以刻画信息革命以来传统资本主义发生的转型，强调知识与信息在现代资本主义社会的中心地位。参见 [美] 彼得·F. 德鲁克《后资本主义社会》，付振焜译，东方出版社 2009 年版，第 145 页。

② 肖峰、张坤晶：《从信息资本主义到信息帝国主义》，《理论视野》2014 年第 7 期。

③ 肖峰：《论信息社会主义》，《中国青年政治学院学报》2007 年第 1 期。

第一节　信息技术的资本主义应用及其发展趋势①

唯物史观认为，资本主义生产方式在其取代封建社会生产方式的历史进程中，对人类文明发展发挥了巨大的历史进步作用。但是，就其本质而言，无论技术如何发展，资本主义生产方式仍然是一个具有历史暂时性的社会生产方式。资本主义社会仍然是资本与劳动对抗性的剥削型社会。工业资本主义的发展，创造了过往人类历史以来无与伦比的物质和精神的财富。但是，同时它也在不断累积巨大的社会矛盾和人类文明的负能量。"在资本主义社会，资本是最基本和最高的社会存在。"②随着信息技术迭代式发展，资本也出现了新的面貌。信息本身作为一种力量，为资本主义的不断演进奠定了基础。

一　信息资本化与资本信息化

信息革命及其对社会物质生产方式的渗透，开启了工业时代的资本主义向信息时代的资本主义转换的历史。完成这个转换过程，资本主义内部也发生了两个相互关联的变化，即信息资本化和资本信息化。

（一）信息资本化

随着信息技术的发展，与土地、厂房、机器设备等传统的经济资源相比，信息资源逐渐在经济社会发展中显现出日益重要的地位。信息成为社会生产力的不可或缺的要素。信息资源的收集、处理和运用情况，直接关乎商品生产者和企业的收益状况，这就为信息资本化奠定了社会条件。

信息资本化，是指信息成为能为信息所有者带来收益而资本化的过程。正如马克思在《雇佣劳动与资本》中指出的，"黑人就是黑人。只有在一定的关系下，他才成为奴隶。纺纱机是纺棉花的机器。只有在一定的关系下，它才成为资本"③。信息资本化不是社会生产的偶然现象，而是资本主义发展的必然结果。资本主义经过工业化的塑造，发展到 20 世纪

---

① 此节主要内容以"信息帝国主义——兼评列宁帝国主义论"为题发表在《马克思主义哲学研究》2017 年第 1 期。

② 杨耕：《重新理解唯物主义历史形态及其革命性变革》，《中国社会科学》2016 年第 11 期。

③ 《马克思恩格斯文集》第 1 卷，人民出版社 2009 年版，第 723 页。

60 年代末期，在美国出现了基于计算机和互联网技术为代表的新的生产力形态。这种生产力形态中，作为生产力要素之一的信息逐步取代了土地、钢铁和石油等物质资源在生产力中的重要地位，一跃成为当今世界最为重要的生产要素。数据（文字、图片、声音、图形等编码符号系统）是信息的形式，信息是知识的载体，随着计算机和信息技术的发展及应用，"知识、智能、技能、信誉、信心等信息形式都可以用于增值、赚钱和积累财富，从而具有了资本的属性"①。在信息革命的浪潮中，资本主义的信用体系、市场体系、物质和精神生产体系、金融体系乃至整个社会面貌都受到信息化的塑造。信息的资本化与普通生产要素的资本化不一样，信息在使用过程中不会耗损，甚至使用的人越多、越广泛、越持久，生产成本就越低，创造的价值则越高。简言之，随着信息社会的发展，对信息的垄断以及生产信息产品、通过信息商品获取更多的剩余价值，成为信息时代资本主义的主要剥削方式。信息经济逐步成为发达资本主义国家主要的经济形态。

（二）资本信息化

资本信息化，是指资本形态的信息化、数字化、虚拟化的过程。随着信息技术对全部社会生产、生活的渗透，大工业时代的物质资本形态逐步得到信息化改造。在实体经济之外，衍生出远远超过实体经济规模的虚拟经济。原先石油、土地、厂房、机器设备等物质资本全都在网络空间得到符号（数据）化呈现。金融业这种不生产一丁点物质的产业空前地繁荣起来，并且成为左右一个国家经济发展的命脉。

资本信息化的实质是信息经济。信用经济的发展，既表明了人类认识客观物质世界的能力的提高，又表明经济社会发展更加预期化、计划化。资本信息化的发展有力地改变了人们的财富观念、权力观念。进入互联网时代，信息就是权力、财富、效率、机遇、生命。随着信息化、网络化、全球化相互关联发展，工业资本主义加速向信息资本主义演变，美国的金融业触角已经延伸到世界各个角落。也正是从信息视角出发，纽曼尔·卡斯特、马克·波斯特等人认为当代资本主义是"信息化的资本主义"，即"信息资本主义"。资本经过信息化塑造，整体上向知识（信息）化变迁了，美国等少数进入发达信息社会的资本主义国家，无论是产业，还是商

---

① 肖峰：《信息主义：从社会观到历史观》，中国社会科学出版社 2010 年版，第 131 页。

业、服务业全面融合了信息化。2008 年发端于美国华尔街的经济金融危机风暴席卷全球至今仍然威力不减，令世界经济发展面临复苏困难，其中重要原因是实体经济和虚拟经济间主从关系出现颠倒。

信息资本化和资本信息化，是信息时代资本主义发展的新基础。依托这两个基础，资本主义工业社会实现了向信息社会变迁。信息技术创造出了一个完全不一样的人类社会空间——网络虚拟空间（赛博空间）。网络虚拟空间和现实社会物理空间最大的不同在于：一般情况下，网上行为是矩阵式、无边界、无中心架构的。表象上看，信息资本主义的物质生产、社会生产和意识形态的生产更加全球化、更加去中心化，资本的集中和垄断缓和了甚至消失了。但是，信息资本主义并没有解决社会化大生产与生产资料私有制的矛盾。相反，信息化、网络化助力资本主义实现了真正意义的全球化生产和消费、全球化资本输出。进入互联网时代以来，美国的大片、芯片、薯片"三片"席卷全球，势头不减，既代表了资本主义生产方式的变化，又体现了资本输出、文化殖民的新手段、新样态。信息资本主义由此攫取了远比工业资本主义多得多的超额利润。这就是工业资本主义发展为信息资本主义的基础。进入 21 世纪，随着信息互联网、能源互联网和物联网技术的推进，3D 打印技术、云计算和大数据产业的发展，美国在信息产业全球格局中日趋获得垄断地位，信息资本主义渐变为信息帝国主义。

信息帝国主义是垄断帝国主义的新阶段、新形态，其形成的根源是资本主义生产方式对信息资本的垄断和控制，本质上仍然是对信息形态的生产资料的垄断。质言之，工业资本主义不再满足于垄断石油、土地、人口，它要垄断人们的头脑、垄断人们的智力和知识，一句话：垄断信息。

二　信息资本主义迈向信息帝国主义

列宁的帝国主义理论为我们科学认识资本主义的演变提供了方法论基础。20 世纪下半叶以来迅猛发展的信息革命，列宁时代的工业资本主义转换到信息资本主义阶段。与此同时，垄断帝国主义的发展机理也发生了深刻变化。

（一）信息资本输出与信息殖民主义

列宁认为，自由资本主义发展到垄断帝国主义时，资本主要是通过垄断大工业生产所需要的土地、石油等物质资源及市场（包括生产资料和消费资料市场）获取垄断利润的。大工业时代的资本主义对外输出也从一般商品输出发展为资本输出。"对自由竞争占完全统治地位的旧资本主义来说，典型的是商品输出。对垄断占统治地位的最新资本主义来说，典型的则是资本输出。"① 21 世纪的信息帝国主义是受到信息革命塑造的垄断帝国主义。信息革命在资本主义条件下，发挥了缓解资本主义社会基本矛盾、美化资本主义社会图景的作用。因为，随着 20 世纪世界范围的反殖民、反封建、反独裁的民主斗争运动的发展，维系旧的垄断帝国主义的殖民体系瓦解了，广大亚非拉地区人民相继获得民族独立，赤裸裸地侵略和瓜分世界的帝国主义战争被和平力量抑制了。信息资本主义要发展，要继续获得垄断利润，就必须依赖更优质的"资本"输出，这种更优质的资本就是信息资本。

信息要执行资本的功能，一是需要信息本身的内容为资本服务，信息被人接受后能够创造比制造信息本身价值更大的价值出来；二是需要通过信息传输系统使信息的内容被尽可能多的人接受。美国好莱坞的大片代表着美国的文化信息，美国的芯片代表着美国的科技信息，美国的肯德基薯片代表着美国的生活方式，此外纳斯达克股指、道琼斯指数等信息代表着世界金融信息。美国可以通过先期发展起来的、占绝对垄断地位的信息系统（主要是计算机操作系统、芯片和国际互联网）输出以文化、科技和金融等为主要内容的信息到世界各个角落。恩格斯指出："没有奴隶制，就没有希腊国家，就没有希腊的艺术和科学……"② 这句话揭示这样一个道理，在信息时代，没有资本主义私有制，就没有信息资本主义美国，就没有美国的艺术和科学。美国等资本主义国家利用互联网等通信和信息技术发展的不平衡性，肆无忌惮地对外输出有利于他们的信息（包括大量的虚假、捏造的信息）。蕴含高超信息技术的以好莱坞为代表的美国文化、艺术产品，表面上是在宣扬所谓的自由、民主、人权等"普世价值"，本质上是在利用自己的文化强势地位向其他国家灌输资本主义的价值观。

随着互联网媒体属性的凸显和传播功能的增强，凭借对信息技术和信息资源的垄断地位，信息帝国主义输出的信息无论在数量还是质量上都将处于绝对强势地位。互联网时代以来资本主义文化发展的现实表明，世界

① 《列宁专题文集 论资本主义》，人民出版社 2009 年版，第 150 页。

② 《马克思恩格斯文集》第 9 卷，人民出版社 2009 年版，第 188 页。

文明的多样性正受到挑战。东欧剧变、苏联解体以及发生在中东、北非和中亚地区形形色色的"颜色革命",所以产生的根源之一,就是以美国为首的信息帝国主义信息资本输出的结果。有学者在分析中国特色社会主义面临的挑战时指出:"以美国为首的西方世界利用广播、卫星、电视等传统媒体,对我进行全方位、立体式包围。美国之音、自由亚洲电台、英国BBC、德国之声、法国国际广播电台和日本 NHK 在我国周边地区共设立了 31 个转播台,每天使用普通话和我国五种方言、174 个频率对我国播出 63 个小时,形成全月形包围圈。"① 中国网民尽管数量世界第一,但是,网络空间信息流量本质上受美国主导的根服务器控制,理论上美国在网络空间上具有绝对的垄断地位,违反或不符合美国利益的信息,美国可以从源头上加以控制,甚至美国可以直接让一个主权国家在网络空间消失。实际上,美国在对伊拉克、利比亚的军事行动中,就曾利用对互联网根服务器的控制权,让伊拉克、利比亚从网络空间消失。这就是后殖民主义时代美国信息殖民主义的手段。

信息殖民主义是在旧殖民主义体系瓦解后,随着全球化、网络化深度发展而形成的一种新的殖民主义。本质上,信息殖民主义是垄断帝国主义殖民主义策略的继续,只不过信息殖民主义者要争夺和瓜分的不是世界的领土,而是全世界人的文化、观念和信仰。它能通过制造信息(包括大量的虚假信息)和控制信息的权力,影响一个国家的经济社会制度,乃至颠覆国家政权。"小布什在媒体支持下,操纵舆论妖魔化萨达姆,以便为其发动蓄谋已久的伊拉克战争营造有利的气氛。"② 列宁指出:"铁路网发展的不平衡,是全世界现代资本主义即垄断资本主义造成的结果。这种结果表明,只要生产资料私有制还存在……帝国主义战争是绝对不可避免的。"③ 今天,"信息高速公路"发展远比大工业时代铁路网的发展更加不平衡,日益严峻的信息鸿沟、信息贫困、信息剥削既是信息帝国主义造成的结果,也是全球发展危机、社会危机、政治危机的重要根源之一。信息殖民主义是当今全球动荡的主要元凶之一。

---

① 李慎明:《当代中国特色社会主义面临的机遇与挑战》,《毛泽东思想研究》2014 年第 3 期。

② [巴西] 路易斯·阿尔贝托·莫尼斯·班代拉:《美帝国的形成》,舒建平译,中国人民大学出版社 2014 年版,第 350 页。

③ 《列宁专题文集　论资本主义》,人民出版社 2009 年版,第 101 页。

（二）数字资本主义和虚拟资本主义

恩格斯在《共产党宣言》1888 年英文版序言中指出："每一历史时代主要的经济生产方式和交换方式以及必然由此产生的社会结构，是该时代政治的和精神的历史所赖以确立的基础，并且只有从这一基础出发，这一历史才能得到说明……"[①] 工业资本主义发展到信息资本主义，其物质资料生产方式和交换方式以及社会结构、阶级结构都发生了巨大变化。信息技术塑造资本主义的深度和广度都还在不断演进过程中。关于信息资本主义，有两个不同侧面对之进行了刻画：一个是数字资本主义，一个是虚拟资本主义。数字资本主义就是信息化的资本主义。

数字构成了信息的基本符号编码系统，数字化本质就是信息化。数字资本主义在物质生产、社会生产和意识形态生产领域，都实现了高度的数字化。丹·希勒指出："在扩张性市场逻辑的影响下，因特网正在带动政治经济向所谓的数字资本主义转变。"[②] 计算机和互联网技术的普及，为资本主义的数字化创造了物质和社会条件。随着工人阶级阶级意识不断增强以及资本有机构成的变化，物质商品生产所能维持的剩余价值率必然趋于降低。数字资本主义一方面通过生产的集中和垄断保持高额利润，另一方面，通过强化专利、知识产权和商业品牌保护措施，从而依靠信息商品继续获取高额的利润。[③] 前者因为受到民族主义势力和反全球化运动的掣肘，依靠传统的生产集中和垄断方式维持工业资本主义的发展已经愈发困难了。因此，信息资本主义对知识产权、高科技专利、商品品牌保护的力度显露出不断增强的趋势，以此维持发达资本主义国家超额垄断利润。

虚拟资本主义是人们描摹信息时代金融资本主义的另一种称谓。高度发达的虚拟经济的核心是金融业。虚拟资本主义从资本主义金融化侧面揭示了资本主义日趋"脱实向虚"的发展趋势。事实上，信息技术对资本

---

① 《马克思恩格斯文集》第 2 卷，人民出版社 2009 年版，第 14 页。

② ［美］丹·希勒：《数字资本主义》，杨立平译，江西人民出版社 2001 年版，引言第15 页。

③ 知识产权保护是双刃剑，既有保护和激励创新的社会功能，但也存在阻滞新的科学思想传播和应用的社会负效应。知识产权过度保护容易造成知识垄断、社会阶层固化。理想化的知识产权体系应该是将积极作用最大化，以至于超过消极作用的影响。一个国家和经济体具体应该采取何种力度的知识产权保护政策，应该依据具体的社会经济条件和发展水平，不能说知识产权保护越充分，就一定意味着能够促进经济社会发展。

主义塑造本身就包含了对资本主义的金融业的塑造。20 世纪 90 年代开始，随着互联网国际化步伐加快，资本主义全球化才真正名副其实。遍布全球的网络化金融中心、股票交易所、证券以及保险业迅速发展起来，"互联网+金融"概念一经提出，即对传统金融业形成颠覆、解构的力量。但是，信息化、全球化、金融化三化融合发展带来的整体性后果是"虚拟经济、虚拟资本、金融资产的增速或积累速度远远超过实体经济（真实经济）、物质资本、人力资本的增速或积累速度"①。2015 年，全球债券市值是全球 GDP 的 1000 倍以上，各种金融衍生品市值是全球 GDP 的 6657 倍还多。② 互联网国际化同时，美国诞生了一批富可敌国的信息技术公司和互联网企业。微软、谷歌、脸书、雅虎、亚马逊等信息行业的掌门人一直稳居世界富豪榜前列。尽管世界金融危机依然深不见底，但是，依靠信息商品获利的信息资本家却依然能实现财富和资本的增长。

三　信息帝国主义的本质与基本特点

信息技术的资本主义应用，一方面创造了巨大的生产力，推动了资本主义经济社会迅速发展；另一方面，信息资源以及资本化的信息又在资本逻辑下，创造了与传统工业资本主义迥异的剥削方式和财富获取形式。因此，资本主义尽管经过信息技术的塑造，在剥削方式和资本主义生产方式上发生了惊人的变化。譬如，建立在信息技术基础上的大规模的无人工厂和智能化社会生产系统，弹性化的工作模式与柔性化的人力资源雇佣模式等。但是，正如马克思指明的，"无论哪一个社会形态，在它所能容纳的全部生产力发挥出来以前，是决不会灭亡的，而新的更高的生产关系，在它的物质存在条件，在旧社会的胎胞里成熟以前，是决不会出现的"③。信息帝国主义不仅没有改变资本主义生产方式的实质，还在以更隐蔽、更"文明"的方式不断向前发展着。

（一）垄断信息是信息帝国主义的本质

随着互联网国际化发展，尤其是其对社会经济政治的深度影响不断彰显，国际社会对互联网相关资源的垄断和反垄断斗争日趋激烈。进入 21

---

① 向松祚：《新资本论》，中信出版社 2015 年版，第 9 页。
② 李慎明：《国际金融危机孕育着社会主义的复兴》，《红旗文稿》2015 年第 1 期。
③ 《马克思恩格斯文集》第 2 卷，人民出版社 2009 年版，第 592 页。

世纪以来，计算机技术的普及和泛在智慧网络的形成，进一步加剧了各国对互联网资源的关切。美国凭借其强大的信息生产能力、互联网技术先发优势以及对互联网核心资源的垄断地位，成为当今世界真正的信息帝国主义国家。

信息垄断在工业资本主义时代已经出现。列宁引用 1909 年美国政府专门委员会关于托拉斯的报告，说明了当时的托拉斯一方面设立分公司"专门收买发明专利权"，一方面有组织地"雇有所谓技术开发工程师……发明新的生产方法，进行技术改良的实验"[①]。资本对新技术、新发明的渴求源于市场竞争的需要。信息资本主义没有改变资本运动的这一逻辑，只是在新的技术条件下进一步强化了对信息、知识等非物质资源的垄断程度。俄共中央主席久加诺夫指出，在全球化、信息化时代，"精神生态……受到完全由大资本垄断的无孔不入的大众媒体可怕的挤压。受到崇尚暴力和腐化的低劣的大众文化蛊惑人心的进攻。以'思想和信息自由流动'为名，实际上实行的是信息—文化帝国主义的政策"[②]。随着大数据、物联网技术、3D 打印技术融合发展，工业互联网、能源互联网以及信息互联网的协同演进，国际互联网彰显出其愈来愈强的信息媒介属性的同时，正日益显现出其生产属性。工业帝国主义垄断的是物质生产资料，信息帝国主义垄断的则既有物质生产资料，又有精神生产资料，而且后者会越来越成为主要的垄断形式。

当代信息帝国主义对信息的垄断最突出的表现是对国际互联网核心基础设施的垄断。垄断互联网核心基础设施，在理论上就具备了垄断当今社会最大的信息生产资源和消费资源的能力。美国实际控制了互联网总共 13 台根服务器中的 10 台，控制了网络空间资源最重要的管理机构"互联网名称与数字地址分配机构"（ICANN）。这就是美国信息帝国主义的最大的垄断物质基础。此外，美国是世界上最大计算机软件和硬件生产垄断组织所在地。微软和英特尔公司形成的"温特联盟"不仅垄断计算机软件和硬件市场，而且还通过垄断技术标准，形成真正超级垄断地位。[③]

[①]　《列宁专题文集　论资本主义》，人民出版社 2009 年版，第 114、115 页。

[②]　［俄］根纳季·久加诺夫：《全球化与人类命运》，何宏江、邢艳琦等译，新华出版社 2004 年版，第 7 页。

[③]　鄢显俊：《信息垄断揭秘信息技术革命视阈里的当代资本主义新变化》，中国社会科学出版社 2011 年版，第 95—96 页。

（二）信息帝国主义剥削劳动人民的隐蔽性和残酷性

大工业时代，资本往往以赤裸裸的形式压榨和剥削劳动人民。信息时代，资本更倾向于采取文化、艺术、商业、学术、环保、人道活动等伪装形式剥削人民，这就是信息帝国主义剥削的隐蔽性。信息垄断集团主要集中在影视、文化、互联网、金融等产业。美国好莱坞向世界输出的文化产品在全球文化市场占据绝对垄断地位。在文化全球化进程中，美国强大的文化生产能力将资本主义文化、价值观、意识形态、社会制度、生活方式等植入在"三片"（大片、芯片、薯片）中，这种文化披着"文明"的外衣对世界文明多样性造成严重影响。在互联网行业，信息商品"捆绑性"、信息消费"习惯性"使信息高科技企业能够长期保持市场绝对垄断地位。信息帝国主义不仅通过信息商品获得巨大经济利益，还通过潜移默化的浸染手法，培植了自己政治利益代言人。"没有什么能够阻止一个国家通过鼓励和操纵网络暴乱和其他形式的以互联网为基础的集体行动来为自己牟利，却与此同时将自己隐藏在暗处。"[1] 一定程度上讲，这就是信息帝国主义与所谓"颜色革命"如影随形的根本原因。在全球信息产业和信息化水平发展不均衡情况下，美国鼓吹的所谓"信息自由""互联网自由"本质上是企图以"普世价值"旗号掩盖其在全球信息产业中的垄断地位，进而长期获取超额垄断利润。

信息资本作为美国信息帝国主义维护其利益工具具有非常强的隐蔽性。这种隐蔽性伴随着全球化、网络化和贸易自由化进程逐步向公开性演变。20 世纪 90 年代以来，美国通过所谓"特别 301 条款"，在全世界推行它自己的知识产权标准，并且要制裁那些违反了这些标准的国家。美国知识产权利益集团、软件行业组织和影视行业组织通过游说，把《与贸易有关的知识产权协定》所确立的知识产权保护机制通过世界贸易组织推广至全球贸易体系，以此维护信息资本的垄断地位和垄断利益。美国一方面在《与贸易有关的知识产权协定》和特别 301 条款下推动知识产权保护的全球化，另一方面则单方面地推动全球电信自由化。美国以自身在信息产业和技术领域的绝对优势和垄断地位，在电信自由化的同时，确保通过软件、电子商务、影视等信息资本在全球范围内获得稳定的高额利

---

① ［美］弥尔顿·L. 穆勒：《网络与国家：互联网治理的全球政治学》，周程等译，上海交通大学出版社 2015 年版，第 31 页。

润。广大发展中国家却只能在发展信息产业、信息经济过程中，要么以牺牲自己的产业和国家信息安全为代价，购买和遵守美国的技术标准；要么独立研发，付出更大的历史代价。

随着中国等新兴经济体在信息产业和信息技术方面的强劲发展，21世纪以来，美国政府为谋求更持续的经济政治利益，开始积极参与跨太平洋伙伴关系协定（TPP）谈判。TPP协议以尊重所谓普世价值观为由，制定了包括严苛的知识产权保护、信息自由（包括新闻自由、互联网自由等）在内的贸易监管标准。TPP实质已成为美国借自由贸易之名，行维护其垄断资本和知识产权优势之实的平台，企图以此遏制中国的快速崛起。尽管由于特朗普根据自己的施政理念宣布退出TPP协议，但是这并不表明特朗普政府放弃了对知识产权、专利技术等信息资本带来的超额垄断利润的维护和追逐。德国、日本、澳大利亚、新西兰等发达资本主义国家还在积极谋求推动该协议发挥作用，以实现其经济和战略利益。围绕高新技术专利和产业技术标准等信息资本的国际贸易利益博弈还将长期存在。2013年曝光的震惊世界的"棱镜计划"，已充分暴露了美国信息帝国主义在信息领域的双重标准。根据此项计划，美国不但利用信息网络技术优势攫取高额经济利润，还在政治、文化、军事、安全等领域暴露出明显的帝国主义做派。质言之，当代信息帝国主义企图垄断全世界人的知识、智慧和信息，垄断全球的政治、经济、文化、军事、产业等信息。

绝对的垄断带来绝对的利益。信息帝国主义在信息垄断中表现出比工业帝国主义更加明显的残酷性。有两个数据可以反映信息资本积聚财富的能力非常惊人：第一个是《福布斯》财富榜中全球顶级富豪，信息（电信）资本家稳居前列。即使在亚洲金融风暴和国际金融危机时期，全球操作系统巨头微软公司创始人比尔·盖茨的财富仍然从四十亿美元增长到了五百亿美元。盖茨的财富在1990—2010年以年均13%的速度增长。[①]随着互联网技术的发展和应用普及化，美国出现了微软、谷歌、脸书、亚马逊、甲骨文等一批富可敌国的垄断信息资本家。传统大工业时代，那些拥有石油、钢铁等物质资源的世界级富豪需要十几年、几十年才能积累出惊人财富。在信息时代，软件、电子商务、网络巨头一年或几年时间就能

----

① ［法］托马斯·皮凯蒂：《21世纪资本论》，巴曙松等译，中信出版社2014年版，第453、454页。

跃居世界富豪榜前列。

第二个是虚拟经济与实体经济之间的分化程度。虚拟资本本质上是指能够执行资本收益职能的凭证。如债券、股票、保险、理财、借贷票据等，其本身没有任何价值。虚拟经济是建立在一定的信用体系基础上的符号（信息）经济。虚拟经济本身不产生任何物质财富。应该肯定的是，只要虚拟经济能够为实体经济服务，虚拟经济的存在就是积极的。但是，如果一个社会虚拟经济过度发展，甚至完全脱离实体经济的发展，那么所谓的虚拟经济就必然成为那些已经具备大量信用资本或能够利用大量信用资本的少数人的牟利工具。信息帝国本主义继承和发展了工业帝国主义在虚拟经济领域的一切形式，并且随着"互联网+金融"的发展，金融化、信息化、虚拟化资本发展到登峰造极的地步。虚拟经济日益背离服务实体经济的职能，从而完全成为资本巨头进行投机套利的工具，彰显出明显的残酷性和贪婪性。

四　信息帝国主义的发展趋势

信息技术作为一种高度渗透性和通用性技术，在资本力量的推动下，一经商业化应用就能迅速创造市场神话和财富寡头。信息帝国主义的发展，一方面显露出其仍具有容纳新的生产力空间；另一方面无法避免的是，其仍受到资本主义生产方式的制约和资本逻辑的束缚，正逐步显现出颓废的、危机的征兆。

（一）资本逻辑制约信息帝国主义发展

列宁在分析大工业时代的垄断资本主义时曾明确指出："在任何情况下，在一切资本主义国家，不管有什么样不同的银行法，银行总是大大地加强并加速资本的集中和垄断组织形成的过程。"① 在列宁看来，在金融资本的推动下，工业资本和金融资本就逐渐融合为金融寡头。金融寡头"由于创办企业、发行有价证券、办理公债等而获得大量的、愈来愈多的利润……"② 随着这种"用钱生钱"的牟利方法使用效率的提高，金融垄断资本主义就出现"食利阶层"和"食利国"。列宁引用舒尔采·格弗尼茨的话说明当时英国由工业国变成债权国后："虽然工业生产和工业品出

① 《列宁专题文集　论资本主义》，人民出版社 2009 年版，第 126 页。

② 同上书，第 142 页。

口有了绝对的增加，但是，利息、股息和发行债券、担任中介、进行投机等方面的收入，在整个国民经济中的相对意义愈来愈大了。……这个事实正是帝国主义繁荣的经济基础。"① 互联网时代，金融资本和虚拟资本越来越合二为一。借助互联网科技手段，金融资本营销手段日益精密、发达（突出表现是金融衍生品越来越繁荣），金融市场日益扩大、金融资本在全球范围运动更迅速、更加便利，随之而起的虚拟资本开始出现井喷式发展。根据麦肯锡全球经济研究所的不完全统计，"2010 年，美国、欧元区和英国的虚拟经济规模分别达到本国或本地区国内生产总值的 420%、380% 和 350%。到 2013 年，根据全球金融稳定局的数据，全球流动性金融资产与国内生产总值的比例已经超过 500%，美国流动性金融资产与国内市场总值的比例已经超过 11 倍"②。信息帝国主义经济"脱实向虚"发展的内在机制是：风险投资公司的资本家发现了一种独特的商品——信息。与一般物质商品相比，信息商品被使用后，价值不但不会减少，甚至还因为使用过程的再生产出现价值增值。信息商品使用的人越多其价值就越大。理论上讲，信息商品不会随着消费者使用出现价值递减和消失。风险投资公司不但收购高科技信息企业、互联网公司的专利，还直接在全球招募科研人员进行研发，不断生产新的信息产品，不断扩大信息服务市场，不断垄断全球信息资源，从而使发达资本主义国家整个经济不断"无烟化""高科技化"，那些高污染、低附加值产业则被转移到发展中国家。为尽可能地延长信息资本的价值生命从而维护既得利益，信息资本集团积极谋求在全球范围内建立严苛的知识产权保护制度及其贸易制度。

全球信息化以来，以美国为代表的信息技术发达国家，在国际贸易中不断强化信息技术等以信息方式存在的知识产权保护制度，许多有识之士对此进行了深刻而严肃的批判。2003 年美国哥伦比亚大学法学院教授伊本·莫格勒发表了《网络共产党宣言》，明确揭露和强烈批判了基于私有产权观念的资本主义信息、知识等专利保护制度。因为在信息鸿沟和信息贫富分化的现实条件下，过分强化知识产权保护，本质上就是一种知识和信息垄断行为，目的就是长期垄断高额的利润。

列宁认为，一方面，在帝国主义时代，"整个说来，资本主义的发展

---

① 《列宁专题文集　论资本主义》，人民出版社 2009 年版，第 187 页。
② 向松祚：《新资本论》，中信出版社 2015 年版，第 370—371 页。

比从前要快得多",另一方面,"帝国主义是寄生的或腐朽的资本主义。……是过渡的资本主义,或者更确切些说,是垂死的资本主义"①。在这基础上,列宁进一步明确强调:"帝国主义战争是社会主义革命的前夜。这不仅因为战争带来的灾难促成了无产阶级的起义,而且因为国家垄断资本主义是社会主义的最充分的物质准备,是社会主义的前阶,是历史阶梯上的一级,在这一级和叫作社会主义的那一级之间,没有任何中间级。"② 世界社会主义运动的历史证明,列宁的帝国主义理论不仅没有过时,而且在实践中日益显现出伟大真理的光芒。信息帝国主义是信息时代的垄断资本主义,维系其运动和发展的仍然是资本逻辑,规定和制约信息帝国主义的发展趋势的基本矛盾仍然是资本主义固有的生产资料私有制和生产社会化的矛盾。

唯物史观认为,资本主义生产方式在解放和发展生产力上比以往任何社会都具有历史贡献。但是,马克思、恩格斯也明确指出,资本主义创造的包括现代交通、通信、智能机器科技等先进生产力,如果不能被广大劳动人民和全社会占有,资本主义的文明就是虚伪的和不可持续的。"资本主义生产第一次大规模地发展了劳动过程的物的条件和主观条件,把这些条件同单个的独立的劳动者分割开来,但是资本是把这些条件作为统治单个工人的、对单个工人来说是异己的力量来发展的。"③ 现实表明,信息技术的发展,使信息帝国主义在创造更强大的生产力的同时,又制造了越来越多的失业者、贫困人口和贫困国家。"高科技战争""信息化战争""文化殖民战争"是信息帝国主义维护其垄断利益的利器。④ 2008 年国际经济金融危机爆发以来,资本主义日益暴露出系统性、结构性危机。全球范围内出现了对资本主义制度的质疑和批判思潮。伦敦骚乱、"占领华尔街"运动彰显了西方社会普通大众的觉醒。随着中国特色社会主义道路不断彰显出世界性意义,马克思主义理论和思想在全球范围正受到越来越多的人的关注。

(二) 信息帝国资本主义终将被社会主义代替

科技的发展,尤其是信息技术的发展无论是在发达国家还是发展中国

---

① 《列宁专题文集　论资本主义》,人民出版社 2009 年版,第 210、211 页。

② 同上书,第 235 页。

③ 《马克思恩格斯文集》第 8 卷,人民出版社 2009 年版,第 539 页。

④ 蔡玮:《美国"互联网自由"战略的本质》,《求是》2011 年第 8 期。

家，毫无疑问都创造了巨大的生产力。但是，为什么人类社会整体上仍然面临着更加严峻的贫富分化、劳资冲突、社会分裂、文明冲突的危机与矛盾？基于欧美国家的财富收入的历史数据分析，《21世纪资本论》作者托马斯·皮凯蒂研究认为，第二次世界大战以来，世界各个国家不平等现象已经扩大了，并且将变得更加严重。资本和劳动的矛盾没有因为经济的增长和知识的扩散而淡化，反而，因资本的收益率持续高于经济增长率，人们收入不平等更加加剧了。实际上，马克思在《政治经济学批判（1857—1858年手稿）》中对此已做出了惊人的洞察：在资本主义生产方式背景下，"机器的应用既改变了生产工具的分配，也改变了产品的分配"①。"科学通过机器的构造驱使那些没有生命的机器肢体有目的地作为自动机来运转，这种科学并不存在于工人的意识中，而是作为异己的力量，作为机器本身的力量，通过机器对工人发挥作用。"② "由于劳动资料转变为机器体系，由于活劳动转变为这个机器体系单纯的活的附件，转变为机器运转的手段，劳动过程便只是作为资本价值增值过程的一个环节而被包括进来了，这一点从物质方面来看，也被肯定了。提高劳动生产力和最大限度否定必要劳动，正如我们已经看到的，是资本的必然趋势。劳动资料转变为机器体系，就是这一趋势的体现。"③ 马克思的上述论述可以让我们清晰地得出资本主义生产方式具有如下特征：（1）科学技术的应用能够造成巨大生产力；（2）科学技术对工人是一种异己的、统治的力量；（3）由于机器体系的应用最大限度地否定了必要劳动时间，意味着最大限度地增加了工人的剩余劳动时间，即机器体系越参与劳动过程，工人为资本家创造的剩余价值就越多，工人受到的剥削就越严重。这就是为什么信息革命以来人类社会没能更加公平和谐，反而使财富日益集中到少数人身上的原因。现代信息社会出现的信息（知识）垄断和信息霸权现象说明，不改变不平等、不公正的社会制度，科学技术就只会加剧社会各阶层的收入差距，宏观上表现就是财富的马太效应，富人和富国越来越富裕，穷人和穷国就越来越贫穷，整个社会分裂和不平等就日益加剧。

　　基于对资本主义生产方式的深刻认识，恩格斯在论述工业革命以来英国工人阶级状况时，甚至直接说："自然科学目前对工人实际上是毫无用

---

① 《马克思恩格斯文集》第8卷，人民出版社2009年版，第21页。

② 同上书，第185页。

③ 同上书，第186页。

处的……因为在他们居住的大城市里，在工作日很长的情况下，他们常常根本看不到大自然。"① 这种情形在全世界的许多私人工厂里仍然每天都在重现。面对自动化的流水生产线和自己生产的日益精密的智能手机、电脑等高端信息商品，对千百万"信息工人"而言，自己只是资本家获得巨额利润的工具。一定意义上讲，生产中应用的科学技术和他们自己生产出的产品对他们来讲没有直接的意义。马克思在论述英国在印度的殖民统治时，不但揭露了殖民统治的残暴，更强调了殖民者"将通过电报"巩固印度的政治统一，也巩固了他们在印度的统治。"第一次被引进亚洲社会并且主要由印度人和欧洲人的共同子孙所领导的自由报刊，是改建这个社会的一个新的和强有力的因素。"② "不列颠人把村庄的这种自给自足的惰性打破了，铁路将造成互相交往和来往的新的需要。"③ 这里马克思既明确指出了殖民者在印度发展电报、报刊、铁路等信息传播文明的历史进步意义。同时又深刻指出："英国资产阶级将被迫在印度实行的一切，既不会使人民群众得到解放，也不会根本改善他们的社会状况，因为这两者不仅仅决定于生产力的发展，而且还决定于生产力是否归人民所有。"④概而言之，马克思、恩格斯意识到，人类交往能力的发展并由此创造的巨大生产力，如果只能被少数统治阶级占有，"文明"就是伪善的，甚至是野蛮的。马克思以犀利的语言揭露了资产阶级文明的历史局限性："只有在伟大的社会革命支配了资产阶级时代的成果，支配了世界市场和现代生产力并且使这一切服从于最先进的满足的共同监督的时候，人类的进步才会不再像可怕的异教神怪那样，只有用被杀害者的头颅做酒杯才能喝下甜美的酒浆。"⑤

　　马克思、恩格斯对资本主义工业文明局限性的批判对我们认识技术文明和社会制度文明的关系具有重要的指导意义。以信息技术为基础的信息生产力加速了全球范围的物质资源和精神资源的流通，社会生产力发展到令人惊讶的水平。另外，形形色色的资产阶级的专利保护制度、私有产权制度和建立在生产资料私有制基础上的资本、技术、知识等各种垄断制

----

① 《马克思恩格斯文集》第1卷，人民出版社2009年版，第476页。
② 《马克思恩格斯文集》第2卷，人民出版社2009年版，第686页。
③ 同上书，第688页。
④ 同上书，第689页。
⑤ 同上书，第691页。

度，使巨大的生产力被少数人掌握。"随着机器生产的发展，劳动条件在工艺方面也表现为统治劳动的力量，同时又代替劳动，压迫劳动，使独立形式的劳动成为多余的东西。……以社会劳动为基础的所有这些对科学、自然力和大量劳动产品的应用本身，只表现为剥削劳动的手段，表现为占有剩余劳动的手段，因而，表现为属于资本而同劳动对立的力量。"① 信息技术的资本主义应用造成的信息技术异化引发的社会发展危机、信息垄断、数字战争威胁的时候，信息主义描绘的"地球村"和"人类命运共同体"就失去了和谐和温情的底色。② 因此，从根本意义上讲，全球信息社会，如果没有先进思想、先进制度的引领，广大人民群众是不会收获到信息文明果实的。

从本质上看，当今世界，资本主义主导的信息文明发展现状已经确证了马克思主义对资本主义的历史批判并未随着信息时代的来临而失效。资本主义主导的信息文明尽管创造了极致的生产力，但是，只要资本主义私有制度存在，只要生产力未被社会完全占有，资本主义的根本矛盾就无法克服，资本主义必然走向衰落和灭亡的命运就不会改变。资本主义形成以来的反复爆发的经济危机、金融危机早已表明：资本主义"生产方式起来反对交换方式，生产力起来反对已经被它超过的生产方式"③ 已成为资本主义的常态。正因为许多人认识到了"信息资本主义"并不是人们理想的社会，寻找路径突破信息资本主义社会，实现"信息社会主义"就成为一些人的努力方向。有西方左翼学者就认为："信息革命是未来社会的先导，信息革命发展到头就是资本主义的最后界限。"④ 中国的一些学者也敏锐地认识到了新科技革命和信息化为发展社会主义带来的巨大历史机遇，认为"信息共产主义"⑤ 将成为未来取代资本主义社会的可能。对此，列宁早就明确指出，"其实，社会主义现在已经在现代资本主义的一切窗口中出现，在这个最新资本主义的基础上前进的每一项重大措施中，

---

① 《马克思恩格斯文集》第 8 卷，人民出版社 2009 年版，第 538 页。

② 转引自《美媒：中美打响"数字冷战"比拼软实力》，《参考消息》2014 年 6 月 25 日第15 版。

③ 《马克思恩格斯文集》第 9 卷，人民出版社 2009 年版，第 293 页。

④ 李其庆：《西方左翼学者对当代资本主义的研究》，《国外理论动态》2002 年第 1 期。

⑤ 孟鑫、何海根：《着力推进社会主义理论研究和学科建设工作》，《科学社会主义》2015年第 1 期。

社会主义已经直接地、实际地显现出来了"①。全球信息社会的发展，孕育了"自由劳动"和"劳动自由"的劳动形式，"协同共享"生产力发展形式，以及政治进步和社会生产关系的变革无不预示着一个崭新的全球化时代正在到来。

质言之，无论是工业帝国主义，还是信息帝国主义，其本质是垄断，前者更多的是垄断物质资源，后者更倾向于垄断知识和信息。垄断资本主义的"创造性破坏"必将推动历史向更高阶段发展。信息社会发展现实表明，工业4.0等为代表的新一轮全球范围的信息技术的发展，尤其是物联网、工业互联网技术的发展，将进一步解放和发展新的生产力。由互联网经济催生的"共享经济"将成为未来社会经济新常态。互联网时代人们日益意识到，只有互利、合作、共享，经济社会才能实现可持续发展。一部分人和一部分国家富有，而另一部分人和国家日趋贫困的资本主义两极分化发展方式不可能实现稳态、可持续发展。经济理性能够证明只有选择走社会主义道路，让人类所有的知识、信息、科学、技术创造的先进生产力服务社会大众，整个世界才能实现真正的和平发展。

对于人类未来几十年，正如习近平指出的，"地球上的物质资源必然越用越少，大量耗费物质资源的传统发展方式显然难以为继。……信息技术成为率先渗透到经济社会生活各领域的先导技术，将促进以物质生产、物质服务为主的经济发展模式向以信息生产、信息服务为主的经济发展模式转变，世界正在进入以信息产业为主导的新经济发展时期"②。抓住以信息技术为代表的新一轮科技革命和产业革命的历史机遇，始终在实践中坚持和发展马克思列宁主义理论，不断提高无产阶级政党和广大人民群众的历史自觉，世界社会主义必将迎来光明前景。

第二节　信息技术的社会主义应用及其发展趋势

马克思主义强调，文明是历史继承的、不断进化发展的和永不停息的进步过程和进步状态。资本主义生产方式下的信息文明既创造了空前发达

---

① 《列宁专题文集　论资本主义》，人民出版社2009年版，第235页。
② 习近平：《让工程科技造福人类、创造未来——在2014年国际工程科技大会上的主旨演讲》，《人民日报》2014年6月4日第2版。

的生产力，又造成了新的更高层次的垄断和剥削，因此，信息技术的资本主义应用创造的信息文明是不彻底的、具有历史局限的文明。"马克思主义认为，文明和社会主义是不可分割的，文明的发展需要社会主义，社会主义的建立和完善需要更高的文明。"① 如前文所述，信息文明本质是一种建立在信息化生产方式上形成的新的文明形态。作为一种新的社会化生产方式，信息文明内涵既包含生产力意蕴，又涉及生产关系范畴。唯物史观认为，社会主义生产方式是克服社会化大生产与资本主义生产资料私有制矛盾的历史的和逻辑的必然选择。因此，社会主义社会就理应更符合信息文明发展的条件。

一　全球信息化发展为世界社会主义复兴创造了机遇

信息革命的发展，日益彰显出科学具有"历史的有力杠杆""最高意义上的革命力量"的社会革命功能。互联网为代表的信息技术的迅速普及，正在重塑和重构原有的社会存在方式，包括社会制度。全球信息社会的发展，形成的"创新性破坏"力量对资本主义造成无法修复的冲击。对现实的社会主义而言，虽然也带来了风险和挑战，但是总体而言，信息化代表着社会主义发展机遇，它为社会主义发展创造了日益坚实的物质基础和思想准备。

（一）全球信息化引发的经济层面的变化有利于社会主义

唯物史观认为，"科学是一种在历史上起推动作用的、革命的力量"②。信息科学技术作为现代科学技术发展的代表，具有强烈的渗透性和通用性，其大规模普及应用，使其具有塑造社会形态的功能。如果从信息革命角度讨论，不难发现，信息经济的发展，全球加速迈向信息社会，不仅为社会主义的形成创造了高度发达的生产力条件，还为全社会创造了有利于社会主义的生产方式。

发达的社会生产力是社会主义生产方式最终确立起来的物质基础。随着包括信息科学技术在内的各种科学技术的发展及其对社会全方位的渗透，科技将为解放人的体力劳动和脑力劳动创造完备的技术条件，人类将

---

① 赵曜：《社会主义和人类文明是不可分割的——中国科学社会主义学会 2000 年理论研讨会的开幕词》，《科学社会主义》2000 年第 6 期。

② 《马克思恩格斯文集》第 3 卷，人民出版社 2009 年版，第 602 页。

获得日益强大的生产力。这种建构在科技方式，特别是信息方式基础上的生产力不再是属于个人的或者是极少数人的生产力，而是一种社会生产力。科技的发展，尤其是人工智能等信息科技迅猛发展，将使整个社会的必要劳动时间和必要劳动人数降低到最低的限度。这一点已经由全球信息社会发展的现实所确证。

　　未来社会的主导经济形态主要是信息经济和数字经济形态。就是说，除了极少数人从事物质形态的产品生产外，绝大多数劳动者将从事信息的生产、信息的处理、信息形态的产品生产。具体的表现形态，就是人们将主要从事的是政治、文化、科学、教育、艺术、哲学、法律、创意咨询、社会管理、金融服务等方面的活动，整个社会表现出生产"信息"将比生产"物质"更重要、更有权重意义的情形。概言之，未来社会，信息资本将成为社会主要的资本形态。马克思、恩格斯早就指出："资本不是一种个人力量，而是一种社会力量。"① 马克思不反对资本，只是反对利用资本剥削劳动者。信息社会的发展，信息资本的极大丰富和无限可挖掘性以及由信息资本的本性决定的不断社会化现实，使得信息资本成为由社会集体占有的资本具有可能的社会条件。当"资本变成公共的、属于社会全体成员的财产。……它将失掉它的阶级性"② 。马克思、恩格斯在《共产党宣言》中所描绘的未来社会发展情形，在信息时代已经出现了经验的现实。

　　"互联网技术的出现，深刻改变了人类社会的存在形态，但不会改变反而只会推进人类社会向社会主义社会发展的历史进程。"③ 信息技术的发展及其对社会的全方位渗透，将促使整个社会的生产资料占有形式日趋社会化。即，信息社会的发展，整个社会的生产资料不仅将变成社会占有，由此基础还将形成社会劳动产品的按需生产，从而为社会按劳动分配，进而按需要分配劳动产品创造可能。信息社会的发展，信息日益成为社会生产的主要资源和主要产品形态。信息资源的无限可挖掘性以及信息劳动产品的价值不守恒性，将成为消解以生产资料私有制为基础的生产方式的深刻经济根源，从而为全社会共同使用劳动资料和分配劳动产品提供了经济的、技术的可能。全球范围的"共享经济"迅猛发展，推动万千

---

① 《马克思恩格斯文集》第 2 卷，人民出版社 2009 年版，第 46 页。

② 同上。

③ 余斌：《"互联网+"时代的马克思主义基本原理》，《观察与思考》2016 年第 7 期。

生产、生活资料按需使用（消费），正是这种可能性的现实表现。社会主义的各尽所能、按劳分配原则已经在异彩纷呈的共享经济业态中呈现出日益可能的现实性。

"共享经济的本质是人与人关系的跃升，传统生产关系中对个人的束缚正在逐渐消失，人与人的关系向'自由人联合体'靠近，个人的地位得到提升，人与人之间的关系跃升形成了新的组织方式。"① 随着移动互联网、大数据、人工智能、物联网、云计算等信息技术的发展及其对社会物质资料生存方式的全面塑造，共享经济将在全球范围得到普遍发展，劳动者的主要任务就是进行信息劳动。

一般意义上，信息劳动泛指人的一切从事信息创造、采集、传递、处理、复制、存储和利用的活动。② 信息劳动所生产的对象也主要是信息化的劳动产品。信息资源和信息劳动产品与传统的工业时代物质化资源和物化劳动产品最大的区别在于，信息资源和信息劳动产品不再是随着使用而减少其使用价值，而是相反，信息资源和信息劳动产品使用越充分，其价值反而会越能得到体现。信息劳动在本质上是复杂劳动，它要求劳动者具有良好的信息素养、丰富的知识和协同互利的意识。信息劳动者本身的生产也依赖社会的信息化发展。

随着信息社会的日益成熟，信息社会治理体系日益科学和完备，人们对信息社会治理能力将极大地满足社会发展的需要。基于信息技术的共享经济的发展，本质上反映的是人与人之间的协同互利的生存方式不断成为社会主流生存方式。信息化的不断深入发展，使得消费引导生产、个性化柔性定制式的"协同共享"生产方式将成为社会主导的生产方式。大数据技术全面介入国家与社会治理体系，全球范围的智慧社会不断向纵深发展，整个社会的无效生产将被最大限度地避免和克服。社会生产越来越按照人的需要、为人的发展进行，社会主义生产方式已经在全球信息化进程中日益具有历史的合理性和社会的必然性。

信息生产力带来的巨大生产和消费能力，一定程度上克服了工业化批量生产模式的弊端，个性化生产和个性化消费成为信息经济的常态，

---

① 宋逸群、王玉海：《共享经济的缘起、界定与影响》，《教学与研究》2016 年第 9 期。

② 杨培芳：《挽在一起的手：协同互利新经济哲学》，人民邮电出版社 2016 年版，第103 页。

这样就能够最大限度为实现人的个性化发展创造条件。全球电商业的狂飙式发展显露出信息经济和信息消费发展的无限潜力。智能化生产技术和电子商务的发展对整个传统的经济生产环节产生了革命性的影响，同时也孕育着新的文明形态。通过网络平台企业实现了个性化生产，满足了消费者个性化消费需求。人的个性化发展得到了现实物质生产方式的保障，对我们社会每一个人的全面发展产生了不可估量的推动作用。毫无疑问，人的全面发展与社会主义生产方式之间存在着相互建构的关系。总体上，全球信息化发展，客观上有利于促进人的个性化发展。每一个人个性的发展又为每一人的全面发展奠定着基础。质言之，在人的全面发展维度上，全球信息化发展总体上彰显了社会主义因素不断增强的态势。

（二）全球信息化引发的政治层面变化有利于社会主义

建设高度的政治文明不仅是社会主义自身发展的需要，更是社会主义优越于资本主义的本质要求。社会信息化，不仅为社会主义政治文明建设提供了坚实的经济技术条件，还赋予社会主义民主新的内涵和新的形式。尽管社会信息化会带来信息鸿沟、信息垄断，但是，信息社会的发展，特别是基于信息技术发展的内在逻辑决定了，社会的信息化对社会主义的政治文明建设是一种积极的因素。正如汽车象征着工业文明的同时，也带来了交通事故和尾气污染空气一样。随着信息化、智能化的汽车的广泛应用，作为工业文明象征的汽车也将被信息文明改造而进化为适应生态文明的汽车，智能化新能源无人驾驶汽车将在不久的将来成为人们的信息化生存方式的常态化选择。互联网既为信息垄断者创造了垄断知识、信息的平台，方便了"文化霸权者""信息霸权者""网络霸权者"操纵舆论、控制人们思想，也为马克思主义等科学理论的传播创造了全新的舆论格局。"'互联网+'的迅猛发展……会造就一批又一批与国际垄断资本对立、对抗的思想家、理论家、政治家、革命家、军事家等，进而发展壮大由先进理论武装的工人阶级和劳动人民的队伍。"[1] 随着全球信息社会治理的不断深入，信息社会将最大限度地避免消极因素，适合人类文明发展的积极因素将会不断得到彰显。

---

[1]　李慎明：《"互联网+"的发展必将引发西方国家生产关系的大变革》，《红旗文稿》2016年第2期。

信息文明的发展，将赋予政治文明发展的新内容和新形式。互联网的媒体属性，理论上使每一个人获得了信息获取和信息发布的平等权利。"互联网+教育"的发展，将推动整个教育革命性变化。知识、信息、科学、技术必将更加快速流动、更加开放、共享，更加有益于多数人获取知识和信息。这就为社会民主的建设创造了充分条件。

信息社会的发展，信息获取和信息利用的社会成本将不断接近免费。无限丰富的信息资本将为全体社会成员赋权。政治参与、政治透明、政治公开，乃至最终形成真正的政治民主成为一种技术社会形态决定的必要条件。互联网既是一种经济工具，也是一种政治工具，互联网社会化应用空前地提高社会成员的自组织性同时，也空前提高了社会的政治动员能力和政治参与能力。社会主义民主的本质是人民当家作主，人民要真正实现民主权利，首先需要创造一种政治生态，在这个政治生态中，人民群众能够最大限度地自由平等便捷地获取信息和传播信息。在信息化条件下，政治信息的传播将实现最大限度地便捷化、多元化。

"每一个单个人的解放程度是与历史完全转变为世界历史的程度一致的。"① 全球信息社会的发展，政治信息的交流将实现真正的国际化。在信息社会，人民群众可以全天候随时掌握全球各个国家和地区发生的政治经济社会热点事件。"地球村"的人们将真正地成为世界公民。全球信息社会的发展，在全球经济共同体的基础上，必将形成政治共同体。恩格斯所预想的未来社会文明"管理上的民主，社会中的博爱，权利的平等，教育的普及"② 在信息时代的社会主义社会已经显露出来。

（三）全球信息化引发的价值观变化有利于社会主义

社会存在决定社会意识，技术方式决定物质生产方式，物质生产方式决定政治和精神生产方式。信息技术的广泛应用，将导致信息方式最终成为社会基础性活动方式。全球信息社会的发展，整个社会的物质生活、政治生活和精神生活的方式将受到信息方式的规约和引领。由信息方式所决定和建构的自由、开放、共享观念就成为社会主流的价值诉求和观念形态。③ 信息时代的社会主义将会变得更加自由、更加开放、更加共享。这

---

① 《马克思恩格斯文集》第1卷，人民出版社2009年版，第541页。

② 《马克思恩格斯文集》第4卷，人民出版社2009年版，第198页。

③ 孙伟平、赵宝军：《信息社会的核心价值理念与信息社会建构》，《哲学研究》2016年第9期。

些观念的形成和发展，毫无疑问将有助于社会主义在全球范围的复兴。

"一切重要历史事件的终极原因和伟大动力是社会的经济的发展，是生产方式和交换方式的改变……"① 信息社会的发展，全球范围迅猛发展"共享经济"不仅为生产生活资料的社会化创造了经济的条件，还逐渐在全社会形成了"使用比占有更重要、更有意义"的文化观念。由信息方式建构的社会物质生产和精神生产方式，不仅创造了发达的生产力，还使人们逐渐领悟到了传统工业文明的局限性。"几百年来，不加节制的工业文明正把人类带进一个自然环境、人为环境双污染误区，使社会变得弱肉强食、贫富悬殊。"② 更多的人参与到社会中来，是信息化、全球化时代所有民族政治、经济、社会稳态、可持续发展的决定性因素。弱肉强食的丛林法则不可能带来可持续的和平和安宁，更不会为人类带来美好未来前景。我们只有一个地球，每个地球的人都具有大致相似的诉求，平等地联系和交往都是我们人之为人的根源和路径。当我们理性客观地审视今天人类面临的问题时，我们会发现，在科学技术高度发达的信息文明时代，人类已经找到了摆脱"对物的依赖""受自然界奴役"的钥匙，更大的程度上，人类是受到来自人类同类的奴役。从根本上讲，信息社会的核心价值观与马克思主义理想的共产主义文明观具有高度的契合性。合作共赢、协同互利、共建共享是引领信息社会不断发展的经济伦理和价值观念。

信息文明彰显了人的主体能动性的无限潜力。共同参与、不断创新是人类社会永续发展的内在要求。以计算机和互联网技术为代表的信息文明是"协同"与"共享"的产物，信息时代企业的成长、壮大和可持续发展无不是"协同"与"共享"结果。没有"协同"与"共享"就没有生命，就没有发展，企业如此，民族、国家、个人无不如此。信息文明呈现的社会图景，展现的是无限发展的创新潜力。商务、金融、党务、政务、教育、科技、医疗、交通、娱乐……信息文明已经为这个世界构建了无所不包的生产生活景致。人们的信息文明创新步伐不会停息，如同人类的文明历史不会终结一样。在通往更高级文明的道路上，人的主观创造性和能动的选择性注定要把人类带向更加美好的未来社会，这不是痴人说梦的妄想，而是已经隐约再现的客观存在。

---

① 《马克思恩格斯文集》第 2 卷，人民出版社 2009 年版，第 52 页。

② 杨培芳：《挽在一起的手：协同互利新经济哲学》，人民邮电出版社 2016 年版，第 80 页。

二　全球信息化与社会主义融合发展的内在逻辑

从发展的主体向度和价值向度上分析，实现社会开放、普惠、协同发展，不仅是社会主义发展的内在要求，也是全球信息化发展的内在要求。

（一）互组织化发展逻辑内在地要求信息社会必须坚持社会主义方向

"如果说农业社会是无组织社会，工业社会是被组织社会，那么，信息时代将迎来一个崭新的互组织化的社会。"① 信息社会是建立在分布式网络结构上的复杂社会。信息系统和信息交互作用，使复杂社会内的各个单元之间及其内部各要素之间形成了互组织化功能。信息社会越向前发展，人类社会的自组织性、互组织化程度就越高，社会的交互联系和彼此依赖程度就越强。正如习近平指出的，"人类已经成为你中有我、我中有你的命运共同体"②。互联网的发展使全人类真正成为彼此相连的"命运共同体"。全球信息化的发展，为人类相互交往、社会和谐有序发展提供了坚实的社会物质条件。

但是，在信息社会发展进程中，由于信息技术、信息资源的不平衡发展，尤其是受到传统工业社会、资本主义商业化的利用，信息社会的发展也带来了侵害个人隐私、网络犯罪、网络恐怖主义活动等全球公害。这些公害构成了信息社会可持续发展的障碍。如果不自觉、主动完善全球信息社会治理，努力消除信息鸿沟、信息霸权、信息垄断、信息犯罪、信息恐怖主义蔓延态势，克服信息社会安全危机，那么信息社会的发展将陷于停滞乃至倒退，人类社会的文明将遭遇极大的损害。

信息社会的这种互组织化发展逻辑，要求信息化发展必须坚持社会主义方向，必须把维护和发展人民利益作为信息社会发展的中心任务和根本目标。随着计算机和互联网技术融入社会生产生活的全部领域，信息化就成为一种生产方式。随着整个社会生产方式的信息化，社会生产关系也随之要发生变化。本质而言，信息化生产方式既可以为资本主义服务，也能为社会主义服务。资本主义和社会主义是今天这个地球上两种根本对立的社会制度，一切科技文明实际上都面临着两种命运：是为地球上多数人谋福利，还是少数人谋福利。

---

① 杨培芳：《挽在一起的手：协同互利新经济哲学》，人民邮电出版社 2016 年版，第 214 页。
② 《习近平谈治国理政》第 2 卷，外文出版社 2017 年版，第 481 页。

　　全球信息社会发展的实践表明，如果还是坚持传统工业文明的思路，依靠消耗物质资源并垄断资源，进而以攫取最大利益为生产目的的发展方式，信息社会将变成资本主义工业社会的翻版，人类社会将进入一个发展—混乱—治理—发展—又混乱—又治理的旧文明历史循环中。信息社会的发展，毫无疑问需要有建设新文明的思路。从农业文明到工业文明，人们越来越意识到，高度发达的生产力如果不被社会占有和共享，任何文明都是不彻底的和虚伪的。

　　"随着信息文明的发展，人类相互性和信息相互性的叠加会迎来一个相互性倍增效应，人类的相互性将出现呈几何级数强化的局势，人越来越以信息方式存在。"① 信息技术的发展及其向社会生产力系统的渗透，既创造了极端发达的生产力水平，又创造了日益透明的社会生产环境。信息社会所有的社会主体相互关联发展，每一个社会主体都以其他主体的存在作为自己存在的价值依据，其实质与马克思、恩格斯所阐释"每个人的自由发展是一切人自由发展的条件"② 的未来共产主义社会发展原则高度契合。信息生产力的发展本身就是建立在整个社会相互发展基础上的。如果按照私有化理念，互联网就不会发展到今天，信息社会就不能形成。正因为信息化发展遵循了社会化发展理念，尊重所有利益主体，包容全世界各民族、各国家和地区，信息社会才形成了今天意义上"人类命运共同体"。

　　质言之，信息化的价值遵循的是梅特卡夫定律（网络的价值与互联网用户的数量的平方成正比）。信息化只有坚持普惠原则，为全世界人民共同创造福利，网络信息的价值空间才能无限增长，否则就日益丧失，乃至完全崩溃。全球信息社会越发展，越要求人们选择开放、协同、共享发展，这是由信息社会建构的信息方式内在逻辑决定的。从这个意义上讲，信息社会与社会主义的发展具有共同的主体向度和价值向度。

（二）世界社会主义复兴需要进一步解放和发展信息生产力

　　唯物史观认为，社会主义是在继承资本主义的文明成果基础上建立的新社会。严格意义上讲，够格的社会主义国家是对资本主义国家的全面扬弃。但是，世界社会主义运动的历史逻辑是，科学社会主义理论首先是在经济文化发展较落后的、资本主义发展并不充分的国家和地区取得实践形

---

① 王天思：《信息文明时代人的信息存在方式及其哲学意蕴》，《哲学分析》2017 年第 4 期。
② 《马克思恩格斯文集》第 2 卷，人民出版社 2009 年版，第 53 页。

态。苏联、中国等社会主义国家都是在国家还未完全实现工业化的情况下即面临着资本主义强势地位的挑战建立的。因此，世界社会主义运动要走向复兴，首先要面对就是如何形成超越发达资本主义国家生产力的严峻考验。

按照唯物史观，评价一种文化和社会制度的先进落后与否，归根到底要以其是否能够创造出更先进的生产力为标准。在面对信息化浪潮的历史进程中，苏联社会主义发展模式不能有效解放和发展信息生产力，最终在两种制度的竞争中失败。① 历史以惨痛的教训说明，生产力是社会发展的决定性力量，哪一种文化、哪一种制度能够快速适应生产力的发展，能够较好地解放和发展先进生产力，哪一种文化、哪一种社会制度就能不断得到发展和壮大。

信息技术的渗透性、通用性决定了其蕴含的生产力将长期保持先进性。信息时代，社会主义与资本主义长期共存。在经济文化落后基础上建立起的社会主义要实现生产力快速发展，进而最终建成全面发展的新社会，就必须最大限度地解放和发展信息生产力。"信息技术越先进，总成本越低，这就给了发展中国家后发优势，直接采用更先进技术实现跨越式发展的机会。"② 信息化是社会主义社会国家发展的"倍增器""加速器"。社会主义条件下，国家有意识地科学、主动迎接信息化浪潮，自觉驾驭信息资本，能够全面增进社会主义社会的整体发展利益。信息时代，解决世界社会主义发展的理论逻辑与现实逻辑矛盾的一个有效途径，就是不断加快解放和发展信息生产力，社会主义由此实现跨越式发展，进而超越资本主义。

中国特色信息化发展道路是对信息技术资本主义应用的扬弃。中国特色信息化发展道路，是中国特色社会主义道路的重要部分。中国在吸收借鉴西方信息文明成果的同时，注重信息化社会效益的价值和方向的把握，既大胆吸收和借鉴西方发达国家的信息文明成果，又旗帜鲜明地反对西方信息化过程中出现的信息污染、信息鸿沟、信息垄断现象。中国信息化发展过程中，始终坚持虚拟经济服务于实体经济，始终坚持促进劳动、知识、信息和资本等各种生产要素合理配置，始终坚持既确保国家对信息资

---

① 黄苇町：《苏共亡党二十年祭》，江西高校出版社2014年版，第193页。

② 杨培芳：《挽在一起的手：协同互利新经济哲学》，人民邮电出版社2016年版，第56页。

本的有效管控，又能通过信息化激发新的社会发展动能。中国特色社会主义发展的实践证明了，社会主义制度不仅能够成功应对全球信息化浪潮的挑战，而且还能走出一条社会主义复兴之路。

中国信息化发展最大的优势是始终坚持马克思主义理论指导，最鲜明的特色是始终坚持"以人民为中心"的网信事业发展思想。坚持社会主义方向是中国社会信息化长期向好发展的根本原因。中国信息社会发展战略思想不仅引领中国不断开辟中国特色社会主义信息化发展道路，还将随着中国道路在世界发展中的重要意义而成为引领全球信息社会发展的战略思想。随着社会主义中国的和平崛起，世界社会主义将在 21 世纪迎来伟大的复兴。

（三）　实现充分的自由是社会信息化与社会主义相互融合发展的逻辑过程

实现充分的自由一直是人类文明社会的核心理念和价值诉求之一。自由的实现过程本质上与人类经济、科技、社会的发展相关。从信息选择的角度而言，所谓人的个性发展本质就是社会为人的发展提供了异质性选择和发展的机会。与工业文明相比，信息文明内在的发展逻辑恰恰就在于其依赖每一个信息节点主体个性化、异质性的信息生产和信息创造活动，从而形成了绚丽多彩的信息化生存和发展图景。信息文明实现了对传统工业文明中人与社会主体"单向度"发展的超越。实质上，这就趋近了马克思、恩格斯的理想："人不是由于具有避免某种事物发生的消极力量，而是由于具有表现本身的真正个性的积极力量才是自由的……"① 在信息技术的帮助下，人们不仅有了"千里眼""顺风耳"，还形成了以往任何时代都没有过的自由的经济活动、自由的政治活动和自由的精神文化活动。从社会主体的异质性发展程度而言，信息社会的发展极大地提升了人类自由的深度和广度。信息文明呈现的自由在信息社会得到充分的张扬。追求更加真实、更加丰富、更加自由而全面发展是信息社会迅猛发展的内在动力。

但是，信息社会的自由也存在虚伪的、虚假的发展风险，那就是按照资本逻辑、坚持市场化、私有化发展路径，企图保持绝对的信息自由。人类社会的发展实践表明，绝对的自由不是真正的自由，自由不仅表现为人

---

① 《马克思恩格斯文集》第 1 卷，人民出版社 2009 年版，第 335 页。

们可以做什么，还表现为能以什么资料、什么手段去做什么。马克思认为："劳动者只有占有生产资料之后才能获得自由。"① 按照资本主义私有化、市场化、自由化理论所宣扬的信息自由，实质仍然是少部分资本家、信息垄断者的自由，是建立在大多数人不自由基础上有限的、虚伪的自由。正如"机器正像拖犁的牛一样，并不是一个经济范畴。机器只是一种生产力。以应用机器为基础的现代工厂才是社会生产关系，才是经济范畴"②。

马克思在考察资本主义生产方式时，对资产阶级的历史进步性，对科学技术、机器体系在资本主义社会的作用都做了科学的分析和论述。马克思一方面肯定了，工业革命和资本主义生产方式为开辟人类的交往道路、发展人类的交往（交通、传播）技术，发挥了巨大的推动作用，即资产阶级促进了人类"历史向世界历史转变"；另一方面，马克思又明确指出了"资产阶级生产关系是社会生产过程的最后一个对抗形式"③。人类的交往技术和交往手段的发展不会自发地推动社会的公平和正义，不会自发地实现人的自由和平等。正如信息化的资本主义社会不能消除信息垄断、信息霸权一样，"只有当工人通过组织而联合起来并获得知识的指导时，人数才能起举足轻重的作用"④。

信息文明不是信息技术单方面能够建构起来的，还需要相应的先进的社会制度为其蕴含的先进生产力开辟道路。信息科学和技术创造的巨大生产力只有由组织起来的千百万有知识的人民群众掌握才能为人类的自由和解放开辟道路。科技文明与先进的社会主义社会制度文明结合，文明才能真正摆脱其阶级的虚伪性和历史的局限性。

由社会主义本质决定的以人民为中心的社会信息化，将确保社会信息化造福人民群众。在社会主义社会，信息、知识等信息时代主要的生产要素不再是私有制条件下资本增值的手段，而成为共同造福社会的财富源泉。虽然发明专利、版权以及各种信息形态的商品在市场经济条件下没有形式的差异，但是，在不同的社会生产方式条件下，信息资源的应用仍然具有本质不同的社会效应。社会主义的专利（本质是信息形式

---

① 《马克思恩格斯文集》第 3 卷，人民出版社 2009 年版，第 568 页。

② 《马克思恩格斯文集》第 1 卷，人民出版社 2009 年版，第 622 页。

③ 《马克思恩格斯文集》第 2 卷，人民出版社 2009 年版，第 592 页。

④ 《马克思恩格斯文集》第 3 卷，人民出版社 2009 年版，第 13、14 页。

的劳动产品）保护制度与资本主义的专利制度本质区别在于，前者是为维护社会主义生产创新，保护社会主义活力，提高社会主义社会的生产的创造性和可持续性；后者则主要表现为维护信息资本家利益，特别是通过专利制度确保资本家阶级长期获得超额利润的。前者社会功能表现为促进社会阶级差别、城乡差别、脑体劳动差别的消失，社会走向和谐；后者则表现为加剧整个社会贫富分化、信息鸿沟扩大、社会无法可持续稳态发展的危险。

概言之，信息时代的社会主义可以通过社会信息化为人们创造更多、更充实的自由的生产、生活物质和文化条件。而信息方式建构的自由只有从垄断资本的、剥削阶级的、形形色色的利益集团裹挟中解放出来，才能成为普惠的、真实的自由。

三　从"网络空间命运共同体"到"人类命运共同体"

社会共同体理论，是唯物史观重要内容之一。依据生产力发展的不同阶段，人类社会经历了原始社会的部落共同体、城邦共同体和国家共同体三个发展阶段。马克思、恩格斯强调，生产力发展、社会分工的出现、生产资料私有制条件下的人类社会共同体是"虚假共同体"，只有生产力高度发达，人类摆脱了地域活动的局限，实现了由地域历史向世界历史的转变，消灭生产资料私有制后，人类才能建立"真正共同体"。而这个真正共同体，只能是在消灭了城乡差别、脑力劳动和体力劳动差别、无产者和有产者的差别的共产主义生产方式条件下才能实现。"只有在共同体中，个人才能获得全面发展其才能的手段，也就是说，只有在共同体中才能有个人的自由。"① 全球信息化发展，不仅在信息传播和沟通层面根本改变了人类相互交往的条件和手段，更在观念上塑造了人类社会对自身整体相互联系、彼此依赖的发展状况的认知。从"地球村"到"网络空间命运共同体"到"人类命运共同体"，标志着唯物史观关于社会共同体的理论与实践不断随着时代的发展而发展。全球信息化不断发展，丰富和充实了人类社会共同体的内涵和形式。信息技术的发展及其对全球范围的人类社会各个领域的渗透，已经确切地将人类紧密地联系在一起了。人类的生存、安全、发展等利益通过网络相互交织，共同构筑了一个现实的、客观

---

① 《马克思恩格斯文集》第 1 卷，人民出版社 2009 年版，第 571 页。

存在的"共同体"。信息时代人类结成的"网络空间命运共同体"为人类走向社会主义共同体创造了现实的条件。

（一）网络空间命运共同体何以可能

20 世纪 90 年代以来，信息技术以其特有的高度创新性、渗透性、倍增性带来了一场深刻的社会革命，人类社会进入到新的发展阶段。走信息化道路，成为世界各国的共同选择，由此开启了人类社会的信息化时代。1993 年美国宣布实施"全国信息基础设施建设计划"。1994 年欧盟委员会实施欧洲"信息社会"计划。日本在 20 世纪 80 年代就先后公布"2000 年信息产业设想""信息高速公路计划""信息、通信基础建设方针"。面对由发达国家开启信息化浪潮，印度、中国等发展中国家奋起直追，也相继实施"信息高速公路计划"。短短十几年时间，全球信息产业迅猛发展、信息经济不断崛起，信息化社会经济体系和社会生活方式加速形成。可以预见，随着信息技术的迅猛发展及其在全球范围的普及应用，全球信息社会正加速形成。人类社会面临的信息技术重塑和重构进程正呈现指数级发展。环顾全球，今天的人类基于社会信息化、信息网络化、经济数字化的技术共同体、安全共同体、经济共同体、文化共同体已经形成。

根据中国国家信息中心发布的《全球信息社会发展报告 2016》分析，2016 年全球正处在由工业社会向信息社会过渡的转型期。人类社会通过互联互通的网络，以信息方式建构了一个具有共同物质生活、政治生活和精神生活的空间。基于共同的信息网络硬件和软件技术、共同的经济社会和文化利益，网络空间命运共同体已经从观念变成了现实。正如习近平就共同构建网络空间命运共同体明确强调的，"以互联网为代表的信息技术日新月异，引领了社会生产新变革，创造了人类生活新空间，拓展了国家治理新领域，极大提高了人类认识世界、改造世界的能力。……互联网是人类的共同家园"[1]。全球网络上信息活动无论是负载正能量还是负能量，一经形成都将形成"蝴蝶效应"，对现实社会将产生影响，人类不仅在网络空间形成了命运共同体，本质上已经通过国际互联网结构为现实的生存利益共同体、文明发展共同体。

---

① 习近平：《在第二届世界互联网大会开幕式上的讲话》，《人民日报》2015 年 12 月 17 日第 2 版。

(二) 网络空间治理亟待增强人类命运共同体意识

人类迈入信息时代，创造了基于互联网技术的共同的生产生活空间。物联网等新的信息技术的发展和应用，万物互联、人人互联、人和万物互联正逐步成为现实。如前文所述，科学技术在为人类带来文明和进步的同时，也有被一些野心家和阴谋者利用的危险。信息社会的来临，"互联网对人类文明进步将发挥更大促进作用。同时，互联网领域发展不平衡、规则不健全、秩序不合理等问题日益凸显。不同国家和地区信息鸿沟不断加深，现有网络空间治理规则难以反映大多数国家意愿和利益；世界范围内侵害个人隐私、侵犯知识产权、网络犯罪等时有发生，网络监听、网络攻击、网络恐怖主义活动等成为全球公害"[①]。信息技术的发展及其对社会全方位的渗透，信息安全将成为未来人类社会面临的最大安全风险。信息恐怖主义发动的信息战，其破坏力会按指数增大，超过以往任何时期，甚至大于生物和化学武器造成的危害。[②] "没有网络安全，就没有国家安全，没有信息化就没有现代化。"[③] 信息安全关系国家安全和主权、社会稳定、民族文化的继承和发扬的重要问题。维护网络信息安全对维护社会繁荣稳定、和平和谐发展具有重要影响。

加强网络空间治理、维护信息安全是信息革命成败的关键，是信息社会可持续发展的保障。信息化没有信息安全作为免疫系统，就不能保证信息的有效性，无法使数字化表达的、网络传输的计算机处理和辅助决策的"知识"有效地转化为"经济""精神文明"和"军事战斗力"，国家就可能受到信息犯罪和信息霸权的威胁和破坏。早在 2006 年，美国曾启动一项名为"奥运会"项目，目标是与以色列一起利用网络破坏伊朗的核计划。美国程序员利用恶意软件接管了伊朗核反应堆的泵阀，使美国特工能够远程增加进入离心机的铀气数量，最终导致离心机爆炸。"到 2010 年初，该行动已经摧毁了伊朗 8700 台离心机的近四分之一。"[④] 事实表明，网络安全没有国界，即使像美国这样的网络强国，也无法避免网络安全风险。"自进入 21 世纪之后，已经出现了许多对工业基础设施进行网络攻

---

① 《习近平谈治国理政》第 2 卷，外文出版社 2017 年版，第 532 页。

② 余建华等：《恐怖主义的历史演变》，上海人民出版社 2015 年版，第 38 页。

③ 《习近平谈治国理政》，外文出版社 2014 年版，第 198 页。

④ [美] 艾米丽·帕克：《数字时代的网络安全　美国才是最大的网络入侵者》，熊一舟译，《社会科学报》2017 年 6 月 14 日第 7 版。

击的案例。澳大利亚的下水道监控系统和美国核电站监控系统曾被第三方系统入侵。"① 实践表明，无论是一个国家或地区的网络，还是全球性网络，防范网络安全风险确已成为全球普遍的问题。加强网络空间治理，维护网络信息安全，成为人类信息文明发展的内在要求，也是未来信息文明建设的重要内容。

从根本上讲，包括信息恐怖主义在内的所有人类社会的数字化犯罪行为都有着深厚的经济社会根源，其中最主要的是经济社会发展的不平衡性和不平等的国际经济政治秩序长期演化的结果。尤其是，信息资源优势国家如果长期奉行霸权主义、单边主义的零和博弈观念，凭借全球信息化优势基础开展文化侵略、搞文化霸权，最终将自身也陷入危险的境地。同时也要看到，在一个国家或地区内部，也存在信息化发展的不平衡性和差异问题，短时间内不能消除信息鸿沟。信息富有者和信息贫困者之间的社会分裂长期存在，这些都在某种程度上成为造成信息社会不安全、不稳定、不和谐的因素。

互联网对经济社会的全面嵌入态势表明，依靠某一部门、一地区、一国家推进互联网建设和治理不能达到预期效果。相反，由于发展政策水平差异和建设、治理力度的不平衡，只会进一步加剧网络发展的差距，出现更多的"信息孤岛"和更严重的"数字鸿沟"现象，由此会出现因信息技术发展带来的更多逆文明现象。信息网络传播的跨国界特点，也意味着建设和管理互联网必然涉及国际协作和分工。全球信息化浪潮，已将人类经济、政治、军事、文化、科技、社会连为一体，人类社会的各要素日益紧密地相互关联，互为目的、互为手段。诚如习近平强调的，"网络安全是全球性挑战，没有哪个国家能够置身事外、独善其身，维护网络安全是国际社会的共同责任"②。全球信息化发展状况表明：保持互联网的稳定与安全符合国际社会各方的根本利益。互联网作为人类共同的家园，内在地决定了网络空间治理必须增强人类命运共同体意识。

（三）社会主义信息化促进人类命运共同体不断从"虚假"转为"真实"

一方面，就信息技术本身而言，社会信息化不是信息时代社会风险的

---

① 王喜文：《中国应该如何借鉴工业 4.0》，《中国信息化》2017 年第 3 期。

② 《习近平谈治国理政》第 2 卷，外文出版社 2017 年版，第 535 页。

根源。信息技术是人发明和应用的，是人的理性力量的体现。信息技术是造福社会还是祸害人类，当然取决于人类自身的价值选择行为。另一方面。全球信息化发展也呈现出一个客观的现实：全球范围看，资本强势、劳动弱势的矛盾并没有随着信息社会的到来而改变。恰恰相反，依靠信息网络技术建立的虚拟经济模式，资本主义经济日益虚拟化，其剥削、反动、贪婪的本质更加隐蔽化。肇始于美国的资本主义经济金融危机、"占领华尔街"运动、伦敦骚乱、中东、北非、中亚颜色革命，无不展现了信息革命带来的社会政治权力的重新整合和调整的社会冲动。信息化给人类带来空前进步与发展的同时，也加剧了地球南北间的发展差距，给世界和平发展带来威胁。社会财富的积累和贫困的积累在信息文明时代正愈发严重对立。社会主义意识形态和资本主义意识形态的对立与斗争在信息化时代不是变得弱化而是变得更加激烈。这样就存在一个全球信息化是由资本主义引领还是由社会主义引领的问题。资本的逐利逻辑决定了信息化在资本主义引领下，就会成为进一步巩固和加强资本剥削劳动、进一步强化世界范围两极分化发展趋势。所谓"网络自由""网络无国界"在资本主义条件下，其实质是发达信息资本主义国家为维护资本利益而散布的欺世谎言。质言之，资本主义主导的全球信息化只能为人类打造出一个越来越"虚假的共同体"。

随着全球信息社会的发展，信息技术异化问题的出现同资本逻辑及其全球蔓延密切相关。在马克思主义指导下，科学辨别当前信息技术异化问题产生的根源和社会属性，坚持社会主义方向的信息文明建设，对信息资本进行合理利用和限制，是化解信息技术异化风险的必然选择。社会主义按照劳动优先发展战略，将广大劳动人民的近期利益和国家、社会的集体利益、长远利益统筹起来，在实施信息化发展战略的过程中，始终坚持普惠、共同和可持续的发展原则，使信息化发展依靠人民、为了人民，推动信息化发展成果的普适性和普惠性。就是说，社会主义信息化战略不是对西方信息化战略的复制和照搬，而是在学习借鉴西方信息化文明成果的同时，注重的信息化社会效益的价值和方向的把握，尤其是，社会主义防止在信息技术发展过程中，脱离和忽视人的根本利益和需求，任凭市场自发地推动信息化发展。西方信息社会的信息异化问题在社会主义条件下是可以避免的。

信息化时代，信息化与社会主义是相互塑造的关系。一方面，社会主义国家要巩固、发展和彰显制度优势就必须发展信息化；另一方面，信息化要造福全社会，就必须坚持科学社会主义基本原则。社会主义是一个科学的制度。依靠在这个制度，不但可以创造出比资本主义更加发达的等"硬实力"，而且应该可以创造出比资本主义更加强大、有效的"软实力"。网络空间是拓展国家文化发展的新空间，是增进社会主义利益的战略要地。信息时代的社会主义要实现跨越式发展，在吸收资本主义信息化积极成果的同时，坚持社会主义方向的引领，社会主义社会可以切实将信息技术文明成果服务于人民和社会的发展。进入 21 世纪，在吸收资本主义信息化成果的基础上，工业社会主义将实现向信息社会主义转变。在工业社会主义基础上发展的信息社会主义将超越信息资本主义，成为引领全球信息社会发展的主导力量。

信息化时代社会化大生产特征更加凸显。马克思、恩格斯从社会化大生产角度指出，社会化劳动条件下，"直接劳动本身不再是生产的基础，一方面因为直接劳动主要变成看管和调节的活动，其次也是因为，产品不再是单个直接劳动的产品，相反地，作为生产者出现的，是社会活动的结合"①。随着互联网社会化生产属性的增强，愈发要求人们把整个社会的劳动作为一个总体来看待。使用互联网提供服务是全部劳动过程的一个必不可少的、愈发重要的环节，互联网融入劳动，实质上体现出一种新的劳动方式。这种劳动具有共享劳动资源、协同劳动过程、节约劳动时间等鲜明的社会化劳动特点。

由社会主义引领的全球信息社会发展，将科学地处理资本与劳动关系，科学地处理保护知识产权、鼓励创新与坚持信息社会普惠化、社会化发展的关系，处理好信息化发展过程中市场与政府的关系。社会主义本质内在地规定了：社会主义"网信事业要发展，必须贯彻以人民为中心的发展思想"②。由社会主义引领的全球信息社会，这种先进生产力不仅得到迅猛发展，而且将为人民群众带来切实的发展利益。以人民为中心的信息化发展思想不仅日益成为全球信息社会发展的共识，还能够真正得到切实的实现。网信事业代表着新的生产力和新的发展方向，本质上契合社会主义的生产力和社会主义的发展方向。质言之，以社会主义引领的全球信

---

① 《马克思恩格斯文集》第 8 卷，人民出版社 2009 年版，第 200 页。

② 习近平：《在网络安全和信息化工作座谈会上的讲话》，《人民日报》2016 年 4 月 26 日第 2 版。

息社会不断将私有制社会的人类社会"虚假共同体"推向"真正的共同体"。信息文明的发展将把人类带向新的发展阶段。

进入 21 世纪以来，随着中国在物联网、量子通信和量子计算机技术上不断实现跨越式发展，中国将在全球信息技术发展进程中不断发挥引领作用。科学技术的发展与文化价值观变迁之间的互动逻辑决定了，中国特色社会主义信息化发展道路不仅对中国信息文明建设具有重要意义，还必将在引领世界信息化浪潮中发挥更多建设性作用。由中国发起的建设"网络空间命运共同体"与"人类命运共同体"倡议，是中国共产党和中国政府为信息时代完善全球治理提出的中国方案。随着全球信息社会的发展，这一具有远见卓识的全球治理愿景日益成为国际社会共识。中国坚持以创新、协调、绿色、开放、共享新发展理念建设信息文明，既对进一步提升中国经济社会信息化、网络化发展水平具有深远意义，又对塑造新的经济全球化、新的全球信息社会发展方向具有深远意义。随着中国特色社会主义道路的成功，长期由发达资本主义国家主导的工业时代信息化发展理念正随着社会主义中国的不断发展转变为更高层次的信息文明发展理念。

第三节　信息文明与共产主义文明的融通

唯物史观认为，社会历史就是人的活动的历史。人的社会实践活动是合规律性和合目的性的历史发展过程的统一。信息文明作为一种以人的技术活动为底基的文明形态，在发展的规律上，也一样遵循着人类整体文明发展的内在规律。技术建构的文明与人类社会文明也存在着合规律性与合目的性相统一的发展趋势。以信息为核心资源的信息文明高度发展正展露出与共产主义共通的发展趋向。

一　信息文明高度发展形成共产主义文明的物质基础

在《1844 年经济学哲学手稿》《共产主义原理》《共产党宣言》《哥达纲领批判》《国际工人协会成立宣言》《反杜林论》等经典马克思主义文献中，马克思、恩格斯对未来共产主义社会的基本特征的概括主要有：（1）工人劳动被机器取代，生产力高度发达，人们闲暇时间和自由发展的时间极大增加，轻松劳动成为人的第一需要，物质财富和精神财富充分涌流；（2）生产资料公共所有，社会消费资料实现按需分配，社会成为自由人联合体；（3）社会生产实现有组织、有计划调节，社会关系高度和谐，社会城乡差别、工业与农业差别、脑力劳动与体力劳动差别消失；（4）社会建成高度发达的精神文明和道德文明，人们同传统观念彻底决裂；（5）剥削阶级被消灭，国家消亡，世界各个民族实现大融合。"在那里，每个人的自由发展是一切人自由发展的条件。"① 人们"完全自觉地自己创造自己的历史……人类从必然王国进入自由王国……"② 共产主义社会，每一个人的体力和智力获得充分发展，每个人摆脱了自然经济条件下对"人的依赖关系"和商品经济条件下对"物的依赖"关系，实现了人的"自由个性"的发展。③

分析上述经典著作中揭示的共产主义社会基本特征，可以发现，实现共产主义社会理想，最具有决定性的要素首先是高度发达的生产力；其次，高度发达的生产力必须由社会共创、共占、共享；最后，共产主义社会人们将普遍从劳动中解放出来，劳动不再是对人的奴役而使人异化为非人的社会活动。劳动成为人追求自我价值的实现方式和发展方式，是复归人的本质的活动。考量信息革命以来全球信息文明发展态势和实践情形，不难发现，信息文明的发展，尤其是互联网、大数据、区块链、云计算、人工智能等技术的迅猛发展和普遍应用，共享经济、数字经济、创客、众筹等基于信息技术的新的社会物质生产方式和社会关系正悄然形成。共产主义不仅表现为理论的、道义的理想和愿望，还是信息文明时代隐约可见的社会现实。

（一）信息文明的发展使人类社会生产力得到极大提高

马克思在《政治经济学批判（1857—1858 年手稿）》中就曾洞见：科学技术的发展，终将会形成劳动的智能化形态。随着智能化劳动时代的到来，生产力必将得到极大的提高。信息技术对整个生产力系统的渗透已经彰显了这种发展趋势，显露出人类社会理想的智能化劳动状态已经来临。随着全球范围的人工智能技术的广泛应用，人们从传统的体力和脑力中解放出来就只是时间问题。物联网、人工智能等信息技术的发展，使

---

① 《马克思恩格斯文集》第 2 卷，人民出版社 2009 年版，第 53 页。
② 《马克思恩格斯文集》第 9 卷，人民出版社 2009 年版，第 300 页。
③ 《马克思恩格斯文集》第 8 卷，人民出版社 2009 年版，第 52 页。

"工人不再是生产过程的当事者，而是站在生产过程的旁边"① 成为普遍的现实。

信息文明的发展不仅使人们从一般的体力劳动中解放出来，还为人从脑力劳动中解放出来创造了成熟的条件。劳动的智能化过程和智能化的劳动形式，是千百年来人类孜孜以求的梦想。信息文明的发展，尤其是物联网、大数据、人工智能技术的应用，不仅创造了新的产业形态和社会发展形态，还为发展劳动手段、开拓劳动对象提供着充沛的条件。人工智能不仅超越了人的肉体对劳动强度、劳动时间和空间的束缚，还在诗歌、绘画、文学创作、金融、社交、教育、司法、管理等精神生产领域展现出强大的能力。人工智能不仅具有代替人的物质生产能力，还将具备代替人精神生产的能力。"大数据和机器智能可以让我们整体的社会环境乃至文明程度都有质的飞跃。"② 只要人类能够科学驾驭包括人工智能在内的信息技术，加强全球范围的制度顶层设计，人类完全可以迎来一个生产力高度发达的社会。随着智能时代的来临，一个物质财富和精神财富充分涌流、生产力高度发达的时代已经显现在人们的面前。

唯物史观认为，生产力既反映人与人之间的关系，又反映人与自然间的关系。在马克思眼里，共产主义社会"……社会化的人，联合起来的生产者，将合理地调节他们和自然之间的物质变换，把它置于他们的共同控制之下，而不让它作为一种盲目的力量来统治自己……"③ 生产力的极大提高，不仅表现为生产力的发展速度上，还表现在生产力发展的内涵上。信息文明的发展，智能机器的应用不仅为社会创造了强大的生产力，还为整个社会形成绿色、低碳的生产力形态。智能社会的来临，智慧工厂、智慧社区、智慧校园、智慧交通、智慧城市……智慧社会的真正实现，意味着人与自然间形成了和谐关系。杰里米·里夫金预测：2030 年，全球将会有 100 万亿个传感器被连接在物联网上，人类能通过日益智能的基础设施获得充足的大数据流，从而创建预测算法和自动化系统，以此改进热动力效率，不仅整个价值链的边际成本接近于零，还创造出极大的绿色低碳的生产力。里夫金还预计，随着互联网技

① 《马克思恩格斯文集》第 8 卷，人民出版社 2009 年版，第 196 页。

② ［美］吴军：《智能时代：大数据与智能革命重新定义未来》，中信出版社 2016 年版，第 300 页。

③ 《马克思恩格斯文集》第 7 卷，人民出版社 2009 年版，第 928 页。

术和可再生能源技术融合发展形成能源互联网技术不断成熟和普及应用，能源互联网将改变传统能源生产和社会分配方式。不久的未来，全球数亿人将在家里、办公室和工厂中生产自己的可再生能源，并且可在能源互联网上共享绿色电力，就像现在我们在互联网上发布和分享信息一样。当利用互联网管理绿色能源时，地球上的每个人都将在真正意义上为自己供应能源。特别是物联网技术与太阳能技术融合发展形成的智能化可再生能源网络，随着其使用规模的扩大和技术的不断成熟，人类将在不久的将来进入免费能源供应时代。里夫金预测，2040 年之前，全球可再生能源将占据 80% 的市场份额，传统的工业时代石化能源将会退出能源供应网络。[①] 物联网、大数据和能源互联网等信息技术的发展，人类社会将在 21 世纪上半叶迎来可再生能源指数增长阶段。获得发达的绿色、低碳、可持续生产力在信息文明高度成熟时代不仅是可能的，更是现实的。

（二）信息共享条件下社会财富可实现极大增长

社会生产力高度发展，社会财富极大丰富，是实现共产主义社会理想的必要条件。受工业时代局限，长期以来人们把资源仅仅局限在物质和能量这两种形态上。与此相对应，长期以来人们认可的财富形态通常也局限在有形的物化的财富。但是，就人类而言，我们只有一个地球，物化的财富终究是有限的，不可能实现无限增长。如果只是停留在工业文明高度理解马克思主义，那共产主义就可能真的是一个永远也不能实现的乌托邦。应该说，包括信息科学技术在内的科技的发展，为人类走向共产主义社会提供了技术的和经济的现实可能。信息文明的发展为人类实现生活资料无限增长提供了条件。这一点已经由 21 世纪以来的全球信息社会发展而隐约可见。

按照物质不变、能量守恒定律，从信息的视角而言，人类在地球上创造的不是物质，也不是能量，人类只是创造了信息。因此，有学者提出，增长的本质是信息的增长。[②] 在生产技术发展缓慢的时代，整个社会的物质生产率提高也非常缓慢，从而社会财富的增长也非常缓慢，人们局限于

① ［美］杰里米·里夫金：《零边际成本社会——一个物联网、合作共赢的新经济时代》，赛迪研究院专家组译，中信出版社 2014 年版，第 82、83 页。

② ［美］塞萨尔·伊达尔戈：《增长的本质：秩序的进化，从原子到经济》，浮木译社译，中信出版社 2015 年版。

技术和社会制度，与自然界和自己的同类斗争，改变的只是社会物质财富的分配状况。蒸汽机技术引发的工业革命以来的人类文明发展史表明，科学技术的发展正呈现出加快的步伐，新技术转化为现实的生产力的速度以及影响整个社会的速度均以加速度形式发展。信息革命爆发后，人类的物质生产系统和社会整个系统均快速发生变化。互联网、物联网、大数据、云计算、人工智能等信息技术催生了信息生产力形态出现。人类社会财富形态正发生颠覆性变化。数据、信息、知识等非物质形态的生产要素逐步成为信息社会核心生产要素。财富形态的改变不仅具有重要的经济意义，还具有重要的社会意义。它标志着人类创造了向共产主义社会转变的可能条件。唯物史观关于共产主义理论的现实可行性在不断增强。

　　大数据、3D 打印、物联网等信息技术的广泛应用，不仅日益凸显出信息在物质生产中的重要地位，还凸显出"造信息"比"造物品"更具有权重意义。物质形态的财富不仅经过信息化赋予了智慧，而且未来人类社会主要的产业也必然是以信息为中心的服务业。大规模物质形态的劳动产品将依赖人工智能完成。人将主要依赖数据、信息从事编程、研发、设计、监督、管理以及其他智能机器无法替代人的、依赖人的心灵和智慧完成的工作。实际上，只要人类还存在在地球上，智能技术的应用，永远也不会导致人的劳动地位的丧失。恰恰相反，智能化劳动将使人在全部劳动过程中的作用和地位更加凸显出来。

　　随着物质形态的财富的极大丰富，基于信息技术的"共享经济"的普遍发展，人们的财富观念将由物化财富转变为非物质财富。马克思在分析科学在生产中应用对财富形态的影响时，曾提到，智能化劳动实现劳动者在劳动过程中的地位变化，其表现的生产和财富的宏大基石"是对人本身的一般生产力的占有……是社会个人的发展"[1]。数据、知识等信息形态的资源成为主要的生产要素，从而财富也表现为数据、知识等形态。数据、知识主要依赖人对主、客观世界的认识活动，社会的人成为最主要的生产力。社会的人的生产力又主要依赖社会的实践活动获得。这个过程本质上就是人的信息获取过程。大数据时代来临，无限丰富的数据资源和近乎免费的信息获取和传播成本，为全社会共享生产要素提供了经济和技术条件，从而使人类获得无限财富增长能力。物联网、3D 打印技术融合

---

① 《马克思恩格斯文集》第 8 卷，人民出版社 2009 年版，第 196 页。

应用，使人们获得了近乎零边际成本生产财富能力。当生产力极大发展，财富极大丰富成为现实，社会按需分配就成为现实的可能。共产主义不仅是科学技术发展必然结果，也是人类社会经济行为发展的结果。信息文明的发展，创造的发达生产力为当今的人们目睹共产主义社会提供了经验的现实。

（三）信息文明高度发达使劳动成为人们生活的第一需要具有现实的可能

马克思、恩格斯在《共产党宣言》中提出，"在共产主义社会里，已经积累起来的劳动只是扩大、丰富和提高工人的生活的一种手段"①。马克思在《哥达纲领批判》中又提到，"在共产主义高级阶段……在劳动已经不仅仅是谋生的手段，而且本身成了生活的第一需要之后……社会才能在自己的旗帜上写上：'各尽所能，按需分配！'"②。深入考察信息社会中的一些劳动现象和劳动方式表明，在信息时代，这种把劳动视作自身存在和发展的需要，而不仅仅是谋生手段的劳动正在一些领域涌现。可以预见，随着人工智能的发展，未来发达的信息社会里，劳动对人而言主要是指一些智能机器无法替代的创造性的、审美性的非物质性劳动。大数据、人工智能和物联网技术的融合发展已经在机器人设计、软件开发和数据挖掘等行业孕育了软件工程师、数据工程师、机器人协调员等新的劳动岗位和职业。这些劳动主要将依靠信息技术和信息资源进行，物化的生产资料不再是决定劳动能否进行的决定性要素。

"作为'第一需要的劳动'应该有非外在的、以生命本身为目的的意义和价值。"③实际上，当今基于互联网技术的创客（Maker）大量涌现，已经预示着劳动第一次具备了超越其功利性、工具性的地位，劳动已经成为解放人、实现人自由发展的活动。创客不仅把自己的创意变成现实的劳动产品和服务，还从中分享自己的快乐、情感和思想。创客的劳动是作为人的价值实现发生的劳动，这种劳动没有剥削、没有奴役，只有分享和创造。创客的劳动是自发性的劳动，不仅没有雇主和资本的驱使，还完全是基于个人或团队的奇思妙想、兴趣爱好的激发人的潜能的活动。创客没有工业时代的诸多入门的限制，只要会利用网络和计算机，掌握必要的网络

---

① 《马克思恩格斯文集》第 2 卷，人民出版社 2009 年版，第 46 页。

② 《马克思恩格斯文集》第 3 卷，人民出版社 2009 年版，第 435—436 页。

③ 吴宏政：《劳动在什么意义上才是"生活的第一需要"》，《哲学动态》2017 年第 5 期。

知识，依靠自身的知识和创意，创客可以是任何一个普通的人。创客没有分工、没有身份，也没有专业限制，只要有激情、有梦想、有实现人生价值的冲动，无论在什么地方，创客都可以进行创造性劳动。在互联网、云计算、大数据条件下，创客的劳动是人的本质的活动，是使劳动摆脱了生产资料私有制束缚，成为人的自我完善、自我发展、自我价值实现的社会活动。创客运动的发展，以及世界各国为创客运动发展不断创造完善的条件，预示着创客劳动成为自工业文明以来人类劳动方式的一个质的变化悄然发生。人们发现了，在信息文明时代，劳动者为自己劳动（而不仅是为谋生劳动）、为实现自己的创意、灵感而劳动，其中蕴含着无限丰富和发达的生产力。马克思关于"最强大的一种生产力是革命的阶级本身"①的思想在创客运动中得到完美诠释。信息文明的高度发展，创客式的劳动将成为整个社会的常态，到那时候，劳动就不仅仅是人们谋生的手段，而成为人们获得幸福、快乐和自我价值实现的生命本真的活动。轻松和谐的劳动将成为人们生活的第一需要。

二　信息文明高度发展形成共产主义文明的社会基础

唯物史观认为，共产主义不仅是建立在生产力的巨大增长和高度发展基础上的，而且这种生产力还是由全社会共同占有的生产力。如果说单纯的科学技术的发展能够为生产力的巨大增长和高度发展创造技术条件，那么，信息技术的发展则为生产力的社会化提供了广阔的空间。就是说，信息技术的社会化应用产生的溢出效应为生产力的社会化创造了社会条件。互联网、云计算、区块链、大数据等信息技术的发展创造了新的社会生产力。社会生产力不是个人的生产力，而是社会集体的、交互活动形成的生产力。信息技术的发展，人工智能的大规模应用，从而物质形态的生产资料不再成为主要的生产资料，知识、信息等非物质形态的生产资料成为未来信息文明发达社会的主要的生产资料形态。社会主要生产资料非物质化转变趋势为人类实现生产资料的公有制创造了可能。高度发达的智能生产技术以及全球信息社会高度成熟发展将为消灭分工、消灭体力劳动和脑力劳动、城市和乡村、社会各阶级的差别创造社会条件。

---

① 《马克思恩格斯文集》第 1 卷，人民出版社 2009 年版，第 655 页。

（一）信息文明高度发展为整个社会实现生产资料公有制创造了可能

随着信息技术、新材料技术、生物技术和新能源技术的交叉融合发展，人类不断创造出新的产业形态。习近平在二十国集团领导人汉堡峰会上明确，"研究表明，全球95%的工商业同互联网密切相关，世界经济正在向数字化转型"①。全球经济不断走向数字化，社会生产关系正在酝酿着颠覆性变革。数据必然成为未来社会最重要的生产要素。数据作为社会主要生产要素不仅是信息社会发展的必然，也是人类改造主、客观世界发展的必然。随着信息文明日益衍进发展，人类绝大多数生产将实现信息化、数字化。物质生产力极端发达，信息生产的零边际成本的出现和广泛存在，日益为未来整个社会实现生产资料的公有制创造条件。生产资料公有制不仅是社会发展的逻辑结果，也是科学技术发展的必然结果。当前信息社会的发展已出现生产资料社会所有的征兆。最具代表性的是作为全球核心信息资源的互联网的公有化趋势。以区块链技术、云计算技术形态的出现为例，已经显露出生产资料的社会化迹象。

麦肯锡的研究表明，区块链技术，是继蒸汽机、电力、信息和互联网科技之后，目前最有潜力触发第五轮颠覆性革命浪潮的核心技术。区块链是比特币的底层技术，它可以理解为一种公共记账的机制（技术方案），它并不是一款具体的产品。其基本思想是：依托世界范围的信息互联网，由网络中所有的用户共同形成交易的价值账本，区块链就是一个分布式账本，在账本上记录着每一笔历史交易的来龙去脉。网络上每一个交易周期内发生的交易都被确认、清算，并存储在一个首尾相连的区块结构上，由此构成一个链条。区块链上记录的信息具有真实性和不可篡改性。作为一个分布式区账本，任何人都可以下载使用它，区块链具有去中心化、可扩展、匿名化、安全可靠等特点。② 区块链技术在本质上为建立全球透明交易活动提供了技术条件，在这样的技术业态里面，任何社会主体的行为都是可观察、可监督和可再现的行为。数据实际上已经成为一种全球公有的资源。"与由'使用权'而'劳动者的个人所有制'的'所有制'建构进程相对应，由'区块链'而'交往形式本身的生产'体现的是物联网

① 习近平：《坚持开放包容　推动联动增长——在二十国集团领导人汉堡峰会上关于世界经济形势的讲话》，《人民日报》2017年7月8日第2版。

② ［加］唐塔普斯科特、［加］亚力克斯·塔普斯科特：《区块链革命：比特币底层技术如何改变货币、商业和世界》，凯尔等译，中信出版社2016年版，第7页。

时代社会主义全民共建共享'生产关系'全面、渐进建构进程。"[①] 当整个人类社会进入发达的信息文明社会，数据、信息和知识等非物质资源不仅是一种比土地、机器、厂房等物质资源更有权重意义的生产资料，而且，由于上述技术逻辑和信息资源的特性所决定，生产资料社会所有就成为一种"技术的必要"，也是"社会的必要"。

云计算是基于互联网的相关服务的增加、使用和交付模式，通常涉及通过互联网来提供动态易扩展且经常是虚拟化的资源。云是网络、互联网的一种比喻说法。在数字经济条件下，计算能力和信息存储能力是重要的资源。随着全球经济的网络化和数字化，以及智能计算终端的普及化，计算将变得无处不在。"云计算"实现了单个计算机中的资源与整个网络中计算机资源的链接和共享，形成了一个可无限扩展的超级"计算资源池"，每一个社会主体可以按需要随时利用这个资源。同时，个体闲置的计算资源也可以被其他社会主体利用。这样的技术架构形成的互为生产资料主体的情形，本质上与共产主义生产资料公有、按需分配社会原则高度契合。

信息技术、新能源技术和新材料技术的发展，为能源互联网的发展创造了条件，人类具有获得无限能源供应的可能。随着能源互联网和信息互联网的普及和零成本运行，人类社会将迎来一个零成本经济社会。信息文明高度发展创造的极致生产力水平，使得"社会化的人，联合起来的生产者，将合理地调节他们和自然之间的物质变换……靠消耗最小的力量，在最无愧于和最适合于他们的人类本性的条件下进行这种物质变换"[②]。那时，人们的经济行为的主要目的不再是追逐物质财富，而是实现人的社会存在意义。劳动不再是资本攫取剩余价值的手段，而是人的自我价值、审美等高尚目标实现的过程。

马克思、恩格斯在《德意志意识形态》中明确提出，"建立共产主义实质上具有经济的性质，这就是为这种联合创造各种物质条件，把现存的条件变成联合的条件"[③]。当前基于互联网技术的"众筹"行为（既包括互联网公益行为，也包括非公益性质的互联网众创行为）正体现出共产

---

① 刘方喜：《由"区块链"而"交往形式本身的生产"：物联网时代社会主义"全民共建共享"生产关系建构进程》，《毛泽东邓小平理论研究》2017 年第 6 期。

② 《马克思恩格斯文集》第 9 卷，人民出版社 2009 年版，第 928—929 页。

③ 《马克思恩格斯文集》第 1 卷，人民出版社 2009 年版，第 574 页。

主义社会"联合"的物质条件。众筹行为过程表明，互联网、物联网、人工智能等新技术创造的"极致生产力"越来越要求改变传统私有制条件下资本与劳动的对立关系。创客的创业创意、艺术灵感、公益理念通过互联网筹集到感兴趣的人的投资，从而实现劳动对资本的主体地位，而不是相反。在这里，劳动者的劳动资料不是私有的，而是来源于社会的，劳动的产品也不一定是私有的，而属于全社会的（至少属于所有参与众筹的主体行为人），创客的劳动过程也完全是自由的和自愿的，不再存在资本对劳动的剥削关系，劳动已成为真正的社会劳动。参与众筹的社会主体也在这个过程中实现了自己的社会价值或满足了自我物质的或精神的需要。这种基于信息化、网络化的经济模式不仅存在于知识精英阶层，也适合普通大众，为自我劳动（客观上也为社会劳动）成为未来信息社会发展的重要趋势。

马克思、恩格斯在批判私有制条件下的劳动时，反复提到，未来社会将"消灭劳动"，其实质是指，未来共产主义社会将消灭"雇佣劳动""异化劳动"以及形形色色的令人不愉快的劳动。① 就是说，只有当劳动变成人的轻松愉悦和幸福的人的本质活动的时候，人类历史才真正进入共产主义文明时代。当基于生产资料私有制条件下的"金融活动"被无所不能的"众筹"模式取代的时候，一个生产资料由社会共同占有、共同使用、共同受益的社会就到来了。信息文明的发展正创造着"一个自由人联合体，他们用公共的生产资料进行劳动，并且自觉地把他们许多个人劳动力当作一个社会劳动力来使用"② 的现实条件，可以预见，在未来社会，在数据、信息资源成为社会发展主导资源的条件下，信息文明高度发达的时候，生产资料公有制的共产主义社会将成为现实。信息文明高度发展将与共产主义合流。

（二）信息文明的不断发展日益为消除三大差别、社会和谐发展创造条件

"各民族的原始封闭状态由于日益完善的生产方式、交往以及因交往而自然形成的不同民族之间的分工消灭得越彻底，历史就越是成为世界历史。"③ 马克思、恩格斯认为，未来共产主义社会里，导致人片面发展的社会分工、阶级差别、城乡差别、工业与农业差别、脑力劳动与体力劳动

---

① 《马克思恩格斯文集》第 1 卷，人民出版社 2009 年版，第 543、573 页。

② 《马克思恩格斯文集》第 5 卷，人民出版社 2009 年版，第 96 页。

③ 《马克思恩格斯文集》第 1 卷，人民出版社 2009 年版，第 540—541 页。

差别将会消失，代之而起的是全社会普遍的交往和普遍的发展，社会形成了"自由平等的联合体"，维护阶级利益和阶级统治的国家走向消亡，人类将作为统一的社会而存在和发展，各民族和国家的历史将发展为统一的世界历史。现代信息技术的发展，信息革命造就的"地球村"出现，已经为我们今天感受共产主义提供了经验的现实。随着信息技术迭代发展，特别是物联网、量子通信技术、生物计算机等技术的发展，"智慧地球"的形成，已经为人类编织了一个具有极大通信、交往功能的信息网络平台。人类经济活动、社会活动、精神活动将全面走向信息化、数据化。随着全球信息社会的发展并日益走向成熟，数据鸿沟、信息贫困问题最终将得以消除。高度发达的信息文明将为每一个地球人提供全方位的信息通信服务。基于信息技术的网络化教育和科学研究事业的普遍发展，将为每一个人提供个性发展和全面发展的基础。

马克思、恩格斯在《德意志意识形态》中提出："物质劳动和精神劳动的最大一次分工，就是城市和乡村的分离。"① 随着全部社会劳动形式的信息化和智能化，物质劳动与精神劳动的差别将趋于消失。信息文明的高度发展，全部社会生活走向信息化和数据化，意味着千百年来造成人片面发展的社会分工将趋于瓦解。城市和乡村的分离就不复存在。互联网和人工智能融合，智慧车间、智慧工厂、智慧城市、智慧农业、智慧教育、智慧交通、智慧医疗、智慧商务、智慧金融等不断涌现的"智慧化""信息化"工程，不仅为人类解放了越来越多的体力劳动，还将日益解放更多的脑力劳动。唯物史观认为，随着人类社会不断发展，人类必将从王国走向自由王国，这既是科技赋予人类理性力量的使然，也是人的主观能动性发展的必然。移动互联网、大数据、云计算、人工智能已经为消除劳动的分工创造着现实的条件。尤瓦尔·赫拉利提出，在信息技术高度发达的智能时代，基因编辑、算法以及大数据等技术的发展，未来人类将彻底战胜饥荒、瘟疫和战争三大威胁人类的难题，人类将不仅可以按照自己的愿望设计自己的身体和寿命，还将消除一切残障、贫困和疾病。② 到那时，人对人的、民族对民族的剥削就会消失，民族内部的阶级对立和民族之间的敌对关系也随之消失。"当

---

① 《马克思恩格斯文集》第 1 卷，人民出版社 2009 年版，第 556 页。
② ［以色列］尤瓦尔·赫拉利：《未来简史》，林俊宏译，中信出版社 2017 年版，第162 页。

阶级差别在发展进程中已经消失而全部生产集中在联合起来的个人的手里的时候，公共权力就失去政治性质。"① 现代阶级意义上的国家就不复存在了。信息文明的发展，巨型跨国网络企业和信息、互联网技术组织以及各类国际行为体的出现，就其实际运行的方式来看，本质上具有超国家性质。亚马逊、百度、腾讯、阿里巴巴、淘宝、脸书以及全球范围蓬勃发展的、日益涵括人类生产、生活各个领域的"共享经济"企业和社会组织的出现不但构建了服务全球的交互联系的平台，还拥有巨量的数据资源，它们拥有的资源驾驭能力已经部分地超越了国家职能，具有为全球社会服务的性质。"历史活动是群众的事业，随着历史活动深入，必将是群众队伍的扩大。"② "信息技术的普及应用，无疑让人切身感受到这一历史事实：越来越多的人，普普通通的人，成为历史的自觉的主人，社会正在以前所未有的宏大壮阔场面向前发展。传统的资本主义日益衰落，而社会主义的未来越来越具有经验现实性。"③ 质言之，信息文明的发展已经隐约地展现了国家消亡的步伐。

随着物质和精神财富的极大增长，人类社会将实现真正的"和谐发展"。人类最大的优势是具有虚构和想象的能力，这种虚构和想象力将赋予人类灵性和审美的特质。人类不必担心人工智能会超越自己，智能机器完全可以和人类协同发展。只要人类存有想象、审美的能力，就不会丧失在社会发展中的主体地位。人的主观能动性必定会使科学按照合规律性和合目的性统一的方式发展。和谐发展、按照美学原理的发展，不仅是历史的必然，也是人类自身主观能动性的选择。信息文明的发展已经为今天的人类打造出了一个彼此相互依存的"地球村"。"人类已经成为你中有我、我中有你的命运共同体，利益高度融合、彼此相互依存。"④ 气候危机、环境危机、发展危机已经让越来越多的人意识到，选择走互利、合作、共赢、共享的发展道路既是时代发展的要求，也是人类社会现实的选择。

（三）全球社会治理不断完善，为社会的全部生产协调发展创造条件

"一个以信息集成为基础的社会将大大提高全社会的创造活力，大大

① 《马克思恩格斯文集》第 2 卷，人民出版社 2009 年版，第 53 页。

② 《马克思恩格斯文集》第 1 卷，人民出版社 2009 年版，第 287 页。

③ 张建云：《互联网与人类社会未来》，《兰州学刊》2013 年第 10 期。

④ 《习近平谈治国理政》第 2 卷，人民出版社 2017 年版，第 481 页。

增加全社会的和谐程度。"① 随着基于信息技术的"智慧社会"的发展，实现社会"智慧治理"变得越来越具有现实性。全球信息社会的高度发展，为人类创造了一个可实现完善治理的发展条件和发展前景。"大数据的出现将以各种形式解构着传统的政府官僚制组织模式，推动着合作治理时代的到来。"② 所谓合作治理，实质就是多元治理、社会自组织治理以及共同体治理。国家与社会、国家与人、人与人之间不再是管制与被管制、统治与被统治的关系，而是协作、互惠、共赢的关系。大数据时代，社会进化与演进已经产生了数据这种公共资源，每一个人都是数据的生产者，同时又是数据的使用（消费）者。从这个意义上讲，信息文明发达社会，每一个人都是资本与劳动的统一体。国家治理最终将被社会治理代替。信息技术对全社会感知能力和治理能力已经为这种社会治理创造了现实的条件。"在高度复杂性、高度不确定性的条件下，网络技术的应用为官僚制组织向合作制组织转型提供技术支持。"③

质言之，大数据等信息技术的全面应用不仅为经济发展创造无限的增长空间，还为国家和社会治理提供了科学的保障。大数据为世界构建和谐社会创造了经济和技术基础。信息文明的发展为全社会有计划、按比例发展生产、组织生产创造了高度成熟的物质基础。数字技术驱动的包容、创新、开放增长模式将不断弥合全球范围数字鸿沟、发展鸿沟，从而为全社会普惠、绿色、协调发展创造现实条件。

面对迅猛发展的信息社会，绝大多数人看到的是发展的机遇，认为在一个复杂性、不确定性的高风险信息社会，拥有无限创新可能。实现社会善治是千百年来人类的梦想。信息技术，特别是大数据技术的应用，为这一梦想成真提供了现实的手段。恩格斯曾预想，未来共产主义社会人类将摆脱盲目的力量而实现对社会的合理调节。"当社会成为全部生产资料的主人，可以在社会范围内有计划地利用这些生产资料的时候，社会就消灭了迄今为止的人自己的生产资料对人的奴役。"④ 未来信息技术的发展，海量数据的产生、便捷的数据获取和强大的数据处理

---

① 谢俊贵、李志钢：《社会信息化发展与和谐社会建设》，《湖南文理学院学报》2006 年第 3 期。

② 耿亚东：《大数据对传统政府治理模式的影响》，《青海社会科学》2016 年第 6 期。

③ 邵娜：《论技术与制度的互动关系》，《中州学刊》2017 年第 2 期。

④ 《马克思恩格斯文集》第 9 卷，人民出版社 2009 年版，第 310 页。

能力将可能把市场经济中存在的"看不见的手"变成"看得见的手"。马克思主义关于未来社会有计划、有组织的社会生产设想完全可以成为人类文明发展的选项。

未来共产主义社会，之所以是人类最美好的社会，其实质在于，马克思主义者坚信，人的活动的能动性特质决定了，人类的发展，将会不断创造出自由的条件，从而使人在自然界和人类自身面前摆脱"盲目"力量的支配。从信息视角回望人类历史，原始公有制部落社会，全部生产资料公共所有，部落成员活动信息透明公开，人们之间形成的是一种简单的信息对称关系，从而形成了原始的朴素的共产主义社会。生产力的发展，人类进入私有制社会，生产资料私有制条件下人类进入自己的"文明"时代，但是这个"文明"时代，同时也是信息垄断、信息不透明公开、信息不对称，从而是阶级统治、阶级斗争、社会专制独裁、各种类型的战争频繁发生的时代。建立在私有制条件下的"文明"是不彻底的和虚伪的文明。只有到生产力极端发达、社会进入物质财富和精神财富双重繁盛的时代，人类才能享受到真正的文明生活。信息文明的发展而建构的信息公开透明环境，人类社会实现信息对称基础上的利益对称，从而有条件建立真正的民主、公正、共享、和谐的社会。

基于信息技术的共享经济蓬勃发展已经塑造了新的文明景象。高度协同互利经济已经显露出未来共产主义制度征兆，"使社会的每一成员不仅有可能参加社会财富的生产，而且有可能参加社会财富的分配和管理，并通过有计划地经营全部生产，使社会生产力及其成果不断增长，足以保证每个人的一切合理的需要在越来越大的程度上得到满足"①。社会主义社会是共产主义的初级阶段，信息文明的社会主义发展已展现了这个美好社会的端倪。随着生产力的提高和世界社会主义的全面复兴，全球信息社会将在社会主义引领下迈向更高层次，到那时，"信息生产力发展悖论"② 将不复存在，人类进入更充分的数据资源共有、共创、共享时代。信息文明与共产主义将趋于融合。唯物辩证法关于事物

①　《马克思恩格斯文集》第 3 卷，人民出版社 2009 年版，第 460 页。

②　信息生产力发展悖论，是指在生产力不发达的信息社会，信息资源的低成本或无偿开放共享，将可能导致社会主体创新动力下降；而过度保护信息资源，也将延宕社会创新能力的提高，从而形成一个"信息生产力悖论"。参见肖峰《信息技术哲学》，华南理工大学出版社 2016 年版，第 201 页。

发展的否定之否定原理在这里得到合理的演绎：生产力低下：信息对称，从而社会成员利益的对称——生产力发展：信息垄断（不对称），从而社会成员之间利益不对称——生产力极端发达：信息资源共享从而实现全社会成员利益的对称、共享。以信息技术、生物技术、新材料技术和新能源技术为代表的新的科技革命和产业革命迅猛发展，正预示着人类正在对落后生产关系实现"否定之否定"。人类从来没有像今天这样获得如此巨大的创新力和协同力。随着信息社会治体系和治理能力的不断完善和提高，信息技术的异化现象将被克服，信息文明的发展将带来社会生产生活的全面协调发展。这不是预测和幻想，而是已经在当前信息社会中可以感受到的现实。

三　信息文明高度发展形成共产主义文明的思想基础

"共产主义革命就是同传统所有制关系实行最彻底的决裂；毫不奇怪，它在自己的发展进程中要同传统的观念实行最彻底的决裂。"① 马克思、恩格斯在《共产党宣言》中以鲜明的立场强调，共产主义社会不但要消灭一切人剥削人的生产资料私有制度，还要消除私有制社会所形成的一切剥削观念和生产资料私人占有的私有观念。如前文所述，信息文明是社会的整体文明，它不仅塑造社会物质生产方式，还塑造了整个社会生产方式、政治生产方式和精神生产方式，实现社会文明的整体的跃升。信息文明与共产主义文明的融通不仅体现在其形成和发展的物质生产方式上，还蕴含在其塑造的社会条件和思想基础上。

（一）一般劳动被人工智能取代，人的闲暇时间无限增长，使得对意义的追求成为未来人的存在方式

在大数据时代，所谓一般性劳动，是指那些把劳动过程可以归结为数据处理、程序设计、依靠智能机器能完成的劳动。它涵括了绝大多数农业、工业、服务业领域的体力劳动以及律师、法官助理、编辑、初级医师、新闻记者、口译、笔译等脑力劳动。从信息技术和信息革命的发展角度而言，物联网、大数据和人工智能等各种信息技术的加速发展，人类在一般性体力和脑力劳动场景中退出只是时间早晚问题。虽然尤瓦尔·赫拉

---

① 《马克思恩格斯文集》第 2 卷，人民出版社 2009 年版，第 52 页。

利提出，技术的进步将使未来人可以"化身为神"有夸张之嫌，[①] 但是，这至少说明，未来人类将实现充分的自由，科技完全可以使人类摆脱一般的物质劳动和一般性的精神劳动。充裕的自由、闲暇时间将会成为人全面自由发展的条件。这一点不仅在互联网时代已经显露出来了，还必将在未来信息文明发展进程中进一步得到确证。

考察人类文明发展史，总的趋势是，科学技术的发展逐渐增加了人的自由、闲暇时间。面对不断涌现的人工智能技术及其广泛应用，在一定时期内可能会对现实社会造成冲击。但是，从长远来看，新的技术发明和应用，将有助于增加人的自由和闲暇时间。越来越多的人在一般性劳动岗位上将被智能机器取代，这是社会发展的趋势，也是人类文明发展的必然结果。

未来学学者杰里米·里夫金认为："未来……协作共享将和辛勤工作同样重要，而社会资本的积累和市场资本的积累同样重要。衡量人生价值的标准将变为个人的社会归属感，以及对（生命）的超越和意义的追寻，而非物质财富。"[②] 历史的发展为人类创造了"更有意义"的生存条件。未来信息文明的发展，尽管智能机器可以取代人类社会中大量的重复性、程序化的劳动，但是作为社会的人，追求更有意义的生存和发展是人的本质属性决定的。再智能的机器、再完美的软件设计、再精妙的文学、艺术作品，都离不开人赋予其"意义"。离开意义的存在，对人而言就没有意义。"在共产主义社会里，已经积累起来的劳动只是扩大、丰富和提高工人的生活的一种手段。"[③] 在共产主义社会，劳动不再是人们谋生的手段，更多的意义在于，劳动是人成为有意义地存在和发展的方式。

那什么是有意义的生存方式？这实质上就需要回答什么是文明的本质问题。关于有意义的生存方式，有研究表明，现代社会的发展出现了一个文明悖论：经济社会发展越迅速，物质财富和交往手段越丰富，一些人的幸福感和满足感反而会下降。有研究数据表明，在日本、美国以及一些新

---

① 尤瓦尔提出，科技的发展，"智人"进化为"神人"，是为了说明，未来人类将具有极其强大的创造力，这种创造力甚至与人类文化中构建的"神人"一样。参见［以色列］尤瓦尔·赫拉利《未来简史》，林俊宏译，中信出版社 2017 年版，第 38—41 页。

② ［美］杰里米·里夫金：《零边际成本社会——一个物联网、合作共赢的新经济时代》，赛迪研究院专家组译，中信出版社 2014 年版，第 134 页。

③ 《马克思恩格斯文集》第 2 卷，人民出版社 2009 年版，第 46 页。

兴经济体社会中，精神疾病和自杀人数上升的时期往往是社会发展上升时期。① 物质贫乏、社会封闭、远离都市文明的村落里，往往很少出现自杀或精神疾病现象。还有一组关于苏联共产党和第一个社会主义国家苏联的数据也广为流传，在拥有20多万名党员时，苏共领导人民推翻了沙皇专制统治；在拥有35万名党员的时候，取得了十月革命成功；在有554万名党员时，苏联赢得卫国战争的胜利。但是，当苏共有近2000万党员、苏联已成为仅次于美国、世界第二、欧洲第一强国的时候，苏联和苏共却走向瓦解。以戈尔巴乔夫为首的苏共领导集团丧失共产主义理想信念是导致这一悲剧的根本原因。② 上述现象告诉我们，赋予人生存的意义、强调人们更有意义的生活，对建构文明社会非常重要。离开意义的支撑，人类就会退化为低等动物水平。离开意义的支撑，无论人类创造多么丰富的物质财富和精神财富，人类也不能感觉到自己的幸福和文明。

社会性是人的根本属性，泛在智慧网络、大数据、物联网、云计算、人工智能等信息化智能技术能辅助人类获得更加优美的物质和精神生存环境，但是存在于人的内心的审美的情趣、向善的价值判断以及为人类福祉贡献更多自身价值的精神追求是人所特有的志趣和心胸。未来的人类在闲暇时间里将主要从事有意义的服务工作，从事与审美活动、心理情感活动、价值判断活动相关的，需要融入人的灵性的工作。这些工作不会枯竭，因为人的精神和自我价值实现的需求是无限丰富的，为之创造的职业和劳动岗位也将无限丰富。

信息之所以能为人们创造非凡的文明，是人们通过信息赋予了其"意义"，通过信息活动，改造了客观世界和主观世界。信息文明强调"信息"的重要作用，核心要义在于，信息化生活不仅为人们建构了丰富的物质生活，更重要的是，它还为人类建构了无限丰富的精神生活，从而为人的存在打造一个了无限丰富的"意义世界"。文明不只是物质财富的堆砌，也不仅仅是发展速度的快慢，文明从根本上讲源自人自身对"意义"的认同。也正是人类具有意义认同的能力，从而不断创造了新的文明。因此，从文明创造的规律上讲，科技越发达、社会越进步，越要求人

① ［美］吴军：《智能时代：大数据与智能革命重新定义未来》，中信出版社2016年版，第350页。

② 李慎明主编：《居安思危：苏共亡党的历史教训》，社会科学文献出版社2013年版，第28页。

们看到"意义世界"的价值，这里的"意义"与理想、信念、信仰是同一层次的。唯物史观认为，共产主义社会，每一个人都是具有崇高理想和高尚道德情操，即表明，未来共产主义社会的人一定是把有意义地生存作为自己唯一的生存方式。唯有如此，共产主义文明才能成为人类最发达的文明。

（二）信息文明高度发展，物质财富和精神财富的充分涌流使共产主义文明观念不断成为社会的主导观念

关于人的意识的生产，马克思、恩格斯强调："随着现存社会制度被共产主义革命所推翻以及与这一革命具有同等意义的私有制的消灭；同时，每一个单个人的解放的程度是与历史完全转变为世界历史的程度一致的。至于个人在精神上的现实丰富性完全取决于他的现实关系的丰富性……只有这样，单个人才能摆脱种种民族局限和地域局限而同整个世界的生产（也同精神的生产）发生实际联系，才能获得利用全球的这种全面的生产（人们的创造）的能力。"① 如果我们对照今天全球化、信息化社会的情形，可以发现，马克思、恩格斯所论述的关于摆脱传统观念和意识的条件其实已经在全球范围隐约出现了。

信息技术的发展，网络免费经济、基于信息技术的无限丰富的共享经济以及由此形成的"使用而不占有"的观念已经成为我们社会中一种日渐被更多人认同的观念。经济社会的发展，特别是智能生产技术的发展，将为人类创造无限丰富的物质财富和精神财富。当社会实现生活资料按需分配的时候，通过占有生产资料而剥削他人劳动的情形就消除了。资本主义商品生产就不复存在了。共享单车普及的地方，人们已经不再有购买占有单车的意识了。如果一个人能通过社会协作方式随时随地便捷地使用汽车，那为什么还需要自己占有汽车呢？同样，当整个社会物化的生产资料不再是生产的决定要素时候，那人们为什么需要占有它呢？基于信息技术的共享经济蓬勃发展，人类社会绝大多数的生产资料、生活资料，尤其是人的知识、智慧等非物质形态的生产资料，都可以实现共享。信息文明的发展，包括信息资源在内的所有生产资料由社会占有，从而实现社会协作生产，不仅是技术上的必要，还是社会发展的内在逻辑要求。"一旦社会占有了生产资料，商品生产就将被消除，而产品对生产者的统治也就随之

---

① 《马克思恩格斯文集》第 1 卷，人民出版社 2009 年版，第 541—542 页。

消除。……个体生存斗争停止了。于是，人在一定意义上才最终地脱离了动物界，从动物的生存条件下进入真正的人的生存条件。"① 可以预见的是，未来信息文明高度发达的时候，财富充分涌流，数据、信息、知识充分共享的时候，千百年来在私有制社会条件下形成的生产资料私人占有观念和法权观念将成为历史。

除生产资料私人占有观念将成为历史外，共产主义社会理想的平等、开放、自由、公正、诚信、友善等观念将会因社会生产力的极端发达和社会实现完美治理而逐渐消除其实际存在的社会和历史局限性，从而成为完全现实的客观存在。那时，社会的每一个成员都将上述观念视作主流观念。"在共产主义制度下和资源日益增多的情况下……谁如果坚持要求丝毫不差地给他平等的、公正的一份产品，别人就会给他两份以示嘲笑。"② 在信息文明发达社会，当劳动主要依赖信息共享、社会协作、人类生活的意义主要依赖每一个社会成员相互赋予的时候，每一个人都将成为其他人全面发展的条件。自觉地为他人、为社会服务和奉献将自然成为人们的道德和价值选择。

全球信息社会的发展，特别是 21 世纪以来中国社会信息化发展已经为人们提供了观察未来人类共产主义文明的雏形。物质文明的创造具有重要意义，因为那是人类文明发展的基础。但是，当物质文明发展到一定程度的时候，意义的建构就显得更加重要。在建成全面小康社会的决胜时期，中国共产党明确向全党和全社会提出坚定中国特色社会主义道路自信、理论自信、制度自信、文化自信问题，正是在新的历史起点上进行的意义建构。"四个自信"问题的提出，将成为推动 21 世纪中国马克思主义不断发展的新动力。"新文明（信息文明）的本质，在于消除信息不对称、利益的不对称，消除由不对称造成的虚高暴利，推动经济向以人为本方向转型，还权于民。"③ 21 世纪中华民族伟大复兴恰巧与全球信息化浪潮合流。随着社会主义中国不断开辟出人类文明新道路，建设社会主义、实现共产主义——一个以超越生产资料私有制度以及建立在该制度基础上的私有观念的共产主义文明观——将会成为世界上越来越多人的共同观念。

---

① 《马克思恩格斯文集》第 9 卷，人民出版社 2009 年版，第 300 页。

② 同上书，第 354 页。

③ 姜奇平：《新文明论概略》（上），商务印书馆 2012 年版，第 18 页。

（三）日益开放透明的社会发展环境，使协同共享成为人们幸福的泉源

根据唯物史观关于社会存在与社会意识的辩证关系的原理，人们的观念的形成和发展总是由一定的社会生产生活发展决定的。同时，一定的社会观念形成后又对社会生产生活具有反作用。据此，马克思、恩格斯认为，生产资料私有制以及私有观念都不是从来就有，也不会永恒存在的。生产资料私有制与社会化大生产之间的矛盾将决定了资本主义必然走向灭亡。生产力的发展、社会的进步将必然导致无产阶级建立新的社会主义制度。在社会主义发展的基础上人类终将走向共产主义社会。恩格斯指出："生产力的国家所有不是冲突的解决，但是它包含着解决冲突形式上的手段，解决冲突的线索。这种解决只能是事实上承认现代生产力的社会本性，因而也就使生产、占有和交换的方式同生产资料的社会性相适应。而要实现这一点，只有由社会公开地直接地占有已经发展到除了适于社会管理之外不适于任何其他管理的生产力。"①恩格斯在这里明确地预判了，国家消亡后，社会公开地直接地占有生产力是"解决冲突"的线索。信息社会的发展，信息文明的演进，创造了社会公开地、直接地占有生产力的条件。可以预见，建立在互联网经济、数字经济和智能经济基础上人类社会，不仅会创造着越来越充分的"共享"生产资料的客观条件，还会创造着日益普遍的"协同互利"主观条件。信息文明越向前发展，多元协同互利的价值观念就越能够不断生长，垄断性的价值选择就越会被人们摒弃。高度发达而普及的信息技术、公开透明的社会治理环境，将塑造出适应信息文明的新的社会信用体系和价值体系。在未来社会里，选择协同互利的生存方式，不仅是人类社会发展的历史逻辑，也是人类精神世界自我改造后的普遍选择。这是由信息文明形成的物质生产方式所决定的。

在经济全球化、社会信息化进程中，21世纪的人类社会不仅日益形成"你中有我、我中有你"的经济发展格局，还日益形成"我的也是你的、你的也是我的"文明观念发展格局。随着全球社会深度融入信息化进程，人类的信息活动对整个经济社会的高度渗透性和通用性影响早已彰显出来，社会的发展越来越依赖所有社会主体的开放、透明、互利、合作。选择协同、互利、共享发展才能克服人类文明发展中面临的困难。每一个人、每一个国家、每一个社会主体将在信息社会生产生活实践中认识

---

① 《马克思恩格斯文集》第3卷，人民出版社2009年版，第560页。

到这一点。

"信息共享的天然本性为人类文明发展奠定了共享范围原则上可以无限扩展的基础。"① 如果要从信息技术形态上追问人类文明发展的趋势，既有的人类文明史已经证明，文明发展的过程也是人类社会信息技术不断发展，进而信息不断在更广阔的范围、更大的区域和更多的人群中共享的过程。信息的共享、信息文明的高度发展是以共产主义社会共享发展为依归的。"物质产品的价值是内聚和独占的，信息服务的价值则是发散和共享的。"② 信息文明的发展，信息的生产和再生产不仅成为未来社会主要的社会生产形式，还将是未来社会文明发展的主要形式。建立在"协同互利生产方式"基础上互利合作思想将成为人们获得幸福和存在价值的主要方式。未来"在协作和对土地及靠劳动本身的生产资料的共同占有基础上，重新建立个人所有制"③ 不仅具有可能的社会物质生产方式实现形式，还具有可能的观念生产方式实现形式。

信息不仅是个人的，更是社会的，每一个人既是信息的生产者，也是信息的使用（消费）者。实现信息的价值、信息的意义离不开社会的协同互利观念。因此，从信息角度而言，信息社会的协同互利不仅是社会文明发展的内在规定，更是人之为人的根据、人之幸福的根据。信息文明的高度发展将促使社会每一个人不仅在物质世界而且也在精神世界认识到"每一个人的利益、福利和幸福同其他人的福利有不可分割的联系，这一事实却是一个显而易见的不言而喻的真理"④。作为一种社会主体协同互利发展的共享文明，其高度的整体性、合成性决定了，全球信息文明高度发展之时将是共产主义文明勃兴之时。信息文明全面成熟意味着共产主义文明的实现。

小　结

本章围绕信息文明发展趋势及其在未来社会发展的两个侧面进行了阐

---

① 王天思：《信息文明时代人的信息存在方式及其哲学意蕴》，《哲学分析》2017 年第 4 期。

② 杨培芳：《挽在一起的手：协同互利新经济哲学》，人民邮电出版社 2016 年版，第 164 页。

③ 《马克思恩格斯文集》第 5 卷，人民出版社 2009 年版，第 874 页。

④ 《马克思恩格斯全集》第 2 卷，人民出版社 1957 年版，第 605 页。

述。从当下社会实践考量，资本主义社会和社会主义社会共存于信息社会，信息文明镶嵌在两种完全不同的物质生产方式中。从信息及其内在的价值实现机制上分析，共享信息、分享信息生产力，不仅是人类既有的文明发展史基本经验之一，更是当下全球信息社会人们生产生活的技术必要和逻辑必然。信息技术构建的生产方式内在地契合了社会主义生产方式。资本信息化和信息资本化不仅创造了信息资本主义，还孕育和发展了信息帝国主义。在资本逻辑规约下，信息帝国主义一方面把社会化大生产与生产资料私有制度的矛盾发展到了新的水平、新的幅度和新的深度；另一方面，信息帝国主义也为世界社会主义的复兴和发展创造了有利的物质条件、社会条件和观念条件。人们将通过"科学所达到的成果来接受共产主义"①。

总体而言，全球信息社会的发展，日益加深了人类社会的互组织化发展程度，增进了人的自由全面发展利益。全球信息化发展有利于实现社会主义社会的优越性。信息生产力是建构在整个社会协作共享机制上的社会化生产力。信息技术的社会主义应用，契合了信息生产力发展的内在逻辑。信息技术的社会主义应用不仅从根本上有助于克服科学技术异化风险，还为劳动驾驭资本、实现劳动与资本的协作，从而促进财富的创造和涌流、形成普惠和谐的社会发展格局奠定了社会制度基础。

唯物史观认为，信息活动是与人的实践活动同一的过程。信息活动必然是人的实践的目的性和合规律性相统一。因此，随着人们对信息社会的治理不断走向智能化和智慧化，信息文明终将迎来高度发展。科学技术、思想道德、意识形态、社会制度的变迁及其相互影响形成的合力将推动人类文明不断向前发展。

"无论哪一个社会形态，在它们所能容纳的全部生产力发挥出来以前，是决不会灭亡的；而新的更高的生产关系，在它存在的物质条件在旧社会的胞胎里成熟以前，是决不会出现的。"② 面对扑面而来的信息文明浪潮，我们还要深刻认识到信息文明前进道路上的困难和挑战。总体上，人类社会正处在由工业时代向信息时代历史性跨越进程中。工业文明时代所形成的私有产权制度和观念体系不可能在短时间内被人们超越。资本力

---

① 《列宁专题文集　论社会主义》，人民出版社 2009 年版，第 193 页。

② 《马克思恩格斯文集》第 2 卷，人民出版社 2009 年版，第 592 页。

量与劳动力量的博弈过程还充满巨大的不确定性和震荡性。信息方式建构的信息资本和信息生产力真正被全社会占有还需要历史合力共同作用。单靠信息技术在内的革命性力量是不能实现文明的跃升的。信息文明不断发展，仍然需要全人类在科技革命和产业革命的洪流中不断提高历史自觉意识和历史主体意识。

人的实践活动的能动性和创造性是唯物史观的重要观点。迈入 21 世纪，信息技术发展到新的水平。移动互联网、3D 打印、人工智能、大数据、物联网等新兴信息技术的广泛发展和应用，正全面改变着整个人类社会的物质生产、政治生产和精神生产方式。信息活动以其合规律性与合目的性的有机统一方式改造着主、客观世界，彰显着人的主观能动无限可能的创造力量。这种创造力量使人们有信心、有理由相信，在信息技术创造的高度文明面前，人类有足够的能力保持自身的文明主体地位。人不会在自己的创造物面前丧失主体性。由此，在文明史中，人类始终能够保持批判的能力，未来更不会丧失这种能力。在马克思主义理论指导下，对信息社会、数据主义、信息主义、科学技术决定论保持批判精神，对信息资本进行合理利用和限制，将有助于人们科学辨别当前信息技术异化问题产生的根源和社会属性，有助于推动信息文明向更高层次、更广阔范围发展。

概言之，信息科学技术代表着新的生产力。信息科学技术熔铸在整个社会有机体中，不断强化着人和社会存在方式和发展方式的互组织性和交互性。信息文明实质是基于信息科学技术的社会主体协同互利发展的共享文明。信息文明的不断发展归根到底有利于增进社会主义本质利益，有利于不断彰显社会主义优越性，有利于巩固和发展人民群众的历史主体地位，有利于促进人和社会的自由全面发展。随着信息革命和产业革命的不断发展，科学技术、物质生产方式和社会治理体系等各种文明要素不断向高级阶段演进，人类社会的物质生产方式、经济基础、上层建筑不断变革，资本主义灭亡和社会主义胜利都是不可避免的。未来的信息文明将在共产主义社会向更高层次升华和发展。

结　　语

随着社会物质生活方式的日益信息化、智能化，信息活动成为塑造人类文明的主要活动。建设发达的物质文明、精神文明、社会文明、政治文明和生态文明，离不开建设发达的信息文明。信息文明是社会全系统、全要素的文明，是实现社会走向开放、和谐、互利、共享的新质态的文明。

信息技术的通用性，决定了信息文明是人类各种文明要素彼此关联性和整体性发展的文明。建构在互组织化发展逻辑基础上的信息社会不断向纵深发展，为形成人类真正的社会共同体创造了现实基础。全球信息社会发展为世界社会主义复兴和发展创造了经验的现实。当代社会主义要建设信息社会、引领信息文明发展，为处在工业文明历史进程中的社会主义赢得比较优势，必须自觉树立创新、开放、绿色、协调、共享的新发展理念，积极推动构建共商、共建、共享的全球治理体系，主动树立和不断增强以人民为中心的发展思想，加强制度的顶层设计，不断改革不适宜信息文明时代的生产关系和上层建筑，主动解放和发展信息生产力、社会创造力。

信息文明迅猛发展，不断塑造着新的物质生产方式、人的存在方式和社会存在方式。显然，信息文明的发展必然需要人们形成新的观念体系和新的哲学思想与之相适应。"现有的成熟的哲学都是工业时代的哲学，工业时代与信息时代是不同质的时代，工业时代的哲学指导信息时代，犹如牛顿力学进入微观领域，便英雄无用武之地了。"① 在过往时代的先进思想中，特别是哲学思想中借鉴所长，建立新时代的哲学、观念和理论。包括信息哲学、信息技术哲学、信息社会哲学以及信息社会理论、智能社会

---

① 周戟：《和谐哲学初探——信息时代的马克思主义》，学林出版社 2010 年版，第 2 页。

伦理道德体系。更加自觉地认识新文明的到来，做好思想的准备，我们在行动上就少走弯路和歧路，从而有助于个人、国家和社会的发展。

迎接新文明的同时，不要丧失批判的能力。"康德指出，试图决定其公民幸福与否的国家是专制的。然而，自我发展的权利只能由那些掌控着自己生命的人行使，而这是以信息自决为前提的。这是我们最重要的权利，除非尊重这些权利，否则民主就无法正常运作，而如果它们受到限制，就会破坏我们的宪法、社会和国家。"① 信息技术的日新月异，信息社会的全面发展，不断为信息传播和共享创造着更便捷、更普惠的社会条件，整个社会也日益变得透明和公开，这就为每一个人参与历史、成为历史舞台的真正主角创造了客观条件。但是，在信息社会还没有完全实现善治的时候，当资本逻辑和个人的贪欲还可能以非文明手段驱使和操控信息资本的时候，每一个信息社会历史"剧中人"又不能丧失对信息活动的批判能力。这既是信息文明建构的需要，也是人自身保持安全、自由、幸福和尊严的需要。

人是信息文明的尺度。信息技术的发展，信息社会治理制度的完善，信息化、智能化、智慧化生产和生活方式的涌现，以及由此引发的社会生产关系和上层建筑的变革都应该围绕实现社会每一个人的个性、自由、幸福和尊严展开。当全社会每一个人的个性、自由、幸福和尊严都能够得到合理地敬畏和发展的时候，信息文明也将得到极大的发展。信息文明终将在人的历史主体性活动中与共产主义文明实现融合。这既是 21 世纪以来全球信息社会发展的经验性现实，也是基于"信息共享"，进而决定未来整个社会物质生活、政治生活和精神生活实现协同共享的历史和逻辑的必然结果。人类社会所创造的诸如科学技术、社会治理制度、法律、道德、精神文化及相应的生产生活设施、组织机构等一切文明要素，其主体都是人。人是决定全部文明程度和幅度的决定性因素。人的社会性本质及其"类"的存在方式，决定了这样一个事实：基于泛在智慧网络、大数据、算法等信息技术的"人工智能"尽管会无限接近甚至超越人的智能水平，但其永远也不能取代人的历史和社会的主体地位。人的社会性和"类"本质决定了人是在"信息共享"中使自己成为人，而且也将在"信息共

---

① Helbing D., Frey B. S., Gigerenzer G., et al., "Will Democracy Survive Big Data and Artificial Intelligence", *Scientific American*, Feb., 2017, 25.

享"中实现社会生产方式的"协同共享",进而推动人类文明不断向更高层次演进。

习近平指出:"以互联网为核心的新一轮科技和产业革命蓄势待发,人工智能、虚拟现实等新技术日新月异,虚拟经济与实体经济的结合,将给人们的生产方式和生活方式带来革命性变化。"① 这一论断明确强调了一个新的革命性变化正在到来。信息文明不仅是未来的愿景,更是当下人类面临的共同生产生活方式。

1847 年,马克思在《哲学的贫困》中强调:"人们按照自己的物质生产方式建立相应的社会关系,正是这些人又按照自己的社会关系创造了相应的原理、观念和范畴。"② 面对信息文明带来的变化和可能的选择,人们必须意识到,以协同、合作、普惠、共赢观念引领发展是我们最大限度地避免新文明变化可能带来的负面影响和充分放大和加速其正面影响的必然选择。信息技术的广泛普及应用,万物互联互通,愈发要求人们树立开放、普惠、共享的时代价值观。信息文明全面发展是人类走向全面、协同、共享发展的历史和逻辑的必然。

在科技革命和产业革命迅猛发展过程中,始终重视人文性建设,是信息文明赖以健康、和谐发展的必要条件。科学精神与人文精神都是人类社会走向更高层次的文明所不可或缺的精神。新的工具理性力量形成和发展起来后,必须努力建构和发展与之相适应的新的价值理性力量,努力培育工具理性和价值理性之间平衡、和谐的关系。移动互联网、大数据、人工智能、共享经济以及工业互联网、物联网等数字化、信息化、网络化技术的发展彰显了人类对自然界、对生命本身、对外部世界的控制和使驭能力不断加速发展,其共性在于:它们都在促进人与人之间的联系和沟通。人的联系和沟通从技术角度而言正不断发展到新的更高水平,因而也迫切需要在建立这种联系和沟通的过程中加强人文性建设,促进各个国家、地区、民族的人相互团结、包容、理解和彼此关怀。促进各种文化间的交流、合作和共赢。信息只有在共享、交流过程中才能不断转化为促进人类进步发展的知识和文化。仅仅停留在技术层面理解信息文明是不够的。信息的可分享价值创构的新文明发展机制意味着,信息文明是人类社会整体

---

① 习近平:《中国发展新起点　全球增长新蓝图——在二十国集团工商峰会开幕式上的主旨演讲》,《人民日报》2016 年 9 月 4 日第 3 版。

② 《马克思恩格斯文集》第 1 卷,人民出版社 2009 年版,第 603 页。

性文明的跃升。

平衡好信息的共享机制与信息生产力保护机制之间的关系，既自觉树立信息文明时代意识，又不断增强保护创新意识，是确保信息文明具有不竭发展动力的重要条件。"信息对称是信息文明发展水平的重要标度，同时在信息生产前沿的信息不对称又是保证信息创新及生产动力的重要机制。"① 渔猎文明、农业文明、工业文明是建立在物能基础上的文明，信息文明是在物能文明基础上发展起来的以信息为核心的新形态文明。信息的分享过程不会减少信息本身的效用。但是，信息社会是一个发展的历史过程。在这历史的发展过程中，一方面，信息资源为核心要素的信息化生产方式具备了创建新文明的特质和基因；另一方面，在这个过程中，还普遍存在信息生产力发展悖论问题。正如马克思批判资本主义生产方式时所阐明的，与最先受益资本主义工业革命红利的英国而言，西欧大陆所有其他国家"不仅苦于资本主义生产的发展，而且苦于资本主义生产的不发展"②。对于那些还处在农业社会发展阶段、正努力发展工业化的广大发展中国家来讲，不仅苦于工业化的发展，而且苦于工业化的不发展。工业文明尽管具有客观存在的局限，但是，它是社会走向现代化不可逾越的发展阶段。实现工业文明向信息文明变迁，需要根据发展的实际状况，适时审慎推进。在推动信息文明发展的同时，还需要运用工业时代形成的经济制度、法律和道德等各方面的合力推动信息生产力的发展，从而在信息共享与信息生产力保护之间保持动态的平衡。

网信事业代表着新的生产力和新的发展方向。随着信息文明的发展，人类社会的物质生产方式、政治生产方式和精神生产方式必然会不断向更高级阶段演进发展。在资本力量与劳动力量博弈的整个历史进程中，我们应保持战略定力，不断增强理论自觉和历史自觉意识，自觉坚持、维护和巩固人民群众的历史主体地位，始终牢固树立以人民为中心的发展思想，始终坚定中国特色社会主义共同理想和共产主义远大理想。以信息科学技术为代表的科技革命和产业革命创造的极致生产力内在地规定了，资本主义存在的合理性正在丧失，共产主义实现的必然性正在显现，这是人类社会发展的必然趋势。

---

① 王天恩：《从信息文明看中国创新发展理念践行路径》，《毛泽东邓小平理论研究》2017年第 10 期。

② 《马克思恩格斯文集》第 5 卷，人民出版社 2009 年版，第 9 页。

以信息科学技术为代表的科技革命和产业革命形成的极致生产力迅猛发展，日益要求社会从根本上摆脱生产资料私人所有制的局限，建立与社会化大生产相适应的生产资料社会主义公有制度。建立和发展社会主义制度，不仅是物质资料生产方式变革的需要，也是一种科学技术发展的必要。劳动方式的信息化、智能化，只是延展了人的劳动机能，不能从根本上消灭私有制条件下的雇佣劳动关系。仅从技术变革的角度出发，以时代变迁为由散布"历史终结论""马克思主义过时论""共产主义虚无缥缈论"，并由此否定或削弱马克思主义的科学性的观点是应予以批判的。恰恰相反，科技的进步，信息化、智能化、智慧化社会的发展，进一步彰显了生产资料所有制关系对人类社会发展的基础性影响，进一步确证了人的活劳动是创造价值的唯一源泉，进一步确证了唯物史观的科学性。如果说，工业文明引发了资本主义的勃兴，那么，信息文明的高度发展必将迎来社会主义的复兴。迈向信息文明时代的 21 世纪，以中国特色社会主义进入新时代为标志，世界社会主义复兴已初露端倪。

"没有信息化就没有现代化。"① 当代中国的发展处在全球信息化历史境遇中。建成社会主义现代化强国，实现中华民族伟大复兴，需要主动、自觉迎接信息文明。中国的社会主义性质决定了我们必须走出一条新的现代化道路。科技的两面性决定了，信息技术不可能自动实现社会的普惠发展。信息文明的发展也需要社会主义引领。全球信息社会发展，信息技术异化问题的出现同资本逻辑及其全球蔓延密切相关。正如刘易斯·芒福德在《技术与文明》中向人们发出的警示："缺乏更高的社会目标的协同发展，机器体系在新生代技术阶段的发展只能增加贫困化和野蛮化的可能性。"② 在马克思主义理论指导下，科学辨别当前信息技术异化问题产生的根源和社会属性，坚持社会主义方向的信息文明建设，对信息资本进行合理利用和限制，是防范和化解信息技术异化风险的必然选择。从这个角度而言，当代中国在全球信息化浪潮中，坚持创新、开放、绿色、协调、共享发展理念、坚持网络空间命运共同体意识和人类命运共同体意识既是契合全球信息社会发展的需要，也是社会主义中国自身发展的内在需要。中国特色

---

① 《习近平谈治国理政》，外文出版社 2014 年版，第 198 页。

② ［美］刘易斯·芒福德：《技术与文明》，陈允明、王克仁、李华山译，中国建筑工业出版社 2009 年版，第 266 页。

社会主义必将在信息文明浪潮中迎来更加美好的未来。全球范围的信息文明浪潮必将在世界社会主义复兴进程中为人类创造更加美好的未来。深刻认识信息文明的实质及其发展趋势，将极大地增强人们实现共产主义的理论自信和道路自信。大力加强信息文明建设，从根本上讲，有助于增进社会主义本质利益。

主要参考文献

著作

《马克思恩格斯文集》第 1—10 卷，人民出版社 2009 年版。

《列宁专题文集 论马克思主义》，人民出版社 2009 年版。

《列宁专题文集 论无产阶级政党》，人民出版社 2009 年版。

《列宁专题文集 论资本主义》，人民出版社 2009 年版。

《列宁专题文集 论辩证唯物主义和历史唯物主义》，人民出版社 2009 年版。

《毛泽东选集》第 1—4 卷，人民出版社 1991 年版。

《邓小平文选》第 1—2 卷，人民出版社 1994 年版。

《邓小平文选》第 3 卷，人民出版社 1993 年版。

《江泽民文选》第 1—3 卷，人民出版社 2006 年版。

《胡锦涛文选》第 1—3 卷，人民出版社 2016 年版。

《习近平系列重要讲话读本》，学习出版社、人民出版社 2016 年版。

《习近平谈治国理政》，外文出版社 2014 年版。

《习近平谈治国理政》第 2 卷，外文出版社 2017 年版。

《十八大以来重要文献选编》（上），中央文献出版社 2014 年版。

《十八大以来重要文献选编》（中），中央文献出版社 2016 年版。

《党的十九大报告辅导读本》，人民出版社 2017 年版。

中共中央文献研究室：《习近平总书记重要讲话选编》，中央文献出版社 2016 年版。

中共中央文献研究室：《习近平关于科技创新论述摘编》，中央文献出版社 2016 年版。

阿里研究院：《互联网+：未来空间无限》，人民出版社 2015 年版。

陈潭等：《大数据时代国家治理》，中国社会科学出版社 2015 年版。

程恩富、余斌、胡明主编：《"互联网+"时代马克思主义基本原理研究：2016 年全国马克思主义基本原理研讨会文集》，中国政法大学出版社 2016 年版。

郭贵春、殷杰主编：《信息哲学》，殷杰等译，北京师范大学出版社 2015 年版。

洪鼎芝：《从工业文明到信息文明：中华复兴的历史机遇》，世界知识出版社 2016 年版。

互联网新闻研究中心：《美国是如何监视中国的》，人民出版社 2014 年版。

姜辉：《21 世纪世界社会主义的新特点》，社会科学文献出版社 2016 年版。

姜奇平：《新文明论概略》（上、下），商务印书馆 2012 年版。

金东寒主编：《秩序的重构：人工智能与人类社会》，上海大学出版社 2017 年版。

靳辉明、李崇富主编：《马克思主义若干重大问题研究》，社会科学文献出版社 2011 年版。

李彦宏等：《迎接人工智能时代的社会、经济与文化变革》，中信出版社 2017 年版。

刘恒：《政府信息公开制度》，中国社会科学出版社 2004 年版。

孙伟平：《信息时代的社会历史观》，江苏人民出版社 2010 年版。

王磊：《信息时代社会发展研究——互联网视角的考察》，人民出版社 2014 年版。

王伟光主编：《人类历史上的新历史观》，人民出版社 2014 年版。

邬焜、［法］布伦纳等：《中国的信息哲学研究》，中国社会科学出版社 2012 年版。

邬焜：《信息哲学·一种新的时代精神》，陕西师范大学出版社 1989 年版。

邬焜、成素梅主编：《信息时代的哲学精神：邬焜信息哲学思想研究与讨论》，中国社会科学出版社 2016 年版。

吴仁平、彭隆辉主编：《欧洲哲学史简明教程》，中央编译出版社 2012 年版。

向松祚：《新资本论》，中信出版社 2015 年版。

肖峰：《信息技术哲学》，华南理工大学出版社 2016 年版。

肖峰：《信息主义：从社会观到世界观》，中国社会科学出版社 2010 年版。

肖峰：《哲学视域中的信息技术》，科学出版社 2017 年版。

信息社会 50 人论坛：《未来已来："互联网+"重构与创新》，上海远东出版社 2015 年版。

薛小荣：《网络党建论——互联网时代政党组织变革与社会适应》，时事出版社 2014 年版。

鄢显俊：《信息垄断揭秘：信息技术革命视阈里的当代资本主义新变化》，中国社会科学出版社 2011 年版。

杨培芳：《挽在一起的手：协同互利新经济哲学》，人民邮电出版社 2016 年版。

余建华等：《恐怖主义的历史演变》，上海人民出版社 2015 年版。

周新城：《当代中国马克思主义政治经济学的若干理论问题》，社会科学文献出版社 2016 年版。

［美］彼得·F. 德鲁克：《后资本主义社会》，付振焜译，东方出版社 2009 年版。

［美］丹·希勒：《数字资本主义》，杨立平译，江西人民出版社 2001 年版。

［美］丹尼尔·贝尔：《后工业社会的来临》，高铦等译，新华出版社 1997 年版。

［俄］根纳季·久加诺夫：《全球化与人类命运》，何宏江、邢艳琦等译，新华出版社 2004 年版。

［美］杰里米·里夫金：《零边际成本社会——一个物联网、合作共赢的新经济时代》，赛迪研究院专家组译，中信出版社 2014 年版。

［德］克劳斯·施瓦布：《第四次工业革命》，李菁译，中信出版社 2016 年版。

［意］卢西亚诺·弗洛里迪：《计算与信息哲学导论》（上、下），刘钢译，商务印书馆 2010 年版。

［美］路易斯·亨利·摩尔根：《古代社会》，杨东莼、马雍、马巨译，中央编译出版社 2007 年版。

［美］马克·波斯特：《信息方式：后结构主义与社会语境》，范静哗译，商务印书馆 2014 年版。

［美］马克·哈奇：《创客运动：互联网+与工业 4.0 时代的创新法则》，杨宁译，机械工业出版社 2015 年版。

［美］曼纽尔·卡斯特：《千年终结》，夏铸九、黄慧琦译，社会科学文献出版社 2006 年版。

［美］曼纽尔·卡斯特：《认同的力量》，曹荣湘译，社会科学文献出版社 2006 年版。

［美］曼纽尔·卡斯特：《网络社会的崛起》，夏铸九等译，社会科学文献出版社 2006 年版。

［美］尼葛洛庞帝：《数字化生存》，胡泳等译，海南出版社 1996 年版。

［英］尼克·史蒂文森：《认识媒介文化》，王文斌译，商务印书馆 2013 年版。

［美］N. 维纳：《人有人的用处》，陈步译，商务印书馆 1978 年版。

［法］让-雅克·朗班：《资本主义新论 当前争论的分析与综合》，车斌译，东方出版社 2015 年版。

［英］斯各特·拉什：《信息批判》，杨德睿译，北京大学出版社 2009 年版。

［加］唐塔普斯科特、［加］亚力克斯·塔普斯科特：《区块链革命：比特币底层技术如何改变货币、商业和世界》，凯尔等译，中信出版社 2016 年版。

［法］托马斯·皮凯蒂：《21 世纪资本论》，巴曙松等译，中信出版社 2014 年版。

［英］维克托·迈尔-舍恩伯格、［英］肯尼斯·库克耶：《大数据时代：生活、工作与思维的大变革》，盛杨燕、周涛译，浙江人民出版社 2013 年版。

［美］吴军：《智能时代：大数据与智能革命重新定义未来》，中信出版社 2016 年版。

［美］约尔·杰伊·卡西奥拉：《工业文明的衰亡：经济增长的极限与发达工业社会的重新政治化》，余灵灵、尚新力译，重庆出版社 2015 年版。

［美］约瑟夫·C. 皮特：《技术思考：技术哲学的基础》，马会端、陈凡译，辽宁人民出版社 2012 年版。

论文

蔡玮：《美国"互联网自由"战略的本质》，《求是》2011 年第 8 期。

陈学明：《中国梦与人类新文明》，《苏州大学学报》（哲学社会科学版）2015 年第 3 期。

戴圣鹏：《试论马克思恩格斯的文明概念》，《哲学研究》2012 年第 4 期。

方美琪：《走向信息社会的深度融合从文明转型视角看"互联网+"》，《人民论坛·学术前沿》2015 年第 6 期

郭纪：《网络不应成为美国霸权新工具》，《求是》2013 年第 15 期。

郭小香：《马克思关于信息社会的经典论述》，《中国信息界》2005 年第 14 期。

胡启恒：《互联网精神》，《科学与社会》2013 年第 4 期。

计海庆、成素梅：《分享经济的 STS 探源》，《自然辩证法研究》2016 年第 7 期。

金观涛：《 反思"人工智能革命"》，《文化纵横》2017 年第 4 期。

李海鹰：《信息文明论纲》，《天府新论》2006 年第 5 期。

李慎明：《当代中国特色社会主义面临的机遇与挑战》，《毛泽东思想研究》2014 年第 3 期。

李文静、栾群：《科学技术对文明转型的促进作用——论区块链技术背景下的信息文明样态》，《福建江夏学院学报》2017 年第 2 期。

李峥：《美国网络价值观的虚伪》，《求是》2013 年第 13 期。

李中元：《超越工业文明 开创人类文明新纪元》，《经济问题》2012 年第 8 期。

林剑：《论规范与文明》，《马克思主义与现实》2016 年第 2 期。

刘方喜：《 "大机器工业体系"向"大数据物联网"范式转换：社会主义"全民共建共享"生产方式建构的重大战略机遇》，《毛泽东邓小平理论研究》2017 年第 10 期。

刘震、曹泽熙：《信息生产中工人阶级的形成和发展》，《马克思主义与现实》2015 年第 4 期。

刘志英：《信息是人类文明赖以发展的基础》，《科技情报开发与经济》2003 年第 3 期。

陆地：《信息共产主义的特征和影响》，《新闻爱好者》2014 年第 8 期。

苗东升：《在文明转型中和平崛起》，《首都师范大学学报》（社会科学版）2005 年第 3 期。

彭洲飞：《论信息资本主义理论》，《延安大学学报》（社会科学版）2016 年第 4 期。

邵娜：《论技术与制度的互动关系》，《中州学刊》2017 年第 2 期。

石菲：《共享经济催生信用约束》，《中国信息化》2017 年第 2 期。

石云霞：《马克思恩格斯的社会共同体思想研究》，《马克思主义理论学科研究》2016 年第 1 期。

孙伟平：《信息时代人的新异化》，《哲学研究》2010 年第 7 期。

孙伟平、赵宝军：《信息社会的核心价值理念与信息社会的建构》，《哲学研究》2016 年第 9 期。

陶文昭：《礼品经济与赛博共产主义》，《科学文化评论》2004 年第 5 期。

陶文昭：《论信息时代的两制竞争》，《社会主义研究》2006 年第 1 期。

王诚德：《信息人：一种新物种的起源》，《自然辩证法研究》2014 年第 9 期。

王慧、欧志英：《论信息自由与信息法律体系》，《新世纪图书馆》2012 年第 6 期。

王建冬、童楠楠：《西方国家互联网治理的经验与误区》，《信息化研究》2015 年第 15 期。

王天恩：《信息文明时代中国哲学社会科学学术话语体系建设》，《思想理论教育》2017 年第 11 期。

王天思：《信息文明时代人的信息存在方式及其哲学意蕴》，《哲学分析》2017 年第 4 期。

王喜文：《中国应该如何借鉴工业 4.0》，《中国信息化》2017 年第 3 期。

邬贺铨：《坚持走中国特色信息化发展道路：发展数字经济 建设网络

强国》，《求是》2016 年第 16 期。

邬焜：《论人类信息活动方式与文明形态、价值观念变革的一致性》，《重庆邮电大学学报》（社会科学版）2007 年第 1 期。

邬焜：《试论人的信息化》，《青海社会科学》1998 年第 1 期。

邬焜、邓波：《试论从猿到人的信息进化》，《西安交通大学学报》1998 年第 2 期。

吴宏政：《劳动在什么意义上才是"生活的第一需要"》，《哲学动态》2017 年第 5 期。

吴玉荣：《信息技术革命与苏联的解体》，《中共中央党校学报》2003 年第 4 期。

肖峰：《从互联网到物联网：技术哲学的新探索》，《东北大学学报》（社会科学版）2013 年第 3 期。

肖峰：《基于技术哲学视野的信息文明特征》，《东北大学学报》2015 年第 1 期。

肖峰：《论人的信息化在场》，《中国人民大学学报》2005 年第 4 期。

肖峰：《论信息文明与生态文明的内在关联》，《洛阳师范学院学报》2015 年第 1 期。

肖峰：《论作为一种理论范式的信息主义》，《中国社会科学》2007 年第 2 期。

肖峰：《论作为哲学对象的信息文明》，《学术界》2016 年第 8 期。

肖峰：《信息文明的语义分析》，《中国人民大学学报》2015 年第 1 期。

肖峰：《重勘信息的哲学含义》，《中国社会科学》2010 年第 4 期。

肖峰：《作为社会有机体的信息文明》，《河北学刊》2017 年第 5 期。

肖峰、张坤晶：《信息悖论与社会制度问题》，《理论视野》2013 年第 7 期。

徐树森、张中元：《马克思关于信息时代的预见及其启示》，《当代思潮》2002 年第 5 期。

徐英瑾：《在逆全球化语境中重解"阶级"概念——一种基于信息化隐喻的解读》，《探索与争鸣》2017 年第 4 期。

鄢显俊：《自由软件运动要追求什么样的自由》，《国外社会科学》2011 年第 2 期。

杨耕：《重新理解唯物主义历史形态及其革命性变革》，《中国社会科学》2016 年第 11 期。

杨文祥：《论信息文明与信息时代人的素质》，《河北大学学报》（哲学社会科学版）2001 年第 1 期。

于世梁：《由"断网"事件引发的思考》，《辽宁行政学院学报》2014 年第 11 期。

余斌：《"互联网+"时代的马克思主义基本原理》，《观察与思考》2016 年第 7 期。

张建云：《互联网与农业生产方式大变革》，《兰州学刊》2016 年第 6 期。

张建云：《互联网与人类社会未来》，《兰州学刊》2013 年第 10 期。

张捷：《美国真的放弃了"互联网"管理权吗?》，《世界社会主义研究》2017 年第 5 期。

张志丹：《解构与超越：当代物质主义的哲学追问》，《南京师范大学学报》（社会科学版）2017 年第 1 期。

郑永廷、银红玉：《试论人的信息异化及其扬弃》，《教学与研究》2005 年第 6 期。

郑永廷、银红玉：《试论人的信息异化及其扬弃》，《教学与研究》2005 年第 6 期。

支振锋：《构建网络空间命运共同体要反对网络霸权》，《求是》2016 年第 17 期。

周兵：《互联网成为策动颜色革命的重要平台》，《政工学刊》2016 年第 8 期。

朱继东：《走出对阶级斗争的三个认识误区》，《世界社会主义》2017 年第 6 期。

朱师军：《实施信息强国战略建设信息文明社会》，《中国党政干部论坛》2004 年第 3 期。

［美］邓肯·弗利：《对金融帝国主义和"信息"经济的再思考》，车艳秋译，《国外理论动态》2015 年第 2 期。

报纸文章

习近平：《让工程科技造福人类、创造未来——在 2014 年国际工程科技大会上的主旨演讲》，《人民日报》2014 年 6 月 4 日。

习近平：《在网络安全和信息化工作座谈会上的讲话》，《人民日报》2016 年 4 月 26 日。

习近平：《中国发展新起点 全球增长新蓝图——在二十国集团工商峰会开幕式上的主旨演讲》，《人民日报》2016 年 9 月 4 日。

郑必坚：《网络化大潮与中国和平发展的新机遇》，《人民日报》2016 年 11 月 25 日。

王天恩：《从信息文明基础层次研究大数据》，《中国社会科学报》2017 年 9 月 26 日。

王天恩：《大数据开启信息文明》，《中国社会科学报》2017 年 9 月 18 日。

王俊美：《知识产权保护是把双刃剑，加学者呼吁多角度提高创新水平》，《中国社会科学报》2017 年 5 月 5 日。

张新红：《信息化是中国经济发展最重要的突破点》，《学习时报》2016 年 1 月 26 日。

姜桂兴：《全球开放数据运动蓬勃发展》，《学习时报》2015 年 3 月 30 日。

赵培兴：《电商的劳动创造价值》，《人民日报》2016 年 2 月 01 日。

乔良：《三百年大变局，资本主义会终结吗？》，《环球时报》2017 年 2 月 6 日。

魏晓燕：《邓小平推动国家信息化发展水平的历史经验》，《光明日报》2016 年 11 月 23 日。

《互联网时代我们是否需要"断网权"？》，《科技日报》2017 年 3 月 8 日。

吴月辉：《量子计算机，开启中国速度》，《人民日报》2017 年 5 月 4 日第 12 版。

学位论文

博士学位论文

常晋芳：《网络哲学引论》，中共中央党校，2002 年。

栾广君：《唯物史观视域下的生活方式理论研究》，黑龙江大学，2016 年。

王诚德：《信息文明与马克思主义人本质观的新发展》，华南理工大学，2016年。

张孟杰：《虚拟需要论—信息社会的需要理论》，华中师范大学，2016年。

硕士学位论文

刘涛：《信息技术对生态文明的支撑作用》，华南理工大学，2015年。

邵芹芹：《信息社会中关于思维方式创新的若干问题的研究》，中央民族大学，2005年。

王武：《数字鸿沟与贫富差距》，山东大学，2011年。

张易帆：《论信息文明的基本特征与内在逻辑》，华侨大学，2016年。

后　记

　　信息文明是笔者持续关注的学术研究领域。信息文明研究应该怎样引领新文明意识，特别是将"信息文明"作为一种新的社会生产方式来看待，是笔者在本书中着重思考的问题。将"信息文明"上升到一种新的物质生产方式来研究，分析人的信息活动何以能塑造新的文明面貌，人的信息活动对当今人类社会发展有何重要影响，对 21 世纪世界社会主义和资本主义有何影响，是本书努力想回答清楚的问题。信息革命深度发展，信息存在意义在人们日常生产生活中凸显出来。人的信息活动对全部社会领域都带来深刻影响。当今资本主义社会和社会主义社会的生产力、生产关系、经济基础和上层建筑都受到"信息文明"的塑造。从唯物史观高度审度信息文明的生成、发展、演变趋势，展望信息文明在未来人类社会发展中重要意义，思考信息文明时代中国特色社会主义发展面临的历史机遇和挑战，也是笔者努力思考的方面。

　　虽然本书在唯物史观视阈中探索信息文明的本质、信息文明的发展规律、信息文明与资本主义社会的关系、信息文明与社会主义社会的关系等问题做了努力，但深感研究只是做了非常基础性的、浅显的工作。一些表述和论证也不是非常成熟和严密，期待相关专家学人批评指正。比如，人们可以提"社会主义政治文明"概念，那"社会主义信息文明"是否可以提？如果可以的话，"社会主义信息文明"与"资本主义信息文明"应有何区别？社会主义信息文明是否可以成为信息文明时代社会主义建设的新领域、新方向？事实上，信息技术既然全面塑造了社会，那么"信息文明"当然应该提上全面建设社会主义的议程。社会主义信息文明的基本内涵、社会主义信息文明的发展规律、社会主义信息文明建设路径等，这些问题都值得继续深入研究。最后需要强调的是，关于信息文明的研究本书只是笔者做的一次大胆尝试，权做抛砖引玉。希望更多专家同仁一起助力信息文明研究，使作为一个新的哲学社会科学标示性概念的"信息文明"得到更深入的关注和研究。

王水兴

2019 年 4 月

江西师大瑶湖校区